Aneta C. Popescu

Jurnalul meu prin două războaie mondiale

Aneta C. Popescu
Jurnalul meu prin două războaie mondiale

Tehnoredactare: Ana Eliza (Lizeta) Săvescu
Colecție de fotografii aranjată de Ana Eliza Săvescu și Armando Cipriani
Corectori: Ruxandra Cipriani și Vlad Săvescu
Imagine copertă: Pictură în ulei pe pânză de Agripina Popescu, fiica cea mare a Bunicii și mama Lizetei (1935)
Coperta: Ioana Ene
Editor: Ruxandra Vidu

COPYRIGHT 2013 © REFLECTION PUBLISHING LLC

Reflection Publishing
P.O. Box 2182
Citrus Heights, California 95611-2182
email: info@reflectionbooks.com

www.reflectionbooks.com

ISBN: 978-1-936629-18-3

Tipărit în S.U.A.

Prefață

Cartea aceasta este o prețioasă sursă de informații, preluate din mijlocul evenimentelor și transmise generațiilor tinere, dar mai ales o minunată hrană pentru suflet. Ea consemnează crâmpeie din viața care leagă o familie și îi dă acesteia tărie și solidatate, cu respectul valorilor etern umane. Cartea vibrează de dragoste pentru membrii familiei, sentiment și abnegație care furnizează energia și puterea necesară pentru a înfrunta uniți dificultățile aduse neîncetat de evenimentele epocii.

Însemnările autoarei, născută în 1892 și plecată în lumea umbrelor în 1971, acoperă o mare și zbuciumată perioadă de timp. Talentul de povestitor, finețea observației și minuțiozitatea informației, poartă cititorul prin anii a două războaie mondiale (un tablou impresionant este cel al odiseii refugiului mamei cu cele două mici fetițe ale sale), a intervalului dintre ele și ale perioadei de regim comunist care le-a urmat.

Aneta Popescu este fiică de preot și, ascultând de povața părinților ei, s-a măritat cu un preot, ceea ce a marcat întreaga ei filosofie de viață: o credință puternică în Dumnezeu ca o niciodată secată sursă de energie pentru biruirea greutăților, mai ales că soțul său a fost mobilizat în primul război mondial (perioadă în care a fost unul din foarte puținii scăpați din încercuirea dușmană și a supraviețuit morții prin tifos exantematic) și, treizeci de ani mai târziu a îndurat mizeriile regimului comunist ateu, sfârșind prin a fi arestat în 1952 și a muri în închisoare la Jilava.

Cu toate că existența Anetei Popescu nu a fost totuși foarte bogată în evenimente, ea uneori semnalând în caietul său că nu a avut nimic deosebit de notat, ceea ce explică și nenumăratele perioade fără nicio notație, cartea sa constituie un document trainic, emoționant, plin de învățăminte și de o profundă și vibrantă trăire. De fapt, "nu întâmplările neașteptate, ci faptele cele mai obișnuite ale vieții alcătuiesc temelia cea veșnică a ființei noastre. Chipul în care simțim aceste lucruri monumental simple și clare (deșteptarea dimineața, culcarea seara, prânzul, mersul pe drum, liniștita stare de vorbă) lămurește viața noastră", scria undeva marele istoric și gânditor Vasile Pârvan. Este impresionantă mărturia adusă de sufletul curat și cald, de inteligența și setea de cunoaștere a acestei femei simple, preotese de țară, cu numai cinci clase primare, și ne înflăcărăm sau lăcrămăm citind notele sale.

Pentru că era adesea singură, când soțul ei era plecat fie în sat de dimineață până seara, fie mobilizat în armată, fie arestat, sau pentru că dorea să aștearnă undeva amintirile sau, pur și simplu, pentru că nu voia să îngreuneze or tulbure pe nimeni cu gândurile și grijile ei, caietul devine tovarășul ei de viață, fidel, "mut dar scump", mereu prezent pentru fiecare nouă destăinuire. "Plăcerea de a scrie memorii consistă în a reorganiza în spiritul libertății ceea ce destinul a organizat o dată sub constrângerea împrejurărilor", spunea Lucian Blaga. Aneta Popescu nu are această pretenție, deși poate uneori simte în adâncuri nevoia de a face ordine în gânduri, de a se lămuri asupra evenimentelor, de a da un înțeles celor trăite pentru învățătura generațiilor următoare.

Deși mut, caietul este partenerul său de dialog. Autoarea scrie: "El e și discret și bun... Niciodată nu mă va certa, niciodată durerile mele nu le va batjocori, niciodată bucuriile mele, dacă vor mai fi, nu mi le va ridiculiza. Tovărășia lui o doresc cu drept cuvânt; firea mea e făcută ca să nu doarmă, să nu vegetez, ci veșnic să lucrez cu fapta și cu gândul și pentru asta, simt nevoia tovărășiei lui. La fiecare pas, inima mea simte nevoia de a se destăinui cuiva și acum, mai mult ca totdeauna, fiecare își are necazurile lui, simte și suferă la fel ca mine. El e rece și indiferent la zbuciumurile mele în aceste vremuri; îi simt superioritatea parcă. Îi simt și inferioritatea, că el nu se poate ridica să-mi combată părerile, să mă întrerupă, când mă destăinuiesc și să mă consoleze. Chiar de aceea i-am căutat și găsit necesară tovărășia."

Împreună cu cartea de rugăciuni, caietul este întotdeauna lângă ea, „îi ridică moralul". În anii de comunism, caietul devine și „un refugiat politic", autoarea adesea fiind în dezacord cu bunul și respectatul ei soț în ceea ce privește politica din țară, și nevrând să impună opiniile sale copiilor, acum adulți, la casa lor. Îl ține ascuns, ca păstrător al tainelor sufletului și minții sale. Doar odată a lăsat pe o profesoară, colegă de cameră la băi la Techirghiol, să îl răsfoiască. Aceasta s-a arătat entuziasmată de faptul că înregistrarea evenimentelor era însoțită de comentarii proprii, foarte pertinente.

Aneta Popescu își încheie ultimul ei caiet cu cuvintele: "Închei acum istoria vieții mele sau a unei părți din ea, cuprinsă în paginile acestui caiet. Am un profund regret, că nu voi mai putea scrie și poate nici citi." Probabil, la acea dată, presimțea că va orbi căci adaugă: „Voi mângâia doar sau pipăi acest caiet, pe care am dorit așa mult să-l am."

Hotărât, autoarea are talentul scrisului. Iată cum se descrie în timpul refugiului din primul război: „Parcă-s Maria Egipteanca. M-am făcut arămie la față, pârlită de vânt și soare și probabil și de necazuri. Ace n-am, să-mi prind părul. Îl fac două coade la spate. Uneori dau cozile pe cap și le leg la spate, ca la fetițele de școală". Și iat-o vorbind despre noii enoriași ai soțului său, preot: „Numai că enoriașii lui au capul cusut cu ață tare și greu se desfac aceste cusături. Mulți sunt chemați, dar puțini înțeleg!"

Uneori descrie câte un colț de lume prin care trece: „Drumul a fost foarte frumos. Nu mai mi-era frică. Am dorit așa de mult o regiune ca asta, toată viața mea; e o regiune liniștită, la poalele munților, nu cu vifornițe și bătăi de vânturi, ca pe la noi. Mi-ar fi plăcut să fiu aici primăvara, să aud cântecul păsărilor în pădure, să simt mirosul de fân verde și moale ca mătasea, să-mi odihnesc mintea și corpul în flori de tot felul. Cu fața în sus, cu ochii la cer, parcă simt mai mult puterea lui Dumnezeu, decât în zburleala vânturilor și capriciile atmosferei de pe lângă litoral."

Cu judecata dreaptă a omului gospodar, cu cugetul cinstit, Aneta Popescu strecoară din când în când în notele sale câte un foarte fin comentariu politic. De pildă în perioada de după 1944 ea scrie: „De când au venit, comuniștii vor să rupă absolut cu trecutul și au creat un limbaj specific. Noroc că nu mai suntem tineri, că ar trebui să ne obișnuim cu toate expresiile astea noi." Sesizează politica lor murdară: „La noi în țară, azi sunt alegeri. Cu câteva zile înainte, am văzut anunțat pe străzi: ,Votați candidații F.D.P. (Frontul Democratiei Populare)'. S-au făcut ședințe, în care s-au dat instrucțiuni. Noi n-am fost fiindcă suntem pe lângă 60 ani și peste. În alte părți scrie: ,Trăiască victoria în alegeri!' De unde știu ei asta, înainte de a fi victorie în alegeri? Zice să votăm numai candidații F.D.P. Dar pe care alții, dacă nu mai există altă listă? Ar fi putut spune, cel mult, ca poporul român să confirme candidații F.D.P."

Se întreabă ca o bună creștină la aflarea unei importante vești: „În noaptea de 2 martie, premierul Rusiei, Stalin a căzut bolnav de o boală grea. Toate buletinele oficiale arătau că nu mai are scăpare. Va fi și el chemat în fața Aceluia, unde mergem toți și unde vom da socoteală de tot ce am făcut în această viață. Acolo nu vor mai fi nici premieri, nici Marinică, zis codașul, ci vom fi toți la fel, fără deosebire de rang sau situație, ci numai cei ce au știut să-și adune comori cerești. Acum mă opresc și mă gândesc: de ce acest om, care a semănat teroare și moarte pretutindeni, are parte de o moarte frumoasă, cu capul pe perna lui, înconjurat de glorie și deplină strălucire?"

Filosofia ei de viață este nobilă și pozitivă, cu adânci rădăcini creștine. "Vom munci", îi spusese mama ei, soție de preot cu opt copii, „și vă vom face și vouă câte puțină zestrișoară, iar pe tine te vom face o preoteasă de țară, că văd că ai aptitudini și înclinații, ești menită, pare-se!" A crescut și s-a format ca preoteasă, cum a fost maica ei și, așa cum notează ea în caiet, „Dumnezeu a ascultat dorința și ruga, ca soțul meu să fie preot adevărat, ca și tatăl meu, iar nu popă, care să nu aibă altă grijă decât să umble cu desagii, să strângă cereale, cum se obișnuia și cum și lumea credea, că dacă nu dădea acest tribut popilor, apoi nu mai e preot la ei în sat!"

Cu mult respect și prețuire pentru soțul ei, pe care mintea nu știa niciodată dacă îl iubește cu adevărat dar căruia neștiută inima i se dăruise cu totul, Aneta Popescu scrie: „Costică a fost un vrednic apostol al lui Hristos și neînfricat, n-a încetat să-și facă datoria, propăvăduind cuvântul Evangheliei." Cu asemenea standarde, în toată simplitatea vieții de țară, când s-a întâmplat mai târziu spre bătrânețe să fie la Techirghiol în tovărășia mai multor soții de preot, autoarea caietului notează șocată: „Cât despre preotese, parcă a tunat și le-a adunat! Nu știu cum se-nsoară preoții ăștia, tot cu țațe. Femei tinere, fără nici un pic de demnitate și spiritualitate. Nu mai vorbesc de noblețe, aceasta poate au luat-o timpurile."

Viața n-o scutește de încercări după încercări. Prima întâlnire cu moartea este dramatică, ea pierzând primul ei copil, pe Elisabeta. „Duminica, el pleca la biserică și eu, ca o disperată, alergam la mormântul ei, iar când a căzut prima zăpadă și i-am văzut mormântul acoperit, cu mâinile am dat-o la o parte și m-am dezbrăcat de haină și am așternut-o peste mormântul ei." Sentimentul de mamă este puternic și el face temelia solidă a familiei. Ea vorbește astfel despre a doua ei fiică, Agripina: „ca pe o floricică în glastră am crescut-o și pe ea". Agripina, avea la rândul ei să fie mama Lizetei Săvescu (Ana Eliza Constantinescu), nepoata care, cu dragoste și devotament, a trudit la punerea în pagină a manuscrisului acestei cărți. Din păcate Agripina a murit la nașterea Lizetei, spre mari suferinți și aspre căliri de suflet.

Viața autoarei caietului avea să aducă, după 44 ani de căsnicie și împărtășire a bucuriilor și dificultăților, o altă foarte mare lovitură: arestarea soțului ei. „Fericită casă mai aveam, Doamne! Cum ai răbdat ca tâlharii să mi-o destrame și pe el să-l canonească prin închisoare? Oare ne vom mai vedea iarăși cu toții? Îi voi mai asculta vreodată glăsciorul lui dulce, îngeresc, voi mai avea fericirea să mă uit în calea lui, când vine de la biserică sau seara de pe câte undeva, să-i aud pasul, pe care-l cunoșteam de la poartă?" Și apoi, moartea acestuia. „Mă grăbesc să vin acasă, să mă satur de urlat și de revoltă, împotriva tuturor acelora care amărăsc lumea. Cum adică, să moară Costică, ca un câine flămând și înghețat și să fie aruncat la groapa comună, fără cel puțin să aibă la cap semnul, că acolo e un creștin și preot?!"

Cu toate suferințele, Aneta Popescu, și-a dus existența cu demnitate, cu curaj, cu iubire de familie și de aproapele ei, cu încredere în miracolul vieții și în voia Celui de Sus. Iată ce notează ea la 1 ianuarie 1962, în singurătatea totală a odăiței sale: „Mi-am făcut candela, mi-am făcut rugăciunea în liniște și am mulțumit lui Dumnezeu, că m-a învrednicit să mai apuc un nou an. Deși nu am bucurii, chiar deloc, datoria de om și creștin te face să-ți ridici ochii și sufletul sus, la cele înalte, măcar la zile din acestea mari, dacă altminteri nu, să-ți revizuiești trecutul, să vezi prezentul, să cauți cu ochii gândului, viitorul și să te întrebi, ce va mai fi oare în acest an nou?" Prelatul creștin William White, scrisese cumva în același fel, cândva cu vreo sută cincizeci de ani mai înainte: „Nu mi-e frică de ziua de mâine căci am văzut cum a fost ziua de ieri și iubesc ziua de azi."

Greutățile nu au îngenunchiat sufletul Anetei Popescu. Ea așterne următoarele rânduri în caiet, ca un testament lăsat spre apusul trecerii sale pe acest pământ: „Ce pot să spun? Predau în mâinile copiilor mei, fete și gineri, armele, cu care noi am luptat în viață. Armele sunt grele, dar sunt sigure și nu vor avea de ce să-și plece niciodată fruntea. Luptând cu cinste, dreptate, adevăr și curaj, vor merge greu în viață, dacă timpurile continuă să fie tot așa. La culegerea roadelor însă, vor vedea că tot așa e mai bine. Ne bucurăm și mulțumim lui Dumnezeu, că ne-a făcut parte de gineri buni și cuminți, toți, fără excepție, și asta e un lucru rar, mai ales acum, când lumea e așa de rea și perversă. Dacă am fi fost mai bătrâni, să nu mai putem munci, puteam zice și noi ca și dreptul Simion: ,Acum slobozește pre robul Tău, Stăpâne, după cuvântul Tău, în pace, că văzură ochii mei, mântuirea Ta!' Pentru că mai putem munci și alerga încă, spunem: „Mai dă-ne, Doamne, putere, tărie și zile, să mai putem munci și să-i ajutăm pe copilașii noștri, că în grele vremuri și-au mai început viața!'

Da, cartea aceasta este o comoară sufletească, un prețios giuvaer de familie, un document impresionant uman, plin de învățăminte. Ea depune mărturie despre o viață de om care a început cu frumusețea curată a copilăriei, cu visele și zburdălnicia adolescenței, a continuat cu înjghebarea unui cămin și primele realizări ale tinereții încrezătoare și harnice, a trecut prin vâltoarea evenimentelor dramatice ale războaielor, păstrând demnitatea și curajul, a fost lovită de primele pierderi, de nedreptățile, împilările și strâmtorările tot mai mari ale vremii, a înregistrat cu melancolie golirea cuibului casei și cu mare durere pierderea soțului său, a continuat cu adunarea tot mai mare a poverilor neputințelor fizice și a bolii și a terminat în singurătate, păstrând însă o pace, dragoste și nădejde care nu s-au stins decât odată cu stingerea lumânării vieții.

"Suferințele noastre își pun pecetea pe bucuriile noastre. Dar nu și invers. De aci subtonul de melancolie al întregii noastre vieți", spunea Lucian Blaga. O lacrimă sfântă umezește ochii noștri după terminarea lecturii cărții. Dar așa cum tot marele poet și gânditor Lucian Blaga nota ca metaforă poetică "Circumferința unui cerc este aureola centrului", putem spune că multitudinea confidențelor și mențiunărilor făcute în caietul ei, de-a lungul unei vieți, de către vrednica și înțeleapta preoteasă de țară, Aneta Popescu, constituie cumva aureola sufletului ei frumos și bun. Fie-i țărâna ușoară și memoria ei cinstită. Iar caietului ei, nelipsit și intim tovarăș de drum prin viață, mulțumiri, ca și nepoatei acestei minunate bunici, care a trudit spre bucuria și folosul cititorului de azi.

Horia Ion Groza, 18 august 2012

---

*Citind cele povestite de Aneta Popescu despre strădaniile soțului său, preot, împreună cu învățătorul, pentru ridicarea satului, îmi aduc aminte de propria mea bunică, Eugenia Groza, fiică de învățător și nepoată de preot, care citea cu pasiune cea mai iubită carte a sa, "Apostol" de Cezar Petrescu, vorbind tocmai despre aceste eforturi și sacrificii, retrăindu-și parcă în acest fel viața.

Dragă Cititorule,

Dacă vrei să știi cum am ajuns eu să culeg și să îngrijesc acest jurnal, o să-ți spun o poveste lungă. Bunica mea din partea mamei se numea Aneta Popescu. Bunicul, căruia îi spuneam Tata Moșu, era preotul Contantin Rădulescu Popescu. Toată viața Bunica a dorit să scrie un jurnal despre familia ei. I se părea însă că n-are destulă școală să facă așa ceva. Avea doar 5 clase. Din cauza aceasta n-a spus nimănui despre dorința ei de a avea un caiet căruia să-i poată mărturisi toate gândurile și simțirile ei. Cu mare greutate și-a realizat această dorință, dar și mai dificil a fost să păstreze caietul de-a lungul anilor: ba n-a avut cerneală, ba s-a udat unde l-a pus, ba s-a rupt când l-a ascuns.

Lilica, fiica ei cea mică și unchiul Chiril, fratele lui Tata Moșu au încurajat-o să continue scrierea caietului. După întemnițarea lui Tata Moșu, caietul a rămas singurul ei confident. În 1964 boala de ochi pe care o avea avansase așa de mult, că n-a mai putut scrie în caiet și a încetat să i se mai adreseze.

După ce eu am terminat liceul, am vizitat-o pe Bunica în fiecare an și am ajuns să citesc caietul de câteva ori. Aș fi vrut foarte mult să mi-l dea mie, dar Bunica mi-a spus că-i aparține Lilicăi, ea fiind cea care a îndemnat-o să continue.

Vremea trece însă. Lilica a devenit mai vârstnică și i-a dat caietul lui Dan, vărul meu, rugându-l să-l păstreze. Soția lui Dan, Gigi, cu care eu am o relație foarte bună, s-a gândit să mi-l aducă mie în Canada, știind ce mult țineam să-l am.

În 2007 am terminat de transferat textul din caiet pe calculator. Anii care s-au scurs apoi au fost cu multe probleme pentru familia mea. Ovidiu, neprețuitul meu soț, a trecut în lumea celor drepți în ianuarie 2010. Anul acesta, 2012, copiii mei m-au îndemnat să termin și să public jurnalul și așa voi face.

Bunica mea se considera o femeie simplă. Era însă o femeie deșteaptă și spirituală. A citit mult, din toate domeniile de activitate și și-a îmbogățit cultura proprie.

Sunt foarte mândră de Bunica mea. Ea a spus că scrie aceste rânduri pentru copiii și nepoții ei și pentru urmașii lor. Am dorit din suflet, cu dragoste, să mă achit de această datorie de credință.

A.E. Săvescu

Bunica (1962)

Partea 1 (până în 1909)

Regret că n-am început de atunci, din copilărie, de când aveam voința și curiozitatea să-mi păstrez amintirile. Încă de pe la 15 ani începusem să mâzgălesc câteva foi de hârtie, le ascundeam, mă fereau să nu le vadă cineva, deși simțeam că îmi plăcea să scriu. Și când, întâmplător, îmi cădeau în mână amintiri scrise de câte cineva, vedeam ce bine și ce plăcut e să ai - să vezi mai târziu - ceea ce mintea ta de copil te îndemna să gândești să scrii!

Ei, dar cum? Mi se părea că trebuie să știi carte multă, multă, ba credeam că dacă nu ești titrat, nu poți să scrii! Credeam în mintea mea de copil, că titluri îți trebuie ca să așterni pe hârtie sentimentele, ce nu așteptau să treci prin școli, să înmagazinezi volumele de tot felul, ca să le poți da o instruire curentă. Aveam sentimentul de inferioritate, probabil, caracteristic oricărei fete de țară, trăite în condițiunile mele.

Am întrebat pe mama, de ce nu m-a dat la școală, mai departe, să învăț carte, că tare îmi era dragă cartea. Dânsa-mi spunea, că nu a fost ușor să crească și să ție la școală opt copii, care toți aveau dorința și plăcerea să învețe carte. Au socotit că mai bine să trimită băieții la școală, în orașe depărtate, iar fetele, cât sunt fete, să nu le depărteze de genunchii mamei; numai așa era sigură, că va avea fete cu adevărat, nedespărțindu-le de supravegherea ochilor mamei. Așa era mentalitatea atunci și poate că era mai bine! "Vom munci, îmi spunea, și vă vom face și vouă câte puțină zestrișoară, iar pe tine te vom face o preoteasă de țară, că văd că ai aptitudini și înclinații, ești menită, pare-se!" Probabil, a prevăzut, cu minunatul ei simț și pătrundere cu care era înzestrată (căci rar se vede la o femeie de țară, simplă și-n condițiunile în care a trăit, atâta pătrundere și cunoaștere), căci altfel numai de bine nu prevesteam!

Toți pomii erau ai mei, deasemenea podurile: ieșeam din pod pe lucarnă afară și de acolo mă cocoțam în pomi. Mi-aduc aminte, odată, bietul meu tată a rămas încremenit, când m-a văzut că am ieșit din pod pe acoperiș. Se îngrozea să mă strige, să nu mă sperii și să cad (i se prăpădea odorul) sau dacă mă lăsa, să nu alunec cumva și iarăși, aceeași soartă! De altfel, eu îmi căutam refugiu, ca să pot citi, să pot desena (puneam o mică planșetă pe genunchi) și-n vârful secularilor meri, care-i aveam în grădină și ale căror crengi erau ramificate în trei la un loc, ca niște scaune, ședeam uitată pe acolo, până ce auzeam vocea disperată a mamei, că mă chema la lucru (de care fugeam) și atunci coboram repede, că știam "că-mi ia părul foc și ceafa scântei", cum îmi zicea dânsa.

Îmi proorocea o mătușă - Tudorița – care locuia în casă cu noi, că am să fiu o imbecilă, că nu știu nici acul în mână să-l țiu... N-a avut timp să se convingă, când m-am mai mărit, că ce vedeau ochii, executau mâinile... după ce-mi alinasem gândul și dorul de carte, de învățătură! Începusem să mă obișnuiesc și eu cu zicala că unei preotese de țară, cum eram menită să fiu, nu-i trebuiau mai mult de 5 clase primare, să știe să citească și să scrie...

Și atunci am căutat eu singură să-mi înmulțesc cunoștințele, citind cărți de tot felul, dar multe și cu ajutorul bunilor mei frați, cu care am avut o adevărată dragoste frățească. Era o fericire când veneau vacanțele școlare la noi în casă! Cântece, dansuri de tot felul, cărți citite și comentate... Fratele cel mare se ocupa chiar serios, de a-mi cizela gusturile în îmbrăcăminte, în căutarea și alegerea nimicurilor astea feminine, lenjerie, etc.

Totuși nu renunțam la ideea cu caietul! Amânam însă mereu și am fost așa de bleagă, că nu le spuneam nici lor. Cu siguranță m-ar fi încurajat și m-ar fi ajutat. Chiar și până începeam era mult!

Timpul a trecut și m-am pomenit o fetiță de vreo 17 ani (totuși pe atunci eram o domnișoară), când am auzit de fiul preotului Ioan Rădulescu, din Burdușelu. În ziua de Sf. Ilie, când soarele era așa prin chindie, după un protocolar anunț, au venit să ne facă o vizită, spre a ne cunoaște. Ne-am pomenit cu el și cu un unchi al său... Au venit la vedere, cum era obiceiul pe atunci, că altfel nu se făceau căsătorii decât cu pețitori sau intermediari. Nu l-am cunoscut deloc până atunci, dar fiindcă era seminarist și eu destinată să fiu preoteasă, am privit lucrul ca atare.

Nu mi-am făcut apariția decât atunci când i-am invitat sub o frumoasă boltă de viță și i-am tratat cum se cuvenea unor musafiri. M-am dus pe urmă într-o cameră, unde îmi lăsasem o carte deschisă: "Străin în țara lui" de Rădulescu Niger și mi-am continuat lectura. N-am avut nici o emoție, n-am căutat deloc să plac, nu-mi venea deloc să cred, că acolo "Sub bolta de viță", cum era și un cântec pe atunci, se hotăra soarta mea! Când sora mea mai mare vine și-mi spune: "Tu știi, că o să se facă această căsătorie?" "Care?", i-am răspuns, fiind aprofundată în lectura mea. "Între tine și seminaristul

Bunica la tinerețe

ăsta!" "Vai de mine!" i-am răspuns. "Și eu, cel puțin, nici nu l-am văzut!" Rămăsese în casă aceasta ca vorbă de haz și de aceea n-am uitat-o. M-am dus la fereastră și am dat puțin perdeaua la o parte. El a prins mișcarea și a fost cu ochii la geam. Aceasta a fost vederea.

Când, după trei săptămâni, a venit la logodnă, fiind cu fratele său și alți tineri, eu, care-i așteptam să vie mai pe sub seară, nu eram îmbrăcată de logodnă și tocmai îmi pieptănam părul într-o cameră, a cărei fereastră dădea în curte. M-am uitat nestingherită la ei, cum coborau din trăsuri și mă întrebam, care din ei o fi logodnicul meu? De altfel, aceeași întrebare și-o punea și el, când a văzut leaota de fete, verișoare de ale mele, tot cam bălănele, cam ca și mine.

Dacă am văzut că m-a prins așa, m-am îmbrăcat cu o rochiță și cu bluziță, cu un șorțuleț național, foarte elegant și le-am ieșit întru întâmpinare. L-am văzut după privirea ochilor, care era așa de speriată, că m-a cunoscut sau poate m-o fi cunoscut după șorț, că eram tot așa îmbrăcată, cum eram când a venit la noi. L-am văzut, că vine zâmbind la mine și mi-a întins amândouă mâinile. Eu... i-am întins numai una, că așa îmi ceruse... mâna!

În seara de 16 august, același an, ne-am logodit, iar la 3 zile după logodnă, a trebuit să mergem la tribunalul de la Călărași, ca să legalizăm foaia dotală. Așa era pe atunci! Cum era să dea bieții părinți zestrea, oricât ar fi fost ea, în mâna unui necunoscut sau în mâna unui copil nevârstnic ca mine, fără forme adăpostite de lege. Și am descins la o rudă a noastră, eu cu tăticu, iar mirele, la un hotel.

A doua zi la ora 9, trebuia să fim la tribunal. Când vine mirele să plecăm, caută mireasa, ea, nicăieri! Gătită de drum, cu pălăria pe cap, eram în camera Floricăi, o fetiță a lor, care avea o mulțime de păpuși și diferite jucării. Târam prin cameră niște porumbei, care gungureau așa ca porumbeii adevărați, când îi purtai de ața aceea! (Mai târziu, Costică mi-a spus, că mi-a sărutat imaginea reflectată într-o oglindă, când a văzut atâta naivitate copilărească.) În fine, am mers, că trebuia să fiu și eu acolo, că pasă-mi-te, trebuia să-mi dau iscălitura sau să pun "deștiu" (degetul)! Nunta am făcut-o la 6 septembrie, rămânând în casa părinților mei, până s-a preoțit Costică.

Cam așa mi-a fost copilăria și adolescența.

Partea 2 (1909-1917)

Am plecat din casa părinților mei în ziua de 30 septembrie. Era ziua lui tăticu, dar trebuia să plecăm, că a doua zi era duminică și Costică trebuia să fie la slujbă la biserică, la Vlădeni, județul Ialomița, comuna ce i se dăduse lui spre păstorire. Imediat ce am călcat cu piciorul în noua mea locuință și am văzut cum se strângeau sătencele împrejurul meu și-mi sărutau mâna, îmi venea așa greu să le las (eram un copil, iar ele, unele, chiar bătrâne) dar nu te înțelegeai cu ele, ziceau că așa deci și prin urmare trebuie să le dau mâna să mi-o sărute.

Nu știu, o fi fost darul, cum spuneau ele, cel care m-a făcut să mă transform așa subit într-o femeie așa de demnă și cucernică, adevărată preoteasă, știu numai că mi-am luat în serios rolul de femeie gospodină și de preoteasă. Era viață obișnuită, pe care o trăisem și o cunoscusem și la casa părintească.

Acum, fie vorba între noi, mai făceam eu stângăcii și-n gospodărie, asta din lipsă de experiență, iar ca purtare, îmi mai dădeam câteodată în petec, mai ținându-mă de șotii. De exemplu, proprietăreasa mea era cam lovită cu leuca și mie îmi plăcea să o necăjesc. Odată, ea lipea prispele, cum e pe la țară și cu degetul dezlipea pământul umed de sub prispă, iar eu strângeam rufele de pe sfoară. Cleștii de rufe, în loc să-i pun pe sforicică, îi prindeam de poala fustei ei. Când au început, la mișcările ce le făcea lipind, să o bată peste vine, o văd că o ia la goană, cu pământul pe mâini și fugi și fugi! O cam băgasem și eu pe mânecă, când am văzut-o că fuge așa speriată. A fugit până în fundul grădinii și s-a suit într-un pom. Sigur, cu cât fugea, cleștii și mai tare o loveau peste vine. În fine, când am ajuns-o și am întrebat-o ce s-a întâmplat, mi-a răspuns: "Asta drăcie n-am mai văzut-o! Eu am crezut că s-au agățat broaștele de acolo de sub prispă, de rochia mea!"

Totuși, mă vedeam străină și singură și iarăși îmi venise ideea cu caietul. Dar prea era uniformă și monotonă viața și eu nu știam să-i caut miezul și deci am renunțat iarăși. Mai târziu, am făcut cunoștință cu familia Stancu. "Tușa Alba" îi spuneau fetițele mele doamnei, din cauza figurii ei înălbite, lipsită parcă de o picătură

Bunica și Tata Moșu (6 septembrie 1909)

de sânge. Au fost niște oameni foarte cumsecade, am avut cele mai strânse legături de prietenie cu ei și până azi am rămas foarte buni prieteni.

Îmi vedeam de gospodărie, mai citeam și lucram foarte mult. În prima iarnă am croșetat vreo 90 metri de dantelă. Ce era să fac? Costică, zilnic, după ora 16, pleca de acasă, se ducea cu învățătorul, care și el era un inimos dascăl, se plimbau pe malul iezerului (lac adânc de munte), făcând planuri de luptă contra celor care apăsau țărănimea muncitoare. Și au reușit ceea ce era nemaiauzit pe atunci, ca preotul și învățătorul să fie prieteni, necum frați de luptă. Asta se înfăptuia la Vlădeni. Amândoi, mână-n mână, au luptat și și-au ajuns scopul. Au fost tribuni ai poporului, timp de 12 ani cât am stat acolo. I-au deșteptat pe săteni, i-au ajutat să scape de exploatatorii care-i ținuseră în frâu până atunci. A venit războiul din 1916 și a năruit ceea ce clădiseră ei. După război, au încercat ei să înnoade firul, de unde se rupsese, dar... patria recunoscătoare... Au căutat să-și bage nasul alții, lătrăi, cum se întâmplă de obicei, lucru care i-a dezgustat pe idealiștii noștri luptători și au căutat de s-au îndepărtat de acele locuri.

Și eu? Începusem să fac bubă la inimă, că trecuseră aproape 2 ani și nu se simțea să am și eu un copilaș, după care ardeam de dorința de a-l avea și crește. Pe atunci femeile nu erau ca acum, să aibă drepturi ca și bărbații, ci numai datorii. Nici pomeneală să ia parte la întruniri. Îmi vedeam și eu de casă, îi mai ajutam și eu la scris, când aveau de scris pentru biserică și cooperativă, mai țineam arhiva bisericii la punct, tot ca să-l ajut pe el, că-l vedeam că-i tânăr, plin de entuziasm și apostol adevărat. Mă mândream cu acest dar.

Dumnezeu îmi ascultase dorința și ruga, ca soțul meu să fie preot adevărat, ca și tatăl meu, iar nu popă, care să nu aibă altă grijă decât să umble cu desagii, să strângă cereale, cum se obișnuia și cum și lumea credea, că dacă nu dădea acest tribut popilor, apoi nu mai e preot la ei în sat! Îl admiram, îl respectam, de iubit, nu știu dacă-l iubeam; nici nu știu dacă știam ce-i aia iubire... De altfel, nici el, nu știu, dacă se făcea așa praf iubindu-mă, căci cine-i preocupat de griji și luptă pentru aproape, trebuie să-și împartă dragostea și iubirea. Probabil și copiii, tot de asta, nu ne-au onorat cu prezența decât după 2 ani, când și organismul meu, așa plăpând, a fost în stare să procreeze.

A dat Dumnezeu și am căpătat o fetiță, Elisabeta, Vetina, cum îi ziceam noi, pe care am crescut-o cu cea mai mare dragoste și devotament. N-am avut parte să o cresc prea mult, ci numai 9 luni, când o tuse convulsivă, urmată de o congestie pulmonară, mi-a răpit-o de lângă mine, spre marea mea disperare. Costică se mai supăra, când mă vedea că nu îmi mai veneam în fire și nu mă mai lăsa deloc să mă duc pe la țintirim. Dar duminica, el pleca la biserică și eu, ca o disperată, alergam la mormântul ei, iar când a căzut prima zăpadă și i-am văzut mormântul acoperit, cu mâinile am dat-o la o parte și m-am dezbrăcat de haină și am așternut-o peste mormântul ei...

După alți 2 ani, a venit Agripinica pe pământ și ca pe o floricică în glastră am crescut-o și pe ea. Ne jucam amândouă de-a nașele, de-a finele și dacă o întrebam, când s-a făcut de vreo 3 anișori, dacă vrea să-i mai fac un frățior sau o surioară, ca să aibă cu cine se juca, mi-a spus că mai bine ar vrea să se joace cu mine, ca frățiorul o va bate, când o fi mai mare (se simțea ea, că era mai blegută), iar surioara îi va lua jucăriile. Ca să aibă cu cine se juca, când eu sunt ocupată, mi-a spus să-i fac mai bine un miel sau un mânz!

Și așa ne duceam viața. Munceam mult, n-aveam servitoare. Nu-mi plăcea cum spălau și călcau femeile și fetele de pe acolo, dar se și cerea, fiindcă eram strânși din cauza lipsei de bani. Costică urma Facultatea la Cernăuți, în acel timp. Când era în străinătate, trebuiau bani și se câștiga foarte puțin. Leafa era mică, iar el ducea viața care și-o impusese, de preot idealist și ideal. Și a reușit. Timp de 7 ani, până la război, a pus totul la punct. Eu l-am înțeles, dar nu am lucrat alături de el, nu aș fi avut cum. Deci, de mine n-a fost ajutat, dar nici oprit de la chemarea lui. Eu am fost fire de femeie, mai plăpândă, și tremuram de grija lui. Împrejurările au făcut să nu avem o viață prea liniștită, căci probabil așa e dat omului: mulțumirea să o simtă, dar fericirea niciodată. Din cauza firii lui independente și mândre probabil, au apărut în viața noastră întâmplări mărunte poate, dar noi, care treceam prin ele, le simțeam greutatea. Norii supărărilor întunecau fruntea noastră! Facultatea de la Cernăuți a urmat-o și vă închipuiți cu câtă greutate, că eram tineri, săraci, năpăstuiți de oameni, dar ajutați de Dumnezeu.

La 3 ani după Agripina, a venit și Elvira și cu toată greutatea creșterii lor, mi se părea că nu mai am ce dori. Calvarul cu facultatea se terminase și eu ziceam, dacă Vilăchiță ar fi fost un băiețaș, fericirea era deplină! Așa s-au scurs 7 ani, cum am spus, cu grijile și necazurile care sunt făcute pentru oameni. Mie mi se părea că unora le e dat să-și trăiască viața mai ușor. Pe lângă problemele

Sus: Tata Moșu (1915) - stânga, Bunica (1915) - dreapta,
Jos: Bunica, Tata Moșu și Agripina (1915).

noastre personale, se mai adăugau și altele.

Încă din toamna anului 1912, nori de furtună se ridicau la orizontul Balcanilor și noi nu eram așa departe. Bănuiam că, mai curând sau mai târziu, se va răsfrânge și asupra țărișoarei noastre, înconjurată din toate părțile de dușmani mulți și puternici. Teama s-a adeverit. În vara anului 1913, la 24 iunie, armatele noastre au fost mobilizate și trecute peste Dunăre, s-a ocupat Cadrilaterul de la bulgari. Aceasta a fost ca o introducere, ca să ni-i punem pe bulgari mai bine în spate.

În vara anului 1914, cutremurul s-a dezlănțuit și după ce au intrat întâi Austria și Serbia în război, au fost târâte pe rând toate statele - unele se ajutau între ele, altele se dușmăneau - și focul s-a aprins și a început să ardă peste întreaga Europă. Era firesc, ca din focul acesta să sară și în țărișoara noastră o scânteie și să se aprindă. În urma unor consilii de coroană ținute de conducătorii țării noastre, s-a decretat mobilizarea armatelor romane contra puterilor centrale, în ziua de 14 august 1916, la ora 16. Ordinul de mobilizare a venit la comună la ora 1 noaptea, spre 15 august. Clopotele bisericii au început să bată, goarna să sune, iar noi, cu sufletele încremenite de groază, așteptam ziua. Nu știu de ce, eram plină de groază. Poate datorită nenorocirilor mari, care au izbit țara prin venirea războiului sau pentru că noi, româncele, nu aveam îndeajuns formată educația națională. Nu mă așteptam chiar să aud "Du-te la oștire, pentru țară mori", dar peste tot auzeai plâns și geamăt. Tinerii nu plecau deloc cu entuziasm. Unii poate că primiseră aceeași creștere și educație, dar alții știau desigur, în ce stare nenorocită își lăsau familiile.

Deocamdată războiul se declarase între noi, Austria și Bulgaria. Din comunicatele oficiale, ce se trimiteau la Primărie, vedeam și noi, că armatele noastre viteze înaintau vertiginos în Transilvania. Nu ne bucura, fiindcă vedeam că e o strategie. Se consolidaseră peste Dunăre, cu bulgarii, dar în Dobrogea mergeau cât se poate de prost.

După lupte înverșunate timp de 10 zile, adică miercuri, 24 august, se anunță la Primărie că am pierdut Turtucaia. Aceasta a fost o lovitură cumplită, un semn rău pentru țara noastră. Ne-a lovit și personal, căci bietul nostru cumnat, nenea Cristache, soțul Voichiței, era acolo și ne închipuiam că s-a sfârșit într-un chip groaznic. Se auzea despre nelegiuirile comise de populația și armata bulgară. Adevărat a fost. Căderea orașului Turtucaia a fost rea pentru românii noștri și au început să bată în retragere. Au pierdut, unul câte unul, toate orașele din Dobrogea nouă și veche, până când, la jumătatea lui octombrie, ne-am pomenit cu armatele de ocupație la nordul județului Constanța. Nu însemna însă, că le luau așa pe veresie. Au fost lupte cumplite pe la Cocârga, Cuzganu și alte localități, unde am pierdut mult tineret.

După demobilizare, vești rele. Răniții curgeau, era mai mare groază să mai stai în sat. Femeile boceau, câinii urlau, iar celor care mai rămăseseră, li se impusese să ajute familiile celor plecați. Bietul Costică, săracul, era târât și întins în toate părțile. Cooperativa sătenilor rămăsese numai în grija lui, căci tovarașul lui de muncă, învățătorul, era mobilizat. Trebuia să chivernisească cooperativa, să susțină și să ridice moralul comunei și câte nu-l obliga conștiința să facă!

În ziua de 2 septembrie a plecat la București, în interesul cooperativei și în lipsă, i-a sosit ordin de mobilizare, pe lângă ambulanța Diviziei a 4-a, care Dumnezeu știe pe unde era. Imediat ce a venit de la București, și-a făcut pregătirile și în ziua de 4 septembrie a plecat, fără să mai știu de el. Primeam eu câte o carte poștală cenzurată, dar eu eram nemulțumită, că nu știam nici unde este, nici nimic altceva, știam doar că trăiește. Așa-i ordinea în timp de război!

În singurătatea mea, mă gândeam, că n-ar strica ideea cu caietul, un tovarăș mut, dar scump. Iarăși am mâzgălit câteva foi, pe care le-am păstrat, dar am văzut, că nu mă puteam destăinui chiar nici acestui prieten mut. Eram slabă și veșnic îngrijorată. Am renunțat din nou la confidența lui și am înghițit în sufletul meu zbuciumat, tot ce simțeam.

În biata noastră comună, slujbă la biserică nu se mai văzu; mai aveam o singură mângâiere, în cărticica mea de rugăciuni. Îmi mai împăcam conștiința, rugându-mă pentru toți ai mei și pentru cei mulți, plecați pe front. Duminică, 9 octombrie, dimineața, se auzeau necontenit bubuituri de tun. Zornăiau ferestrele, ca de un cutremur cumplit. Preotul din Găița anunțase că va veni să facă slujba la noi, la Vlădeni. Ne-am îmbrăcat, că eram cu biata tușica Tudorița, adusă la mine să împărțim necazurile amândouă și am plecat la biserică. Mă uitam la preot, săracul, că mult mai era șleampăt! Când a ieșit cu Sf. Daruri, târa după el veșmintele și gângăvea, el știa ce spune, că nimic nu se înțelegea, poate și din cauza ferestrelor, care zornăiau. Eu mă gândeam atunci, cum de nu-l aduce Dumnezeu acum pe Costică, să iasă el cu Sf. Daruri!

Tocmai când ne ridicam, intră un băiețaș în biserică și mă

cheamă acasă, că a venit taica popa, cu cruce roșie la mânecă. Nici nu știu dacă am mers sau am zburat până acasă. Când am ajuns, Costică era în mijlocul curții, plângând, cu Vilache în brațe, iar Agripina fugea de el. Bănuia el ce ne așteaptă și de aceea plângea, săracul! N-a avut permisie decât 48 de ore, căci divizia lui trecuse la Băicoi pentru refacere. Cât a stat a fost îngrozit de canonada ce se desfășura la Constanța. Spunea că nu auzise nici în Transilvania una asemănătoare. La plecare m-a sfătuit, că în cazul în care inamicul trece Dunărea, eu să-mi iau copiii și să plec la Iazu, la părinții mei, să împărtășim aceeași soartă. Nu știam dacă să plec sau să rămân. Nu-mi venea să plec, să-mi las gospodărioara mea, în cazul unei invazii, dar și să rămân mi-era teamă!

Bietul Costică, o fi știut el ce spune. Tocmai când mă frământam așa, pe 16 octombrie, mă pomenesc cu un om din Iazu, cu căruța, să mă ia să mă ducă acasă. Bieții mei părinți, nu mai aveau nici ei liniște, de grija noastră! Mi-am mai strâns câte ceva în cufăr și a doua zi dimineața, împreună cu copilașii mei, am plecat către casa părintească. Era noroi mare și am fost o zi pe drum. Seara, când am ajuns acasă, părinții mei erau aproape desfigurați de neodihnă, de mâhnirea și grija ce o purtau tuturor. Cu firea mea veselă, m-am străduit și am reușit, să le mai ridic puțin moralul. Am stat la dânșii o lună.

Pe la începutul lui noiembrie, comunicatele oficiale anunțau dezastrul de la Jiu. Acolo, armatele noastre, săracele, au depus mare rezistență, sub comanda harnicului general Dragalina, care și-a pierdut viața în aceste lupte. Nemții n-au reușit deocamdată. Urmăream zilnic, cu groaza în suflet, comunicatele oficiale despre înaintarea vrăjmașilor noștri, cu zecile de kilometri.

În ziua de 14 noiembrie, a venit Stanca de la Vlădeni, cu căruța, să mă ia acasă. Aveam de descurcat o afacere cu o pădure, ce se luase, în care eram și noi amestecați. M-am dus, căci eram îngrijorată de casa mea. Am convenit cu părinții mei, că vin iarăși lângă dânșii, cum aflu de căderea Bucureștilor. Dacă vom avea fericirea ca inamicii să nu mai înainteze, voi sta acasă, că mă deplasam greu pe timp de iarnă, cu doi copii. În aceeași zi s-a comunicat că trupele bulgărești au debarcat la Zimnicea.

Când am ieșit din curtea casei, unde am trăit 17 ani, o copilărie fericită și liniștită, mi s-a strâns sufletul de durere. Mi-am luat ziua bună de la bunii mei părinți. Cu lacrimi șiroaie, care mă orbeau, am salutat bătrâna noastră casă, cu pereții verzi și cu ferestrele și acoperișul albe, care altă dată mi se părea tânără și frumoasă, ca o zi de primăvară. Cele mai frumoase amintiri mă legau de ea. Am izbucnit într-un plâns nervos, îmi vâjâia capul și nici nu știu, cum am parcurs 20 km. Nu vedeam decât casa părintească, cu clădărioara de la poartă, care-și lua rămas bun de la mine. Mi se părea că n-am s-o mai văd.

Ajunsă acasă, am început să-mi văd de gospodărie, urmărind comunicatele oficiale. Mutam lucrurile de colo dincolo și nu știam ce să fac. Ieșeam către primărie și vedeam că unii își pregăteau căruțele, alții îngropau lucrurile, dar pe nimeni nu-l durea inima de mine. Ridicam ochii la cer și-mi puneam nădejdea în El, care m-a călăuzit și mi-a îndreptat pașii până acum, speram că nu mă va părăsi și mă mai linișteam. Pe urmă auzeam ceva și deznădejdea și frica se strecurau iarăși în inima mea. M-am frământat așa patru zile și nopți, care mi s-au părut nesfârșite.

Vineri, 18 noiembrie, dimineața, mă cheamă un pescar afară și-mi dă un bilet de la tăticu, în care îmi spunea că mămica și Agripina, sora mea, erau la sora mea Marioara la Bertești și dacă pot, să mă duc să vorbesc cu ele. Am fugit prin sat, fără să-mi dau seama, cât de greu era în acele vremuri să găsești o căruță, să te deplasezi din comună. În grabă să caut o căruță, am plecat cu o pereche de pantofi cu vârfuri, dar fără scoarțe. Cam la 100 m de casa mea, găsesc pe Leanca lui Ion, care cocea pâine afară la cuptor. Vorbesc cu ea și-mi promite că merge cu mine, după ce scoate pâinea din cuptor. Alerg bucuroasă acasă, să mă pregătesc. Pe drum observ că aveam pantof numai într-un picior, celălalt era doar în ciorap. Nu știu deloc pe unde-l prăpădisem! Numai în vis mi se mai întâmplase așa ceva și-mi amintesc cât era de rău, dar acum... Îmi venea să râd și să plâng. Nu-mi închipuiam că pot fi așa de zăpăcită! Am venit prin dosul casei, să nu mă întâlnesc cu cineva. De fapt doream eu să scap odată de pantofii ăștia, că erau grei, dar nu așa cum s-a întâmplat.

Am plecat cu Leanca. Pe la ora 11 am ajuns la bariera Berteștilor, când mă întâlnesc cu mămica, care pleca, crezând că eu n-o să mai vin. Eu m-am ridicat în picioare și am vrut să mă dezbrac de scurteică, să i-o dau, că mi-o împrumutase când am plecat de la Iazu. Mi-a făcut semn să o las și de mare folos mi-a fost!

M-am uitat lung după căruța ce se depărta și de câte ori mi-aduc aminte, o văd pe scumpa mea mămică, depărtându-se și făcând acel semn cu mâna, ca o binecuvântare.

Mi-am continuat drumul și am ajuns la frații mei, care mi-au spus că au plănuit, cu mămica, să plece în Moldova, să ia cu ei pe Agripina, sora noastră și pe mine. Nu mai era nicio nădejde să scăpăm de invazie și bulgarii făceau numai rele, pe unde treceau. Bieții părinți se gândeau că pericolul era mai mare aici, cu Agripina, fată de vreo 16-17 ani și cu noi, femei tinere. M-am hotărât să plec și eu cu ei. A doua zi dimineața, m-am înapoiat la Vlădeni, mi-am luat copiii și bagajul necesar și m-am înapoiat la Bertești duminică, 20 noiembrie.

Miercuri, 23 noiembrie, cumnatul meu Policarp a plecat la Iazu, s-o ducă pe tușa și s-o aducă pe sora Agripina. Joi, am plecat cu Policarp la Vlădeni, ca să mai ascund câte ceva și să mai iau ce aveam de luat cu mine. Întâi, ne-am dus la notar, că aveam caii dați la primărie și speram să-i putem căpăta și noi, dar nu s-a putut. Notarul ne-a mai spus că Bucureștii și Ploieștii sunt în mâinile inamicului. Până la 12 noaptea am umblat pe la oameni, doar să putem găsi pe cineva să meargă cu noi la Brăila. Abia am găsit pe unul, Nae, care să ne ducă cu 50 lei, ceea ce era foarte mult. Noi i-am fi dat cu toată plăcerea, dar a doua zi dimineața, ne-a adus arvuna îndărăt, de frică să nu-l prindă nenorocirea pe acolo.

Toată noaptea am horbocăit cu Policarp. Am urcat tot, tot, în pod, crezând că le-am pus la oarecare adăpost. Dimineața am tăiat porcul ce-l aveam în coteț de 2 ani, am luat câțiva saci de porumb, că aveam destul pentru vreo 2 ani în porumbar, lada cu zahăr, vreo 3-4 roți de cașcaval și le-am pus în căruță. Bietul meu bărbat căutase să avem asigurată existența, cel puțin! Am înhămat cele două gloabe cu un singur ochi - că un cal era chior și celălalt orb - și am venit înapoi la Bertești. N-am exagerat nimic, așa este în vreme de război, îi ia tot omului, afară de viață.

Policarp n-a avut astâmpăr; a tot căutat pe cineva cu căruță, să ne ducă la Brăila. N-a fost posibil să convingă pe nimeni. Nici vite nu se găseau, că erau toate rechiziționate, dar nici oamenii nu vroiau să meargă, de frică, și aveau dreptate. Fiecare zicea: "Cel puțin să mă apuce acasă". În ziua de 26 noiembrie, Sf. Stelian, care mi-a mai purtat de grijă, a dat în gând unui refugiat din Dobrogea să ne ajute. Auzise că Policarp umbla după căruță și știa el cât e de rău, să vrei să pleci și să nu poți. A înhămat 3 cai ca zmeii, a mărit căruța, a dat porțile noastre în lături, ne-a încărcat până seara și a plecat cu noi. Ne-a spus că pentru el e tot una, căci pierduse totul.

Am pus în grabă tot ce am putut, iar pe noi toți pe deasupra și am plecat către Brăila. Biata soră-mea Marioara născuse doar de 3 săptămâni! Pe drum am văzut 2 aeroplane, care au bombardat satul Mihai Viteazul, județul Brăila. Am ajuns la ora 19 la Brăila și am bătut la poarta proprietarului meu, Constantin Neagu. Ne-a spus că nu ne poate primi, că au prea mulți refugiați. Am plecat amărâți la o cunoștință a mea, d-na Apostolescu, care locuia mai departe, pe aceeași stradă. Mizeriile pribegiei începuseră. Începuse o ploaie rece, copiii ne plângeau, iar noi, în asprimea vremii, băteam pe la ușile oamenilor, și ei amărâți ca și noi.

Teama și grija se strecuraseră în sufletul meu. Tocmai când încercam și pe la case necunoscute, gândind că poate i se face cuiva milă de copii, ne ajunge din urmă fata lui nenea Constantin și ne cheamă înapoi. Ce să facem pe așa timp cu copiii? Ne-am întors bucuroși și am stat la ei toată noaptea, purcoi peste grămadă, căci era casa arhiplină de refugiați. Toată noaptea a turnat cu găleata. A doua zi, duminică dimineață la ora 4, Policarp a plecat înapoi, la Bertești. Cum s-a făcut ziuă, noi ne-am mutat la un birjar, Dobrică Ioniță, vecin cu proprietarii noștri. Erau niște oameni foarte cumsecade, care aveau patru fete domnișoare și două măritate, și erau și ei foarte îngrijorați de soarta lor. Ne spuneau să nu mai plecăm de la ei, că părintele știe nemțește și să fie și cu ei un om deștept. Când s-a întors Policarp de la Bertești, ne-a spus că a găsit casa devastată de ruși, sobele sfărâmate și aruncate pe bătătură, iar vacile mi le luaseră, că eu le dusesem tot acolo.

Când a plecat din comună, a lăsat ultima patrulă rusă să ia contact cu inamicul. De duminică, 4 decembrie, a fost un adevărat chin pentru Policarp, căci nu mai avea astâmpăr, căutând zi și noapte căruță să mergem la Cârlomănești, județul Tutova, care era ținta noastră.

În zadar îl rugam și mai ales eu, să stea locului, să nu mai trudească pământul, umblând după căruță, prin locuri pe care nu le cunoșteam. Eu vroiam neapărat să rămânem la Brăila, închipuindu-mi că pericolul nu mai era așa de mare. Ce-o să pățească o Brăilă întreagă, o să pățim și noi. Nu l-am putut convinge. Spunea, că să știm bine, că ne ia în spate și ne trece Siretul pe fiecare în parte și tot trecem în Moldova. Cum o fi fost el așa sigur, că Moldova va rămâne neocupată, nu știu... Știu numai că avea o încredere grozavă în forturile de la Nămoloasa Galați. Aceasta era o credință a celor în necunoștință, de felul cum am fost noi organizați și întăriți în acest război. A trebuit să aflăm pe urmă, că acele întărituri erau niște jucării în fața armamentului și pregătirii nemților. În fine, atunci era bine, că eram hrăniți cu migdale amare! Trebuia să ne supunem voinței lui Policarp, că plecasem sub aripa lui și apoi el era bărbat și vederile lui erau mai largi decât ale noastre.

În seara de 7 decembrie am găsit un bohar - om care făcea cărăușia numai cu boii - care s-a oferit să meargă la Cârlomănești, pământul făgăduinței, în schimbul sumei de 100 lei. Dimineața a venit pe la ora 6-7, să ne încarce în căruță. Începuse o bubuială de tun de se zguduia pământul din temelii. Erau lupte la Viziru! Atâta i-a trebuit omulețului nostru, că n-a mai vrut să meargă decât până unde vom ajunge seara. Nu vroia să se depărteze de Brăila. Am convenit să ne ducă, cel puțin, până la Sudaru, un sat la vreo 14-15 km de Brăila. Mergând pe o cale de foc, mai mult stând decât mergând, ne mai ardea de făcut și glume. Erau și ele necesare.

Toată viața mea, eu n-am disperat așa ușor. Poate din cauza firii mele, mai căutam să mai ridic moralul surorilor mele, în special al Marioarei, care era mai temătoare din cauza stării ei. Zicea ea cu ochii plini de lacrimi: "Ce am ajuns noi, să mergem în căruța asta kilometrică împrejurată cu coceni și trasă de boi..." Erau lucruri grozave, mai ales pentru ele, care fiind cele mai mici la casa părintească, crescuseră ca două flori în glastră. Eu începusem să mă mai hârșesc cu necazurile și râzând le spuneam: "De ce plângeți? Ați mai visat voi să mergeți cu aeroplanul? Iată-l cum aterizează." Nu mergeau boii 10 metri și se opreau din cauza noroiului ce trecea de butucul roții. Când porneau le spuneam: "Țineți-vă bine, își ia zborul acum!" Ele începeau să râdă spunându-mi că mă țin de nebunii.

Către seară abia, începu să se contureze silueta sătucului Serdaru, unde vroiam să ajungem noi. În drumul acesta de o zi am început și noi să vedem ravagiile războiului. Colo vedeam plutind un aeroplan dușman, dincolo vedeam pe aliații noștri ruși, cum puneau foc la curți întregi, ba nu se fereau nici de case, ca să-și facă câte un ceai.

Bănuind că vom ajunge târziu într-un sat necunoscut, l-am rugat pe Policarp, să se ducă el înainte să caute casă, unde să ne adăpostim peste noapte. Mai repede ajungea el, cu compasul lui - el avea 1.80 m înălțime - decât noi, cu căruța. Cu el plecat și cu noaptea întinzându-și umbrele pe pământ, deznădejdea și teama se furișară în sufletele noastre. Îngânam pentru a ne mai face curaj: "Doamne al puterilor fii cu noi, pe altul afară de Tine, ajutor întru necazuri nu avem."

Din urmă ne ajunge un soldat călare, rănit la un picior. Avea cu el doi cai cu hamuri și cu bici. S-a apropiat de "fericita caravană" și a întrebat: "Au obosit boii moșule?" La afirmația noastră și la rugămintea de a pune el caii înainte, că-i dăm ceva, soldatul se învoi și intrarăm în discuție cu el. L-am întrebat de unde este, unde merge, cum a fost rănit și între altele cum de avea el caii ăștia? Nu-l trăgea nimeni la răspundere, dacă ne-ar vinde nouă caii? El s-a învoit bucuros, spunând că de 5 zile n-a avut mâncare, nici pentru el, nici pentru cai. A pus condiția însă, să stea cu noi, în noaptea asta, în casa unde vom fi cantonați.

De unde credeam că vom ajunge foarte târziu în sat, ne-a dus el pe fugă și l-am ajuns și pe Policarp din urmă. I-am spus și lui despre ce este vorba și am făcut târgul. Ne-a cerut el 100 lei pe caii înhămați gata, dar noi i-am dat 80 lei plus ospitalitatea în acea seară și iată-ne proprietari a doi cai mai leșinați decât noi.

Firește, în sat am întrebat de preot și ne-am îndreptat către locuința lui. Preotul Policarp, cumnatul meu, ne-a lăsat pe noi în stradă și s-a dus să ceară cantonament doamnei preotese care ne-a oferit, în silă, bucătăria. Eram, desigur, foarte mulțumiți. Preoteasa ne-a spus că ea nu se poate scărpina nicăieri de refugiați și de armată și nu știa când o să scape de ei. Apoi nu s-a mai băgat peste noi. Nouă nu ne-a părut deloc rău, căci vedeam că era lovită cu leuca! Păcat, că era o femeie foarte frumoasă.

Peste vreo oră a venit și părintele, care fusese la Galați. După ce am vorbit puțin cu el, am văzut câtă deosebire era între soți. Parcă te și mirai cum o fi făcut Dumnezeu așa! Mie îmi strânsese inima, căci semăna la chip și la nume cu iubitul meu, Costică. Numele de familie era Andrei și îmi amintea de o altă ființă scumpă (tăticu). A forțat-o pe nevastă-sa să ne pună la dispoziție un salon, care fusese ocupat de un colonel. Curând, părerile mele despre nepotrivirea lor s-au întărit.

Cine știe din ce blestem sau păcat îl unise Dumnezeu cu ea. Cu frumusețea ei era bună de orice, numai de preoteasă nu. Fiind fiică și soție de preot, nici nu-mi puteam închipui cum poate cineva să fie așa de străin de misiunea ce o are, măcar față de lume, dacă în fața lui Dumnezeu nu se mai temea! Ca să mai cunoaștem și noi lumea, așa cum e ea, probabil, ne mai scotea Dumnezeu și de ăștia în cale... Am stat 8 zile în casa acestui preot. A fost nevoie să stăm, să punem caii pe hrană și să ne facem rost de o căruță, tot proprietate, ca să avem echipamentul complet pentru pribegie.

De acum încolo era treaba noastră, să luăm drumul către Cârlomănești, idealul nostru. Marți 16 decembrie, fu o zi frumoasă, parcă nu era de iarnă. Făcusem baie celor două fetițe (Elvira și Margareta Marioarei), a căror "mamă" eram, căci pe amândouă le alăptam eu. Biata mea soră ajunsese de nu se mai ținea pe picioare. Credeam că pe acolo îi vor rămâne oasele. Sora Agripina era afară și ne chema pe noi și pe preoteasa gazdă, ca să vedem foarte sus, un aeroplan ce abia se mai zărea, parcă era un porumbel. Când colo, porumbelul era dușman și lăsa "ouă otrăvite" chiar deasupra satului unde eram noi, căci prin mijlocul satului trecea o coloană rusească.

Când am auzit pocniturile produse de bombe și răspunsurile tunurilor de la fortăreața Nămoloasa Galați, a intrat o panică grozavă în toată lumea. "La beci" strigam disperate, dar casa nu avea beci! Fără să ne dăm seama în momentele acelea de pericolul la care ne expuneam, alergam prin curte, strângându-ne copilașii în brațe și dând buzna către un bordei, pe care preotul îl avea în curte. Dacă ar fi căzut vreo bombă prin apropiere, ne-ar fi făcut piftie, cu bordei cu tot.

De această întâmplare groaznică, pentru timpurile de atunci, se leagă și o amintire nostimă. Când preoteasa gazdă a spus să coborâm la bordei, eu am luat-o pe Elvira cu o mână, iar pe Agripinica o țineam cu cealaltă mână, la subțioară. Instinctul meu de mamă lucra, probabil. Eu mă gândeam cum să ajung mai repede la bordei, care mi se părea că tot fuge mai încolo. Când am ajuns, preoteasa smucită, mi-a făcut vânt înăuntru. Agripina mea plângea de mama focului, că ea a pierdut un pantof și să mă duc afară să-l caut. În scurt timp m-am reculeș și am văzut că acolo nu eram deloc la adăpost, dar am stat până ce au contenit bubuiturile de sus și de jos.

Au fost multe victime în rândurile armatei ruse, în care au lovit în plin, dar schijele au nimerit și în curtea unui creștin, cu numele de Chicioroagă, căruia i-a omorât nevasta și i-a rănit rău - luându-i o parte din șezut - pe singura lui fată de 16-17 ani.

După ce am plătit căruța cu 100 lei, joi 18 decembrie, dimineața, am plecat cu lacrimile pe obraji, căci preoteasa ne-a acuzat că i-am furat și pus în bagaj la noi niște trențe de saci, ce le avea pe jos, în coridor. Am văzut mai târziu de ce ne-a adus aceste josnice învinuiri. Râvnise grozav la crucea mea de mărgean, legată în aur, de la biata tușica, obiect vechi și valoros.

Sora Agripina, fată sinceră, i le-a arătat ei odată și ea a furat-o și ne-a amărât așa la plecare, ca să nu-i observăm lipsa. Am băgat de seamă că n-o mai aveam abia peste două zile, când am mai căutat prin lucruri, dar a fost prea târziu.

Am părăsit satul Sudaru pe o șosea foarte bună; am parcurs 30 km în ziua aceea, ceea ce era foarte mult. Am trecut prin satele Serbești, Traian, Independența, unde două aeroplane dușmane lăsaseră bombe cu circa 5 ore mai înainte. Șoseaua era încă roșie și acoperită cu cadavrele vitelor ce căzuseră victime. O coloană rusească trecuse pe acolo și dușmanilor nu le scăpaseră din vedere.

Au urmat apoi satele: Plăcinta, Slobozia, Slobozia-Conachi și Cuza Vodă. Seara am ajuns în târgul Pechea și am mers tot la preot. Se numea Aurel Constantinescu și Policarp îl cunoștea de la Cernăuți. Policarp îi adusese o parte din bagaje cu două zile înainte, căci nu aveam loc cu toate în căruță. El ducea bagajul până la un loc unde i se părea că-i mai sigur sau ne ducea pe noi întâi și apoi se înapoia după bagaj.

Când am bătut la poarta preotului, cineva ne-a spus că nu ne poate primi, că el nu-i acasă. Am văzut mai apoi că n-au vrut să ne primească. Ne cam intrase grija de bagaj, că era acolo, dar am pornit cu căruța la șosea. Era noapte, iar luna plină lumina pământul frământat de necazuri. Cerului nu-i trebuia lumină; el parcă făcea în ciudă părând și mai întunecos pe lângă spuza de stele. Acestea din urmă, vroiau și ele, să se arate atotstăpânitoare, căci în decembrie rar le vine rândul. Era liniște în tot văzduhul și se auzea doar suflatul cailor noștri, trași cu "boieri" cu tot la marginea șoselei. L-am rugat pe Policarp să nu mai umble după casă. Era mult mai plăcut să stăm în această natură sublimă, unde vedeam numai putere dumnezeiască, decât să ne mai amărâm sufletul văzând răutatea omenească. Nu s-a lăsat și cu greutate a găsit o căsuță micuță, ca din basme, cu un moș și o babă.

Un biet bătrân ne-a deschis larg porțile curții și a făcut imediat loc căruței noastre. Pe noi, femeile și copiii ne-a băgat numaidecât în singura lui odăiță cu tindă, unde trăia cu băbuța și un nepot mic, în fașă, rămas fără părinți. Am adus saltelele din căruță și le-am pus pe jos, iar noi ne-am culcat la rând cu copilașii. Policarp a dormit afară pe bagaj, deși bietului moș nu-i venea la socoteală, ca el să doarmă în casă și încă în pat, iar distinsul lui oaspe, afară!

Fiecare amărăciune avea și partea ei distractivă. Am redat câte ceva, ca să nu fie uitate și cei ce le vor citi să știe, că numai așa am mai putut trăi... altminteri durerile ne-ar fi copleșit desigur și ne-am fi isprăvit. Bietul moș nu avea combustibil, căci era prea bătrân ca să și-l poată procura. În Moldova, populația nevoiașă cu brațele își taie câte un buștean și-l târăsc acasă, ca pe urmă să-l pună pe foc acolo, să fâsâie și ei prin jurul lui. Moșul era îmbrăcat cu un cojoc rusesc, lung până la genunchi și creț împrejurul mijlocului. Din prea multă considerație pentru distinșii lui musafiri, sau fiindcă era așa de bătrân săracul, nu putea să doarmă. La fiecare ceas se dădea jos din pat și voia să iasă afară, ori tot locul până la ușă era ocupat de saltelele noastre. Punea și el un picior peste mine, între capul meu și al Marioarei, celălalt între capul ei și al Agripinei, așa că scutura mereu cojocul peste noi, dându-ne și diferite mirosuri, de prin cojoc probabil? Rezultatul a fost că până la ziuă n-am dormit deloc, iar la ziuă am văzut că miraculosul cojoc al moșului ne lăsase, pe lângă mirosuri, și niște tovarăși de mizerie. Ne-a dat de lucru să ne căutăm și rufele, căci nu eram obișnuiți cu insectele.

De dimineață ne-am sculat și am plecat, lăsând pe bieții bătrâni foarte amărâți că nu voiam să rămânem la ei, unde ne oferiseră grajdul, care era destul de mare și vite nu mai aveau. Li se părea lor că noi trebuie să fim tare cumsecade. Noi, aș, Cârlomănești! Măcar de am fi mers 40 de ani, ca Moise prin pustie, însă trebuia să ne ajungem ținta. Le-am promis și noi, dacă nu putem să stăm la Cârlomănești, venim să stăm la ei tot timpul refugiului. I-am binecuvântat când am plecat și ne-am zis că pentru aceștia mai ține Dumnezeu pământul!

Ne-am continuat drumul, trecând prin satul Mihail Kogălniceanu (Mânjina), iar seara am ajuns în comuna Cudalbi. Acolo, am dormit noaptea la o bătrână foarte cumsecade și primitoare, iar a 2-a zi dis-de-dimineață, am pornit către comuna Corad, trecând prin satul Puțini. Aveam intenția să dormim în Corad, iar duminică dimineață să parcurgem cei 7 km rămași până la Cârlomănești. Toca de vecernie când am ajuns în Corad și am fi putut merge mai departe, dar caii erau prea obosiți. În această comună, se stabilise coloana a 5-a, regimentul 47, formată numai din prahoveni. Dl. C. Procopescu, absolvent de seminar și băiat foarte amabil, ne-a ieșit în cale și ne-a descusut, după care ne-a făcut rost să rămânem la casa dascălului bisericii. I-am mulțumit foarte mult, căci ar fi fost greu să căutăm singuri, într-un sat necunoscut.

Noroiul era până la butea roții și bieții căluși erau prăpădiți, ca și noi de altfel, deși nu trăgeam noi căruța. A fost suficient să ne vadă unul din consătenii lui Policarp, că seara ne-am pomenit cu ei buluc. Printre ei era și sergentul Gh. Rădulescu, care auzind că vrem să mergem la Cârlomănești, sat de țigani după cum am aflat, ne-a sfătuit să rămânem pe loc, căci comuna era mai bogată și ar fi mai ușor cu aprovizionarea noastră și a animalelor. Doar acesta era și interesul nostru!

Sergentul se oferi să ne atașeze și pe noi la coloană, în cazul în care ar fi primit ordin de plecare. În felul acesta ne-am fi putut strecura mai ușor, fără să fim surprinși. Credeam noi că mai marii noștri purtau mare grijă armatei și n-am fi putut fi luați pe neașteptate, mai ales că ne îndepărtasem binișor de front. Afară de asta, nu ne-am mai fi canonit atâta cu bagajul, că l-am fi putut plasa pe la căruțele lor și ar fi călătorit odată cu noi.

Văzându-i așa binevoitori, ne-am așezat la un locuitor, Costache Liță Tașcă. Policarp a și plecat să aducă bagajul de la preotul Constantinescu de la Pechea. Eram mulțumiți, că o să se mai odihnească și el bietul, în casă, după atâta trudă și oboseală! Mulțumirea n-a durat mult. Vineri 23 decembrie, seara, ne spune Policarp că a primit ordin coloana să plece neîntârziat în comuna Priponești, județul Tecuci.

Am început să ne pregătim de plecare: am făcut un cuptor de pâine, din făina dată de tăticu și am plasat bagajul prin căruțele coloanei. Bietul tăticu, ne dăduse un sac cu mălai și unul cu făină. Știa el ce ne trebuie, din timpul bejeniilor. La Pechea, dădusem "dijmă" din zahăr, ceapă și săpun... ne-au fost furate o parte din ele.

A 2-a zi dimineața, ne-am urcat cu toții în căruță și ne-am postat între căruțele coloanei. Ne-am oprit în fața uneia din cele patru biserici, din câte erau în sat și am așteptat 2-3 ore, să se încoloneze toate căruțele. La auzul clopotelor, ce anunțau ajunul nașterii Mântuitorului, sufletul meu era plin de durere și lacrimi calde curgeau pe obrajii mei reci și bătuți de ploaie.

Mântuitorule bun! Te-ai născut, ca să răscumperi păcatele noastre! Și acum, că ura și păcatul frământă omenirea, suferim pedeapsa păcatelor noastre! Ți-ai întors fața de la această omenire și o lași să se distrugă singură! Oprește Doamne această mânie și uită-te la noi necăjiții! Gândurile mele zburau la Costică. Cum își făcea el datoria și cum primea creștinește aceste sfinte și mari sărbători!

Cine știe cum sunt și bieții noștri părinți, care-și așteptau toți copilașii, cu bucurie, de sărbători și cu multe bunătăți. Am ramas doar cu gândurile. Viața trebuia să-și urmeze cursul, așa cum ne-o hărăzise Dumnezeu sau mândria și lăcomia conducătorilor noștri!

A pornit și coloana, cu căruțele așezate în ordine. Se auzeau pocnituri de bice și chiote să îndemne caii și huruituri de ți se părea că ești pe altă lume. Am pornit și noi, umiliții, iar ploaia ne-a bătut în cap toată ziua, căci nu aveam acoperitoare la căruță. Pusesem un impermeabil pe deasupra, să apărăm dihăniile astea de copii, dar n-ai putut să te înțelegi cu ei. Elvira da din mâini, Agripina scotea capul afară, iar eu le mai trăgeam câte o palmă, să se astâmpere. Ele urlau și-ți venea să-ți iei lumea în cap. Am trecut doar printr-un sat, Matea, restul era pustiu și am ajuns la Tecuci, pe la ora trei. Ne-am oprit cu coloana la marginea orașului.

Ne-am dus la o căsuță mizerabilă, locuită de două babe, cam tâmpite și caraghioase. Ne-au primit la ele să ne dezghețăm puțin, nu să dormim. Bietele mele fetițe, cum au dat de căldură, au început să alerge prin pat, ca gândăceii. Ele ne întrebau mereu când plecăm și noi tot amânam, până s-a făcut noapte și n-am mai plecat.

Tunurile băteau de se zdruncinau casele, nu numai ferestrele. Ele spuneau că nu trebuie să ne fie frică, că n-am avut minte de am plecat de acasă. Rușii trăgeau cu tunul doar să-i sperie pe nemți! Erau și ele femei și lor nu le era frică! Una avea 78 de ani și cealaltă 82. Policarp le-a spus, că poate să le ia să le puna în fruntea frontului, să-i sperie pe dușmani.

Toată noaptea, noi am privit focul, ce se vedea de la Mărășești. Cu chiu, cu vai, se făcu ziuă. Ne-am îmbrăcat și am plecat la coloană. Era o priveliște frumoasă: ningea, era puțin ger, dar fără pic de vânt. Ne plăcea la toți. La coloană, căruțele erau împotmolite din cauza gerului, dar și a coloanelor rusești, care se retrăgeau și ne împiedicau înaintarea.

Am stat pe loc până la ora 12. Ninsoarea s-a întețit, iar vântul sufla cu putere. Gerul, foamea și gândurile negre mă cutremurau. Unde o fi bietul Costică pe vremea asta?! Coloana nu putea să iasă de acolo ușor, deși rușii mai curățiseră drumul Am luat-o și noi pe alături și am mers înainte. Frigul ne pătrunsese până la oase și l-am rugat pe Policarp să ne ducă la o casă, să ne dezmorțim puțin.

Ne-a ascultat săracul. Căldura din casă ni se părea tare plăcută. Acolo l-am cunoscut pe sublocotenentul Petre Alexandrescu, coleg de liceu cu Policarp, care călătorea cu aceeași coloană. Băiat foarte cumsecade, a rugat un om din secția lui, să descarce sacii ce-i avea, să-i puie la alții și să ne lase pe noi cu copiii, să ne urcăm în căruță, sub coviltir. Ni s-a părut că-i un palat.

Timpul se asprea tot mai mult. Începuse o ploaie măruntă, cu măzăriche, care biciuia obrazul. Noi eram la adăpost, dar bietul Policarp înfrunta vremea, în căruța noastră deschisă. Pe la ora 22, am ajuns la o fabrică de cărămidă a unui grec, care se refugiase. Am cantonat toate căruțele înăuntru și acolo am rămas toată noaptea, în viscol, sub coviltir, căci a fost imposibil să găsim o casă. Toată noaptea am îngrijit de copii. Dimineața, viscolul încetase, dar era un frig de crăpau pietrele. Soldații au luat scândurile din fabrică și au aprins focuri mari. Ne-au chemat și pe noi și ne-am dus bucuros, mai ales că aveam de uscat cârpe și pantalonași de-ai copiilor.

Acolo am văzut și noi câteva din mizeriile campaniei. Sublocotenentul Alexandrescu se încălzea la foc, iar ordonanța pusese o găleată cu toarta agățată de un lemn orizontal, iar dedesubt întețea focul, să facă mămăliguță. A tras jeratic de sub căldare, peste care a pus o crăticuță mică să facă ouă jumări. După ce a trântit ouăle în untura neînfierbântată, le-a amestecat cu un băț prea scurt, din care cauză, l-a scăpat în ouă de vreo două ori. A băgat degetele repede să-l scoată, s-a șters nițel pe manta, că s-a fript, iar domnul sublocotenent privea cu mulțumire la meșterul bucătar. Le-am servit și noi brânză de burduf, că aveam berechet.

Pe la ceasurile 23, am pornit către comuna Priponești, unde speram noi, s-o priponim mai mult. Drumul era rău, dar vitele se îndemnau, săracele, să ajungă mai devreme. Pe drum ne-am întâlnit cu un om, Moldoveanu, din Iazu. Deznădăjduit, ne-a spus, că noi am plecat, dar nu crede că o să-i mai vedem vreodată pe cei rămași. În sat am găsit o femeie foarte cumsecade, care nu ne lăsa, săraca, să facem noi mămăliguță, că altceva nu aveai ce găti. Ori de câte ori ne-o aducea la masă, o aducea cu scrob și mie îmi plăcea foarte mult.

N-am stat în sat decât 2 zile, până în ziua de 27 decembrie, când coloana a primit ordin să plece la Bacău. Am auzit că au căzut Focșanii și alte grozăvii.

Ne-am văicărit noi, dar am împachetat și am plecat miercuri, 28 decembrie, și am ajuns din urmă căruțele coloanei la gara Ghidijeni. Am mers până seara pe șoseaua Bârladului. Ne-am întâlnit pe drum cu un domn, care părea foarte bine și care venea din Bârlad. Le-a spus prefectul să stea liniștiți, că vor fi ocupați și ei până în ziua de Sf. Vasile pe întâi ianuarie. Seara am ajuns la gara Tutova. N-am găsit casă nici aici. Am dormit noaptea sus la macazuri, pe o pivniță. Dedesubt și de sub ușă ne bătea vântul, iar la cap ne ardea soba cu lignit a acarului de serviciu. Am fost mulțumiți totuși.

Din seara aceea, speranțele mele de a-l vedea pe Costică în Moldova s-au spulberat și întristarea s-a cuibărit în sufletul meu. Nimeni nu știa și nu auzise nimic despre divizia a 4-a.

A doua zi dimineața am plecat către Bârlad. Șoseaua era bună și ziua nu prea urâtă, dar mă supărau copiii. Cea mică îmi rupea brațele cu neastâmpărul ei și cu cojoacele în care era înfășurată, iar cea mai măricică începuse să bocească, că o mănâncă puii și să o scarpin eu în cap. Am scărpinat-o eu cu câteva, de a început să urle și mai tare. Policarp a început să râdă iar eu m-am enervat grozav; am scos un tulpan și i-am legat gura. Am găsit un meșteșug bun; de câte ori vroiam să-i leg gura, nu mai plângea.

Am ajuns în Bârlad pe la ora 15. Ni s-a părut un oraș drăguț, cu aspect frumos, că războiul încă nu ajunsese aici. Era multă armată acolo și Policarp s-a interesat de ai noștri, căci cunoștea diviziile din care făceau parte. N-a aflat de nimeni, nimic.

Am plecat repede către Pogana, unde am ajuns pe la ora 18. Tot satul era ticsit de ruși, de care ne era frică. Coloana era cantonată afară din sat și Policarp a plecat să caute casă. Noi am rămas să așteptăm în căruță. Ne înghețase sângele în vine de frică, căci rușii ridicau mereu lanternele să se uite la noi, ba unii au vrut să ne scoată chiar caii din ham și să plece cu ei, iar noi nu înțelegeam nici un cuvânt din limba lor.

Policarp a găsit o cameră la primarul satului, mai mizerabilă ca la macazuri. Era o cameră mare, murdară, cu pământ și paie pe jos. Ne-a așternut saci pe jos și ne-am culcat la rând, iar căruța a rămas la coloană. În podul casei erau 30-40 de fete și femei tinere, căci iubiții noștri aliați făceau ravagii, ca și dușmanii.

A doua zi am plecat mulțumind pentru găzduire și am fost fericiți că am găsit un adăpost, deși timpurile erau potrivnice. Ajunși la coloană, sublocotenentul Alexandrescu a invitat doamnele și domnișoarele în căruța cu coviltir. Pe la ora 13, am ajuns în târgul Puești, unde coloana a făcut un mic popas, ca să pună ceva în gură, oamenii și caii. Ne-am continuat drumul până seara, în sătucul Cristești. Am dormit acolo la o mizerabilă de femeie, care ne-a furat mai multe lucruri.

Sâmbătă 31 decembrie, am plecat pe un drum nemaipomenit de rău, pe care am făcut abia 4 km până seara, când am ajuns în comuna Mărășești. Am dormit noaptea la un creștin primitor și cumsecade. Domnii sublocotenenți Pădeanu și Alexandrescu ne-au dat speranța că am putea face anul nou pe loc, dar n-a fost chip, l-am făcut tot pe drum, ca și Crăciunul. Era acum o vreme foarte frumoasă însă. Deși drumul era grozav de rău, tot am parcurs 7-8 km. Din grațiile d-lui Rădulescu, noi am călătorit tot în căruța cu coviltir.

Seara am ajuns în comuna Dragomirești și am descins la prima căsuță din marginea satului, că mai departe nu se putea trece de noroi. O ticăloasă de babă trăia în cea mai cumplită mizerie acolo, nici mătură în casă nu avea. Erau paie și coceni de afară, ca la grajd; ferestrele nu se închideau, iar lumina îi venea de la un fitil de cârpă, pe care îl pusese într-o sticluță de 100 ml, cu ulei. Din greșeală, am răsturnat-o și am spart-o. Baba s-a strâmbat, de parcă era zgripțuroaica din basme. Patul era chiar sub fereastră și ne spulbera frigul. Am vrut să pun o pernă în geam, dar s-a dus cu geam cu tot, afară. Ce scandal ne-a făcut, a drăcuit toți refugiații, că suntem numai o pacoste. Policarp n-auzea, săracul, căci noi eram în tindă cu baba, iar lui îi dăduse o cameră cu un pat nesfârșit de lung, în care ar fi încăput doi ca el. Sub pat însă, avea niște varză împuțită de igrasie. La noi, Agripina mea începuse iar, că o mănâncă puii. Iarăși scandal, tulpanul să o leg la gură, etc. Spre ziuă ne pomenim cu găinile peste noi și cu cocoșul cântând: "Cucurigu, boieri mari, dați punguța cu doi bani, că în schimb, noi v-am dat tot ce am avut pe noi".

Când s-a făcut ziuă, am văzut că avea dreptate biata fată, eram plini de păduchi de găină! Tocmai aici, unde mizeria își rânjea dinții mai tare, hop, îi vine gust d-lui locotenent, comandantul coloanei, să mai rămână o zi, să se mai odihnească caii. Drept este, că nici n-ar fi fost posibilă înaintarea. A dat Dumnezeu, a trecut și ziua de 2 ianuarie, iar pe 3 ianuarie dimineața, noi, regii cerului liber, ne postăm din nou între căruțele coloanei. Acolo, întâlnind pe sublocotenentul Alexandrescu, eu cu Marioara și copiii mici am trecut în căruța cu coviltir, iar sora Agripina și Policarp au rămas în căruța noastră deschisă. La un popas, întrebând pe Alexandrescu, cum a făcut revelionul, ne-a răspuns că a omorât păduchi, împreună cu Rădeanu și Serafimescu, la gura sobei. Ne-a făcut atenți să nu ne înfășurăm cu păturile soldaților, că sunt pline. Nu-i vorbă, că ne cam obișnuisem și noi cu acești delicați tovarăși de drum.

Seara, am ajuns la târgulețul Plopana și am dormit în casa curățică a unui cizmar cumsecade. Pe 4 ianuarie, o zi frumoasă de iarnă, ne-am luat iarăși toiagul și praștia și am plecat la drum. De aici am scris o carte poștală lui Costică. O va primi, Doamne? Seara am ajuns în comuna Fundul Tutovei, cu adevărat fundul județului, într-o ghiorlănie (țopârlani, bădărani), mai mult de țigani, doar 4-5 familii de români, unde am avut noroc să nimerim. Casa era curățică și femeia era cumsecade. Ne-am exprimat dorința să facem baie la copii și să ne clătim câte ceva. Numaidecât, gazda ne-a pus albie, apă și foc la dispoziție. Ne-am spălat și bluzele de pe noi, că miroseau a acru, în special a mea, care aveam lapte mult și curgea pe mine. Noi aveam rufărie de schimb destulă, dar la Corad, dădusem cufărul unei căruțe, care rămăsese împotmolită la Tecuci și nu ajunsese, încă, coloana din urmă. Aveam acum, doar ce era pe noi.

Pe 5 ianuarie, ajunul Bobotezei, am plecat pe la ora 14. Am mers peste niște dealuri grozav de mari, așa cum sunt în Moldova. Era mult, dacă mergeam 3-4 km pe zi pe drumurile astea rele și surpate. Noaptea ne-a apucat într-o pădure ce era hotarul județului Bacău. Am dormit în căruță. Am vorbit până la miezul nopții cu plutonierul Nițescu, care era judecător la Galați. Am depănat amintiri din trecut, dogorindu-ne la focul făcut de soldați, căci din spate, ploaia ne uda bine.

Ploaia a fost urmată de viscol și a doua zi n-am putut pleca decât pe la ora 12. Soldații munciseră să taie arborii, să facă loc de mers prin pădure, că drumurile erau stricate și nepracticabile. Coloana noastră era pentru aprovizionare și căruțele erau grele.

Am de aici o amintire demnă de povestit. Ca de obicei, am trecut în căruța cu coviltir a lui Moș Ion, cum îi spuneam eu și care mi-era foarte simpatic. Era un românaș de prin satele de munte, cu portul național și cu vorba blândă. Nu știu cum fusese el mobilizat la această coloană și cu caii lui proprii! Erau niște cai frumoși, negri și înțelepți, ca niște copii. Se uitau în ochii moșului și așteptau comanda lui, ca să facă ce le spunea el. Îmi spune el mie: "N-o iau, cucoană, pe unde merg soldații. E păcat de Guriță (numele calului) al meu, să-l bag pe acolo!" I-am spus să facă cum crede.

Surorile mele, văzând că puterea vântului mai slăbise și ningea cu fulgi mari de tot, îmi spuseră că ele se duc la Policarp în căruță, ar fi păcat să stea sub coviltir. Marioara a lăsat și fetița la mine, că mai mult eu o hrăneam. De sub coviltir, n-am văzut pe unde a luat-o moșul cu Guriță și Nicu ai lui, dar m-am pomenit cu el, că a oprit căruța povârnită, cu roțile din față mult mai jos ca cele din spate. S-a scărpinat în cap și mi-a spus să mă țin bine, cu copii cu tot, că suntem pe marginea unei prăpăstii.

Am crezut că glumește, dar când m-am uitat afară, mi-am zis că numai Dumnezeu poate să ne scape. Am pus-o pe Agripinica în spate, să se țină cu mâinile de gâtul meu, spunându-i să nu-mi dea drumul, orice ar fi, că ajunge sau în găleata cu foc, pusă în gura căruței ca să ne mai dezghețăm, sau cade în picioarele cailor și ne ducem în prăpastie. M-a ascultat mititica și strânsă de gâtul meu a stat. Am legat-o strâns de mine pe fata Marioarei, cu fașa, că era mai mică și putea să stea împachetată, iar în brațe am luat-o pe Elvira și am așteptat să ajung cu ele, poate chiar în fundul prăpastiei!

Moș Ion a proptit căruța cu lemne și i-a îndemnat pe înțelepții lui cai să nu se miște. Nici nu suflau, așteptând comanda lui. El a luat securea și a început să bocăne în pomi, să-și croiască drum și să scăpăm de primejdie. "Ai curaj, cucoană, că eu am scăpat de multe ori din nevoi". După o muncă de vreo 2 ore poate, că începuse să se însereze, auzim trosnind ramurile și un tropot de cal, care se apropia în goană.

"M-a luat dracu, cucoană, ăla e locotenentul, varga lui Dumnezeu!", îmi spune Moș Ion. Așa și era. Până să isprăvim vorba, în fața lui stătea comandantul coloanei, cu cravașa în mână. "Paștele și Dumnezeii mătii, ce faci aici, idiotule?" Moșul aruncă securea din mână și luă poziția de drepți. Eu îl vedeam din fundul căruței, dar nici nu suflam. "Ce-ai în căruță, dobitocule? Dracu te-a băgat pe aici. Imediat să descarci și să scoți caii de la căruță, iar altul va veni să încarce, ce ai tu. N-auzi ce-ți spun eu, ție?" Vedea și el, desigur, în ce pericol era căruța. Ion sta nemișcat. Înfuriat, locotenentul se apropie de căruță și strigă: "N-auzi să descarci, tâmpitule, ce te uiți la mine? Ce ai în căruță?" El, tot în poziție de drepți, cu mâna la căciulă, spune împietrit de groază: "Trăiți, d-le locotenent, am o preoteasă!"

"Ce ai, măi?" "O preoteasă, d-le locotenent, să trăiți!" În culmea mirării, locotenentul se apropie de căruță, bagă capul sub coviltir și se uită la mine lung, abia stăpânindu-și râsul. "Dar ce-i cu d-ta aici?" Eu am început să plâng, de rușine sau frică, nici eu nu știu ce-mi era. "Din mila lui Moș Ion și din păcatele cine știe cui vom fi având a le ispăși, d-le locotenent."

A descălecat și a ajutat lui Ion, să dea căruța mai acana (mai la o parte), apoi a plecat, dând indicații pe unde să o luăm, ca să ajungem din urmă coloana. El venise după soldații rătăciți prin pădure, pe care i-au găsit abia a doua zi, morți, înghețați. După ce venise și peste ce a dat! A fost atras de bocăniturile securii lui Moș Ion, care trântea arborii la pământ.

Am plecat și, datorită cailor buni ai moșului, pe la ora 17 am ajuns pe bieții noștri frați, care ne așteptau îngrijorați la marginea satului Odobești, unde era hotărât masul în acea noapte. Am mas la dascălul bisericii, care ne-a culcat într-o tindă mare și friguroasă. Nevasta lui făcea mămăligă la foc, iar eu îmi dezghețam copilașii, pe lângă ea. Avea o fată de vreo 17 ani, care umbla foarte grijulie pe afară și spunea că s-a umplut curtea de soldați. Punea mâinile în șolduri și țipa la soldați: "Măă, 'tu-ți Pașteli mătii, nu băga caii acolo, că se chișă și curge în zabnic (pivniță)". Noi ne uitam foarte mirate, deși nu ne puteam stăpâni râsul, că tată-său și mamă sa nu ziceau nimic. Puterea viscolului nu scădea de loc și am fost nevoiți să rămânem în această comună și în cantonamentul ăsta mizerabil până în ziua de 9 ianuarie la ora 11.

Am părăsit casa cu bucurie, mai ales că și aici ne-a mai pișcat din lucruri. Din cauza înghețului, drumul se făcuse bun și înaintam cu ușurință. Amabilul Alexandrescu ne-a oferit din nou căruța, făcându-ne chiar reproșuri, că n-am venit cu el, chiar și în drum spre Odobești. Am mers până seara, când am ajuns în orașul Bacău. Orașul era luminat și, după atâta mizerie, mi-a făcut o primă impresie bună.

Pe la ora 19 am ajuns în comuna Letea Nouă, la 1-2 km departe de oraș, unde coloana avea ordin de cantonament. Am intrat și noi în casa unui cantonier. O mizerie de nedescris! Casa era plină de ruși, o trupă întreagă. Ei dormeau pe jos, iar noi, în niște paturi improvizate din garduri, pe care le luaseră așa și le băgaseră în casă, de frică să nu le ardă rușii. Am căutat altă cameră a doua zi, dar a fost imposibil de găsit, căci satul era ticsit de armata română și rusă. "Suntem nevoiți să stăm aici, ne spune Policarp, până ce îi va veni coloanei ordin de plecare. Atunci ne vom muta în casa ocupată acum de cancelarie, că-i convenabilă." Zis și făcut! Mai departe eram hotărâți a nu mai înainta. Ne săturasem de mizeriile pribegiei amare. Eram și noi jinduiți de o casă, în care să ne astâmpărăm de pe drumuri, să ne spălăm, să ne curățăm, că eram plini de păduchi și mizerie! În plus, cantonierul, profitând de oboseala noastră, ne-a tras geanta de sub cap și a furat cerceii Marioarei, pe care îi avea de la bieții noștri părinți.

Joi, 13 ianuarie, am ocupat camera dorită, a locuitorului Ghiță

Partea 2 (1909-1917)

Șerban. Cu toată greutatea aprovizionării noastre și a cailor, ne-am hotărât să rămânem aici, fiind un loc de trecere al trupelor și nădăjduiam și noi, ca oricare, să găsim pe cineva din ai noștri. Așezându-ne aici, prima grijă a fost să comunicăm, din nou, lui Costică situația și existența noastră în Moldova și încolo, să ne vedem, noi femeile, de casă (casa noastră cea pe roate).

Policarp ieșea zilnic în oraș, aducându-ne ziare, comunicate și tot felul de vești auzite de el. Nu era zi de la Dumnezeu, să nu se întâlnească cu cineva, numai cu ai noștri deloc. S-a interesat el, unde se află divizia a 4-a, voind întâi a lua urma lui Costică. Un scârbos de maior de la cartierul general, i-a spus că divizia se afla la Galata, în județul Iași. A voit a se duce, dar nu a fost posibil. Civilii nu puteau călători fără autorizație de la marele cartier general. Cu părere de rău, deci, a renunțat.

În ziua de 28 ianuarie, vine din oraș și ne spune că s-a întâlnit cu Dobrinescu, un coleg al lui de la Cernăuți, care i-a spus că știe el sigur, că divizia a 4-a, în întregime, a fost luată prizonieră. La auzul acestei vești, o mare întristare mi-a cuprins sufletul și nu-mi puteam reveni, cu nici un chip, la felul meu de-a fi de mai înainte. Mă gândeam ce s-a făcut scumpul meu Costică? Dacă el a ajuns prizonier, cu firea lui, eram sigură că nu mai scapă. Atunci, de ce mă mai refugiez eu? Imi veneau avalanșă de gânduri negre. Simțeam nevoia să plâng și nu puteam, nu aveam cui să spun focul care mă mistuia... Frații mei trebuiau încurajați și deci mă ascundeam de ei, iar eu aveam ambiția să fiu erou până la sfârșit. Îmi vărsam focul prin grajd, pe la cai, dar nu era destul. Atunci... din nou, mi-a venit ideea cu caietul, dar nu știam de unde să-l procur, să nu știe nimeni. Vroiam să am un confident adevărat (caietul). Notam deci, cu creionul, pe hârtie de care găseam, sperând să păstrez notele, până mă va ajuta Dumnezeu să-mi procur un caiețel și atunci îl voi avea ca tovarăș al durerilor, că de bucurii nu mai nădăjduiam.

Marți, 30 ianuarie, dimineața, în timp ce făceam ceai pentru noi și copii, a intrat gazda cu o carte poștală în sân, arătându-ne numai câte un colțișor. "Ce-mi dă coana preoteasă bătrână?" Doamne, nu aveam decât 25 ani, dar așa îmi spunea toată lumea. Când mi-am aruncat privirea de la distanță, am recunoscut scrisul lui Costică și, nebună de bucurie, m-am repezit să i-o smulg din mâini. Nu știu ce ne-a comunicat, dar mi-a fost destul, să văd că el există pe acest peticel de pământ, cu noi.

Seara, Policarp a ieșit din nou în oraș și a întârziat mai mult ca de obicei. Am alergat noi afară să băgăm caii în grajd. Parcă nu mai simțeam frigul și frica. Eram ușoară și aveam chef de făcut treabă. Se făcuse târziu de tot și Policarp nu mai venea. Pe cine o mai fi întâlnit, ne gândeam noi. Apare pe la ora 9 și ne spune, cu emoție în voce, că a întâlnit doi prieteni ofițeri, care nu aveau unde cantona și el le-a oferit găzduire la noi. Marioara îi spune: "Dar unde, dragă?" Tocmai vroiam să-i dau replica Marioarei, că acum nu mai e vremea să ne ținem de forme, că toată lumea suferă și ne-om culca pe jos, pe unde o fi, când o văd pe Agripina, sora mea, că aleargă la ușa întredeschisă, strigând "Mitică!"

Cei doi ofițeri erau frățiorii noștri, Nicu și Mitică. S-au repezit în casă și ne-am strâns în brațe. Lacrimile lor se uneau cu ale noastre. Erau lacrimi de iubire, ce ne-a cuprins inima totdeauna, de bucurie, că ne vedeam existând în aceste timpuri grele și de suferință. Ne-au adus plăcuta veste, că toți frații erau în viață. Nicu venea de la nenea Davidică și-și dăduse întâlnire cu Mitică aici, în Bacău, căci nu se mai văzuseră de la începutul războiului. Mitică era de 3 zile în Bacău, dar întâmplarea nu l-a scos în calea lui Policarp, decât pe drum spre gară, când se ducea să-l aștepte pe Nicu. Ne-a spus Nicu că venind încoace, s-a întâlnit cu un prieten farmacist, de la divizia 4-a, care i-a zis, că părintele Costică e la Iași, să-și ceară concediu, spre a veni la noi, dar nu i-l aprobă. Toată noaptea am stat de vorbă cu băieții și când i-am văzut răpuși de oboseală, i-am culcat cu capul în poala noastră și noi i-am vegheat, mângâindu-i. La ziuă, pe 1 februarie, Nicu a plecat. Ziua următoare, a plecat și Mitică, foarte trist și impresionat, căci zilele acestea fusese executat locotenetul Ciulei, fost coleg cu el, sacrificat fără vină.

În ziua de 5 februarie, Elvira a împlinit un an. Cegăneanu, un om din județul nostru, ne-a aprovizionat cu lemne și pâine berechet și ne-a dat și o rogojină, să o punem pe jos. Domnul să-i dea sănătate, de nu era el, poate muream de foame și frig. El era la manutanța armatei, împreună cu alți oameni din Iazu și ne trimitea pâine caldă, cu sacul, ca în povești. Pentru ziua fetiței, ne-a făcut un colac frumos, cu diferite desene. Ei aveau oameni de meserie acolo. L-am invitat și pe el cu nițel vinișor; am frânt turta și am serbat anul fetiței.

A doua zi, Policarp a ieșit înainte de amiază în oraș și i-am spus să mi-l aducă pe Costică în dinți. A venit înapoi, bolnav de frica mea, zicea el, că nu l-a găsit pe Costică. L-am fricționat, apoi mi-am luat lucrul și m-am așezat în pat, cu ochii plini de lacrimi din cauza fumului. Am auzit copiii proprietăresei, că vine unul din ăia marii și am crezut că e Cogăneanu, că el rivaliza în înălțime cu Policarp. Când s-a deschis ușa, văd apărând statura înaltă și dreaptă, cu fața palidă, a nobilului meu dorit și mult așteptat. "Costică!" am strigat și nebună de bucurie, m-am aruncat de gâtul lui. Când l-am văzut cât era de trist și cum ochii lui aspri, altă dată, înotau în lacrimi, m-am depărtat, lăsând loc fetiței lui, Agripina, care nu vroia să se mai despartă de el, deși înainte fugea de el și nu vroia să-l vadă. Era cum plecase de acasă, doar slab, palid și cu barba mare, tăiată pătrat. Avea un bocanc de un fel și altul de alt fel, cum apucase, căci acolo unde se auzise că-i luase prizonieri, adevărat a fost, că luase divizia cu totul. Puțini au scăpat, printre care și el, cu fuga.

A stat cu noi 6 zile, în care ne-am spus suferințele unii la alții. A plecat duminică, 12 februarie, lăsându-mă cu aceeași întristare în suflet.

Din cauza multor epidemii, ce bântuiau în Bacău și noi fiind prea aproape și având și alte inconveniente, ne-am hotărât să părăsim Letea, deși aici, ca și oriunde, mâna lui Dumnezeu ne conducea și ne dădea ajutor. Intr-o zi, a plecat Policarp pentru aprovizionare, prin sate unde nu prea bântuia armata și din întâmplare și în comuna Mărăști, județul Bacău, la vreo 30 km departe de oraș. S-a dus, desigur, la preot, care i-a spus că ar fi mai convenabil de trăit în acea comună, ba ne-a oferit și adăpost în casa Sfinției sale. Acesta ni-l oferea, după ale noastre constatări, ca să fie scutiți de a le mai da militari în cantonament.

Deci, luni 13 februarie, am încărcat bagajul ce-l aveam, în căruță, și pe noi deasupra, am plecat, iar seara la ora 19, am fost în casa părintelui Alexandru Nourescu. Am fost bine primiți. Atât părintele, cât și soția lui, ne-au arătat multă bunăvoință. Nădăjduiam, că aici să fie mai bine, căci și casa și satul în care locuiam îndeplineau condițiuni higienice. Satul este situat în vale, iar de toate părțile, e împresurat de păduri. Deși ne simțeam bine aici, nu știu de ce eram foarte tristă. Mi se părea că eram îngropați în această vale. Mi-era teamă, că aici nu-i vom mai vedea pe cei scumpi ai noștri.

1 martie. Tot ne mângâie Dumnezeu. Ne-am pomenit cu ordonanța lui Nicu, cu un bilet de la el, ca să se ducă a doua zi dimineața să-l ia de la Bacău. L-a adus, dar n-a stat decât o zi. La plecare, un oarecare domn Dăscălescu, vecin cu părintele Alexandru, ne-a rugat s-o ia cu trăsurica și pe nora lui, refugiată din București, care voia să ajungă la Bacău, să-și aducă bărbatul și nu găsea cai. Desigur, n-am refuzat, iar când au revenit, ne-au adus de la Bacău și ziare, să mai vedem și noi ce-i pe lume, că aici ducem cu adevărat viață de grotă.

Miercuri, 8 martie, tânărul Dăscălescu, soțul d-nei, ne roagă să-i dăm caii, să se ducă la Bacău, că au bagaj mult. El se ducea la formațiunea din care făcea parte Costică și fiind la cenzură, văzuse corespondența din satul lui natal; ne-a atins la coarda simțitoare, oferindu-și serviciile de a duce sau comunica ceva. Drept recunoștință, ne-a mai trimis iarăși ziare și bine a făcut, că noi de aici, din această văgăună, nici idee nu aveam de detronarea țarului Nicolae al Rusiei. Chestiunea era pe sfârșite, dar am priceput și noi despre ce fusese vorba. Am văzut, că în loc de aliați, am avut niște mizerabili trădători, care acum ne-au dat dovezile, ce ni le-au dat rușii totdeauna nouă. (Aici e vorba de rușii pe care îi cunoșteam noi de prin Istorie, cei dinainte de 1917). Bine a zis Dimitrie Cantemir, că soarta lui e fără milă, că-l gonește cu sila către țara rusului, vicleanului. Vicleni și mizerabili! Din cauza trădării lor, am pierdut floarea României, din cauza lor am pierdut partea cea mai mare, mai bogată și mai frumoasă a țării noastre. Dispreț merită să aibă pentru ei și copiii copiilor noștri.

15 martie. Stăteam în pat și dădeam cu bobii, despre cei rămași dincolo. Intră în casă Policarp, aproape negru la față și ne spune că domnul Dăscălescu comunicase soției lui, într-o scrisoare, că soțul meu e bolnav de tifos exantematic. Lovitura a fost grozavă pentru mine. E grozav de dureros, când mă gândesc, că ființa scumpă se topește de această cumplită boală și așa departe de mine.

Astăzi, când scriu, e duminică, 19 martie. Din ziua în care am primit vestea și până azi, pentru mine n-a existat decât durere! Nopțile le-am făcut zile. De când m-a lovit vestea, dacă adorm de cu seara 2-3 ore, ca pe urmă să mi se taie respirația și să mă chinui până-n alba zi, cu gânduri negre. Doamne, Maica Domnului, nu ne încredința ajutorului omenesc, ci singură puterea Ta îl ajută și-l întoarce pe el la grabnică însănătoșire. Simt bine focul, ce-mi mistuie inima și dorul cel năpraznic, că nu-s lângă el. Parcă îl văd în pat, în dureri și fierbințeli mari, cu mâinile întinse, invocând ceva. Parcă-l aud strigându-mă pe mine și pe fetițele lui și grozav mă consumă, că nu suntem lângă el, să-i ușurăm suferințele. "Doamne, Doamne, apără-l și nu mi-l lua!"

Mi se sfâșie inima de durere, când mă gândesc că a trăit o viață întreagă de suferinți, a muncit și s-a ridicat prin el însuși și acum, când a pășit cu piciorul pe treapta frumosului ideal, să se piardă! Ar fi nedrept și soarta prea crudă. E prea bun Doamne și prea necesar lumii de acum, ca să nu-l lași să te reprezinte pe acest pământ! El a făcut și ar face cinste tagmei lui, societății și a mai avut și darul de a mă face și pe mine așa fericită! Nu-i vorbă, că nu mă gândesc decât foarte puțin la mine și la acești doi copii. Cine ne-a dat viață, ne va purta de grijă și de acum înainte. Inima mea se strânge de durere, când mă gândesc la prețioasele lui calități. Ah, m-apucă nebunia, când mă gândesc să dispară. "Dumnezeule, aibă-ne în grijă. Dăruiește-i sănătate, nimic nu cer mai mult. Averile pământești, am renunțat de mult la ele, pe bunul meu Costică dăruiește-mi-l și vom munci din nou, vom face ce vom putea și vom fi din nou fericiți!"

Astăzi, Policarp s-a dus la biserică. Eu stau și privesc cu ochii în gol și nu văd decât pe soțiorul meu, care făcea slujba și cu multă dragoste aducea laudă Domnului. Acum nimic nu mă mai impresionează, nici frumusețea primăverii, ce a început și pe care altă dată o gustam cu nesaț, nici ciripitul păsărelelor, pe care nu mă mai săturam ascultându-le. Nimic, nimic! Totul e gol și trist împrejurul meu. Simt nevoia de a plânge mult, mult, dar unde? Toți din jur mă escortează la fiecare pas. Cred, sărmanii, că-mi fac un bine! Am fugit acum puțin în grădină, scriu și ascult foșnetul zefirului de primăvară. Pare că aud notele dulci ale glasului lui Costică, cântând imnuri religioase în postul Paștelui și parcă, nu știu ce mă îndeamnă să sper. Iacă, nu mai pot sta, m-au strigat, au văzut lipsa mea. Ei, parcă mă plictisesc cu această dragoste și atențiune! Aș voi să nu mă iubească nimeni, n-am nevoie de nimic, să fiu un urs, să trăiesc în pădure, departe de oameni.

20 martie. Azi am scris o carte poștală lui Costică și am trimis-o prin Sterghiu, cumnatul lui Policarp, care face parte din formația lui Mitică și ne-a adus vești bune și de la el. Tot azi, mi-au comunicat Dăscăleștii, că fiul lor a scris că părintele Costică merge spre bine, totuși până nu voi avea veste de la el, nu va mai răsări soare vesel pentru mine.

23 martie. Părintele Alexandru a venit din sat și mi-a spus că familia Dăscălescu l-a rugat să-mi comunice, că au primit azi altă carte poștală, în care le spunea că părintele Costică s-a dat jos din pat. Vestea, natural, mă bucură, dar de vreme ce eu nu primesc nimic, tot nu pot fi liniștită.

24 martie. Astăzi sunt cuprinsă de o neliniște nespusă. Știu că vine poșta acum și poate-mi aduce și mie mult așteptata scrisoare.

Nimic. Pentru mine, tot nimic. Oare dacă ar fi bine, nu mi-ar scrie? Mă apucă furii de nebunie, când mă gândesc și chiar îmi pare că știu toți ceva și ascund adevărul de mine, că știu că prea m-ar zdrobi. N-am mai scris de o săptămână nimic, căci toate aceste zile s-au strecurat fără vreo schimbare.

30 martie. Spălam rufe afară și stam de vorba cu Policarp. Mi-a spus că știu să sufăr. Ce, nu știu eu? A venit cucoana preoteasă cu o hârtie în mână: "O telegramă aveți, părinte!" M-am sprijinit de gard, ca să nu cad. Se învârtea locul cu mine și vedeam verde înaintea ochilor. Inima mea era tristă și gândul veșnic la Costică; eram sigură că telegrama nu putea fi altceva, decât un anunț rău din partea diviziei. "E de la sora dumneavoastră, ne spune ea". Din groaza aceea mare, trecui la o mirare și mai mare. Era o telegramă de la Mitică, în care ne anunța că Voichița, sora noastră, e la Galați și să o aducem la noi. Numai la asta nu ne așteptam! Sora noastră refugiată de 3-4 luni de zile și noi să nu știm! Ne-am și bucurat, gândindu-ne că, dacă ar fi fost acasă, cum o credeam, cine știe ce i s-ar fi întâmplat și ei și părinților; ne-a și intrat grija și am început să facem planuri, cum să o putem aduce lângă noi, să îndurăm necazurile împreună.

Vineri, 31 martie, Patimile Domnului. De dimineață m-am îmbrăcat și m-am dus cu Agripina mare și cea mică la biserică, că așa-i obiceiul aici în Moldova, să-l scoată pe Domnul Hristos. M-am rugat mult Mântuitorului răstignit, să dea sănătate lui Costică și nouă la toți bucurie, de sfânta și marea zi a Învierii.

Acolo am făcut cunoștința Doamnei Dăscălescu, care ne-a asigurat că i-a comunicat soțul, că, Costică a părăsit chiar infirmeria. Spre convingere, când am sosit acasă, a trimis pe fratele ei cu cartea poștală la mine. Am văzut și m-am mai liniștit, dar veșnica întrebare tot mi-o puneam: "Mie, de ce nu mi-a scris"? Cu aceste gânduri, frământam o albie de pâine. Îl văd pe același domn cu o carte poștală în mână și o telegramă. Cartea poștală era cea așteptată de la Costică, iar telegrama era de la Nicu, în care ne comunica să-l luăm de la Bacău, că vine să facă sărbătorile la noi.

"Cum să-ți mulțumesc, Doamne, că mi l-ai redat"? Suntem nevrednici și neputincioși în fața lui Dumnezeu, chiar și de a-i mulțumi, mai ales că această cumplită boală e pe la început și face ravagii. În grădină, pe iarba moale, ascultând păsările, admirând natura și preamărind pe Cel ce a făcut-o, stau veselă și mă gândesc la alți ani, la Paște. Pare-mi-se că, în comparație cu fericirea ce o simt acum în sufletul meu, alta mai mare nu am avut. De acum înainte, cred că am să știu să prețuiesc fericirea.

Întâi aprilie, sâmbăta Paștelui. Mici pregătiri și la noi, cu puțină curățenie și cu o căpistere (albie mică de aluat) de pâine. Altă dată făceam și noi cozonaci, dar anul acesta se cunoaște că suntem în pribegie; ne lipsește materialul și posibilitatea de a-i face, dar suntem mulțumiți și cu pâine. Vor fi mulți care nu or fi având-o nici pe aceasta!

În revărsatul celei mai mari zile de peste an, ziua Învierii Domnului, m-am deșteptat în dangătul clopotelor ce anunțau probabil, Evanghelia. Simt mare regret că nu pot lua parte la sfânta slujbă, singurul an, dealtfel, de când m-am măritat și nu particip la aceasta frumoasă și măreață slujbă. Nu m-a mai răbdat inima să stau lungită în pat și m-am sculat, m-am spălat, am luat cărticica de rugăciuni, prețiosul dar de logodnă, dat de bunul meu părinte și m-am închinat, mulțumind Domnului, că m-a învrednicit, de această mare sărbătoare, să o primesc sufletește și trupește bine. M-am rugat, după datoria fiecărui creștin, pentru toți cei apăsați și pentru tot poporul, ce așteaptă de la Domnul, mare și multă milă. Să se bucure și să se veselească de cele pământești, așa cum simt eu azi! Venii fuga și notai aici, ca să nu-mi scape nimic din bucuria mea și din măreția acestei zile.

Mă gândesc, acum când scriu (ora 4:30), că ăsta era timpul când scumpul meu Costică venea de la biserică, cu dascălul și epitropii bisericii, vesel și cântând Hristos a înviat! Casa se umplea de Duhul Sfânt și toți locatarii casei simțeau măreția sărbătorii și înălțarea sufletească. În casa noastră el, scumpul, făcea să domnească adevărata atmosferă creștinească. Cu cozonac, ouă roșii și un păhăruț de vin, fiecare încerca să-și odihnească trupul, după o săptămână de oboseală, ca iarăși clopotele să ne cheme și să ne spună că, astăzi, cel puțin, să lăsăm cele pământești, mutându-ne mintea la cele înalte. Chiar și la animalele curții se făcea la noi deosebire. Căpătau libertate întreaga zi, fără să mai simtă legătura funiei sau a lanțului și mâncau cât vroiau la căpița cu fân. Așa era în casa noastră, toți simțeam că a înviat Hristos și toată suflarea se veselea și lăuda pe Domnul.

Acum, după ce s-au sculat cu toții, am luat pască, am gustat și noi cozonaci de la coana preoteasă, apoi Policarp a plecat la Bacău să aducă pe Nicu. Pe la ora 21 au venit. Nicu era foarte trist. Ce-or fi făcând părinții noștri, săracii? Ce fel de Paște vor fi făcut? Desigur, cu lacrimile pe obraz, apăsați de tirania dușmanilor și cu durerea și grija noastră, a copilașilor, toți plecați de lângă dânșii. Nu știu ei, sărmanii, că nouă ne mai îngăduie Dumnezeu fericirea să ne adunăm când cu unii, când cu alții. Ah! De ce nu știu, ca durerea și chinul să li se mai micșoreze!

Nicu a stat la noi până în ziua de 5 aprilie. Lângă noi și-a mai revenit la felul lui de-a fi și în casă a fost o atmosferă mai veselă. El a plecat miercuri la regiment, iar joi, 3 aprilie, a venit Nae, fratele lui Policarp. Duminică s-a dus cu el la Bacău și abia plecase Policarp și ne pomenim cu un anunț la telefon, să se ducă Policarp la Bacău în str. Buna Vestire nr. 25, să-l ia pe domnul de acolo. Nu înțelegeam, dar făceam supoziții de tot felul. Am rămas însă cu convingerea, că trebuie să fie țățica Voichița, căci eu aranjasem cu Nicu, să o aducă ordonanța lui până la Bacău. A doua zi, iar corvoadă pe bietul Policarp! Seara așteptam impacientați sosirea lor, când vine Costică, căruia i se dăduse concediu de boală, abia 10 zile, din care numai 8 a stat cu noi. Am observat cu oarecare mâhnire, că din această boală a rămas cu auzul slăbit cam tare. Mulțumesc lui Dumnezeu, că a rămas doar cu atât. Această boală nenorocită are grozavă înrâurire asupra organismului.

Marți, 2 mai. Deși e zi de primăvară, e frig și nor. Mă plimb pe afară cu mica mea Elvira în brațe, pe care am oprit-o de la piept în ziua de 30 aprilie. M-a răzbit frigul și intru în bucătărie la căldură. Ședeam noi trei surori și cucoana preoteasă de vorbă, când auzim câinii lătrând puternic. Ne întrebam cine o fi. Câinii au tăcut și nimeni n-a venit. Deodată vedem că se deschide ușa și intră Policarp, urmat de veselul nostru frate, Mitică. Cât a stat, numai bazaconii și scene distractive ne-a spus, căci nu lipsesc nici acelea, chiar din război. Părintele și coana preoteasă nu mai puteau după el. A plecat joi, 4 mai, împreună cu Policarp și Agripina, care seara, la întoarcere au adus-o pe țățica Voichița. Întâlnirea, își închipuie fiecare, cum a fost! A dat Dumnezeu, ca după atâtea griji și dor, ce am înghițit, să ne strângem toate patru la un loc.

Am duce-o bine, dacă grijile fiecăreia, nu și-ar fi imprimat pecetea suferințelor în inimile noastre. Suferim mai mult acum, unde-o vedem cu ochii noștri, săraca, cum are nopți de insomnie, gândindu-se la bărbat, de care încă nu știe nimic și la copilașii ei, din care trei rămași dincolo, sub ocupație. Pe lângă toate, ne mai frământă și grija, că ne va mai apuca încă o iarnă pe aici și Doamne, ce ne-om face? Aprovizionarea atât pentru noi, cât și pentru vite, a început să fie din ce în ce mai anevoioasă, căci armata a început să scormonească și ghiorlăniile astea, care până acum nu prea văzuseră picior de militar. Ne consumă și ne îngrijorează mult teama că se va mai prelungi acest infernal război. Bieții noștri părinți, slăbiți și copleșiți de disperare, au să se piardă! Doamne, Doamne, cu lacrimi te rog, cel puțin pentru bunătatea lor, îngăduie-le să ne mai vadă odată, strânși ca rămurelele împrejurul lor.

Trec zile, fără să mai auzim vreo veste bună. Așteptăm zilnic să auzim că, în fine, trupele noastre au luat ofensiva, despre care atâta se vorbește și pot dezrobi pe cei doriți și noi să mergem pe la locurile noastre.

19 mai. Prin doamna Dăscălescu am primit o scrisorică de la Costică, că-l va muta de la divizia 4-a, la un regiment pe front. Aceasta, fiindcă e avansat la gradul de căpitan. Când va trece către noua formație, va veni și pe la noi să ne vadă. Singurul lucru care mă bucură! M-aș fi lipsit și de căpitănia lui și de tot, numai să-l fi lăsat acolo, că de acum, va fi în și mai mare pericol. Pot să fac ceva? O singură nădejde am și pe aceea mereu o invoc! Aștept ziua venirii cu dor și nerăbdare.

21 mai. Alți ani aveam o îndoită bucurie la venirea acestei zile, că era onomastica lui Costică și a neprețuitei mele mame. După masă, fetele, Marioara și Agripina, împreună cu Policarp, s-au dus la Lunca, la părintele Nourescu, bătrânul, care-și serbează onomastica tot azi. Eu am rămas acasă cu țățica, în grădină, lângă leagăn; stăm amândouă, vorbim și plângem, că azi e și ziua fetiței ei, Lenți. Nu știu ce mi-a răsărit așa, că pe tușica Tudorița nu o vom mai găsi. Dacă i-am găsi și pe ceilalți! Surorile noastre au venit seara și povestesc despre vizită. Urechile îmi vâjâie, nimic nu înțeleg. Mă mir cum mă mai țin pe picioare! Haide, fugulița, la notițele mele; ce tovarășe bune!

Vineri, 26 mai. Sunt afară, unde-mi petrec tot timpul cu dihăniile astea de copii, să nu deranjăm pe proprietarii noștri. Parcă-s Maria Egipteanca. M-am făcut arămie la față, pârlită de vânt și soare și probabil și de necazuri. Ace n-am, să-mi prind părul. Îl fac două coade la spate. Uneori dau cozile pe cap și le leg la spate, ca la fetițele de școală. Cu matineul (rochie de casă) din pânză albă, cu picioarele goale în pantofi cu talpa de sfoară (industria noastră, învățată de la țățica), strigând veșnic și supraveghind copiii, lucrez la pantofi și pentru fetițe. Vilăchița aleargă toată ziua și se înțeapă în piciorușe.

Văd că intră pe poartă, un soldat cam bătrân și necunoscut. "Pistol", se prezintă el, "ordonanța domnului Dr. Davidică". Îl trimisese nenea să se ducă să-l ia și pe el de la Bacău. Pentru prima dată ne vizita și nenea, fratele nostru cel mare. A doua zi de dimineață au plecat, iar pe la ora 15, au fost aici, cu nenicul nostru. Nenicul nostru cel bun și slab, ca o femeie. Nu se putea să pronunți numele părinților, să nu-i inunde lacrimile ochii. Acum am avut ocazia să-i cunosc pe toți, sub adevărata lor formă, de oameni mari. Până acum parcă tot copii eram!

Cu venirea lui, nenea ne-a adus vestea că ofensiva ruso-româna va începe în curând. Era o veste mult așteptată, care ne și bucura. Deși vom pierde ce bruma de tineret ne-a mai rămas în armată, dar la ei ne era nădejdea. Până nu va fi așa, nu vom scăpa, nu ne vom recăpăta frumoasa noastră Muntenie, de care ne leagă atâtea amintiri și unde ne-au ramas părinții și averile la care am muncit, de când am deschis ochii pe lume!

Tot nenicu ne-a adus și trista veste că Octăviță al lui nenea Iancu a murit de tifos exantematic. Era doctor la un spital prin județul Vaslui. Ce mirare mă prinde și pare că mă împinge gândul la păcatul de a judeca pe Dumnezeu, de ce o fi lovit cu așa nenorocire, o familie ca asta! Dar iarăși zic: "Mari sunt judecățile lui Dumnezeu și nepătrunse de oameni"!

Duminică, 28 mai. Pe o ploaie torențială, cu buchețel la lumânare, din flori de prin pădure și de prin iarba dintre case, că-i bună de cosit acum, am botezat pe fetița Marioarei, Margareta, care a călătorit până acum, ca turcoaică. Luni de dimineață a plecat nenea. Zilele au trecut fără vreo schimbare, atât numai, că în ziua de 25 iunie, am avut bucuria de a avea pe nenea Davidică și Costică la noi.

Luni, 10 iulie, dimineața la ora 6, când ne-am sculat, am auzit o duduială așa de puternică și continuă, de ți se părea că și pământul s-a săturat de atâtea necazuri și nelegiuiri și vrea să se scufunde și să înghită tot. Și a doua zi a ținut bubuiala, dar nu ca în prima zi. Ne ziceam noi, că trebuie să fie ceva. Pe 12 iulie, se duc Dăscăleștii la Bacău și-i rugăm să ne ia și nouă ziare, iar mie, un caiet mai măricel. Ehe! Mi-a venit ziua! În fine, caietul meu, dorit și scump, te voi avea în posesie! De astăzi înainte voi avea prețioasa ta tovărășie!

Bucuroasă, aștept seara, cu vești și cu... caietul! A sosit și mult așteptata seară. În ziare vedem scris cu litere mari: "Succesul ruso-român". Sorbim cu plăcere aceste cuvinte și parcă nu ne vine să credem, mai ales, că de la începutul acestui război, mai mult de insuccese și decepții am avut parte. Cu aceeași lăcomie cu care am văzut scris titlul, citim întregul comunicat și vedem că s-a luat mult așteptata ofensivă și se desfășoară în favoarea noastră. Se anunță că s-a luat un însemnat număr de prizonieri și mult material de război și atâta. Nerăbdători, așteptăm evenimente noi.

17 iulie 1917. Caiețelul meu! Da, e al meu și sunt și mai veselă că mi-am realizat această dorință! Acum e timpul, mai mult ca totdeauna, să-l am, să aștern în el tot ce simt, căci el e și discret și bun... niciodată nu mă va certa, niciodată durerile mele nu le va batjocori, niciodată bucuriile mele, dacă vor mai fi, nu mi le va ridiculiza. Tovărășia lui o doresc cu drept cuvânt; firea mea e făcută ca să nu doarmă, eu să nu vegetez, ci veșnic să lucrez cu fapta și cu gândul și pentru asta, simt nevoia tovărășiei lui. La fiecare pas, inima mea simte nevoia de a se destăinui cuiva și acum, mai mult ca totdeauna, fiecare își are necazurile lui, simte și suferă la fel ca mine. El e rece și indiferent la zbuciumurile mele în aceste vremuri; îi simt superioritatea parcă. Îi simt și inferioritatea, că el nu se poate ridica să-mi combată părerile, să mă întrerupă, când mă destăinuiesc și să mă consoleze. Chiar de aceea i-am căutat și găsit necesară tovărășia.

Copiii mei! Și pentru voi scriu aceste amintiri! Când veți fi mari și vă veți da seama, să-l citiți și să vedeți și voi prin ce nenorociri și greutăți au trecut țara și părinții voștri, ca să vă creeze vouă, generațiilor tinere, un viitor. Aceasta este lupta! Dacă vom merita, cred că Dumnezeu ne va ajuta și ne vom ajunge scopul. Fiind mari, veți înțelege... Împreunați frumos mâinile și multumiți Lui, căci numai cu al Său ajutor veți fi liberi, pe un pământ liberat prin sângele bravilor soldați români. Respectați-i, căci au știut să lupte și pentru ce să-și dea viața! Veți găsi voi cărți scrise, cu istoria acestui război, vi se va arăta lămurit prin câte a trecut țara noastră; eu însă, mama voastră, vă spun: "Să nu treceți niciodată cu nepăsare peste filele în care veți vedea scrisă istoria acestui război. Să vă rugați lui Dumnezeu pentru sufletul celor căzuți, căci oricum ar ieși țara noastră din războiul acesta, soldatul român trebuie admirat și respectat"!

Și acum, să-mi urmez cursul povestirilor mele. Ce să fie, de nu se mai aud tunurile, gândeam și vorbeam între noi?!? O ofensivă decisivă, cum era asta, nu se putea sfârși așa curând. Auzeam și noi tot felul de versiuni: că rușii nu vor să mai lupte și vor pace separată, că nemții îi bat de-i rup pe ruși, că s-a luat Cerna, iar ei se predau cu diviziile; ba că o să capituleze armata noastră, ba că o să încheie și România pace. În fine, așa se vorbește; strângi de la toți și nu știi ce să crezi. Vedem însă că a bine nu miroase și încremeniți, ne gândim ce vom mai face și încotro vom mai apuca? E vorba de o încercuire a românilor. Vor trece pe sus, vor ocupa și Basarabia și iată-ne prinși ca într-un clește. Ce va mai fi cu noi, Doamne? Am plecat de la căscioarele noastre, ca tot să nu scăpăm de ocupație și să fim și prin străini! Mai bine ședeam acolo și împărțeam aceeași soartă cu părinții noștri! Ziare nu ne putem procura de nicăieri. Trăim ca urșii în vizuine.

Duminică, 23 iulie. A venit ordonanța lui Costică și ne-a adus și nouă ziare, deși corespondența și ori ce fel de vești, pe cale particulară, sunt interzise prin ordin de zi. Ne-a putut strecura vestea, că la 10 iulie, se luase într-adevăr ofensiva, care se desfășura admirabil. Comanda o luase cel mai distins și bun strateg, generalul Averescu. S-a oprit însă, din cauza rușilor, care nu vor să mai lupte.

Din cele citite în ziare și din spusele ordonanței, vedem și noi că situația e extrem de gravă. Nu mai rămâne decât să înceapă vreunii din aliați, să-i mai facă să-și mai deplaseze trupele de pe aici. Tot prin zvonuri am auzit, că armata noastră e hotărâtă să lupte până la unul, ca să apere cel mai mic colțișor al acestei țări și în Rusia să nu se retragă. Am primit veste și de la nenea Davidică că va veni și el pe la noi, dacă se mai ameliorează situația. În adevăr, vineri, 28 iulie a venit soldatul, iar a doua zi a plecat să-l aducă.

Dimineața, pe la 10, vine Policarp în casă și ne spune, că șeful de jandarmi a primit ordin confidențial, de la prefectură, să înainteze imediat tablouri (liste) de refugiați, care vor să treacă în Rusia: care voiesc cu trenul, să-i strângă în convoaie și să-i înainteze la Bacău, până în ziua de 29 iulie (adică azi); cei ce voiesc și au căruțe, să le înscrie spre a li se putea rechiziționa. Bietul om, el ne-a spus totuși... Ne-am îngrozit și am plâns amar. Să ne luăm iarăși toiagul pribegiei și în țară necunoscută și tocmai la ruși! Aveam oroare de asta. Așteptam să vină nenea. Pe seară vine din nou șeful de jandarmi și ne spune, că ordinul a fost înțeles greșit, că se referă doar la refugiații din armată și la bucovineni și transilvăneni. Ne-am mai liniștit puțin. Când a venit nenea Davidică, ne-a spus că situația s-a mai îmbunătățit și că rușii își mențin pozițiile. Nu știu dacă așa o fi sau a vrut nenea să ne mai liniștească pe noi. În ziarele aduse de el, am văzut că sunt lupte grozave la Mărășești. Comunicatul anunța că lupta este în curs, deci nu se cunoștea rezultatul.

Luni, 31 iulie. A plecat nenicu, iar la înapoiere, Policarp ne-a adus ziare. Scrie în ziare, că românii au respins toate atacurile inamice și că-și mențin pozițiile. Rezultatul nu era chiar satisfacator, dar îmbucurător. Ne-a spus Policarp că la Bacău, ca în orice oraș, lumea era mai la curent cu ce se întâmpla (era menționat și în jurnale) și vorbea, că eroismul cu care au luptat românii acolo a fost de nedescris. Au aruncat tot de pe ei, rămânând numai în cămașă, ca să fie mai ușori la luptă. Au luptat săracii corp la corp și cu baioneta, de i-au speriat chiar pe nemți. Cu zece divizii au atacat într-un singur punct, iar vitejii noștri, puțini la număr, dar cu suflet mare, au respins toate atacurile, apărând acest peticel de țară, unde se aflau atâți nenorociți, ce-și îndreaptau nădejdea spre vitejia lor și spre ajutorul lui Dumnezeu. Din ziua aceea și până azi, 11 august, nu am înregistrat alte schimbări, doar lupte strașnice, care nu-s deloc în favoarea inamicului. Nu câștigăm nici noi teren, ci ne menținem numai pozițiile.

Ieri, 10 august, am fost la părintele Nourescu-bătrânul, de la Lunca, ca să ne spovedim. Spunea Sfinția Sa, că a văzut un comunicat foarte bun. Noi nu l-am văzut însă. Acolo am întâlnit pe nenorocitul său fiu, preot la Movilița, care și-a pierdut soția și copilașul cel mai mare în bombardamentul îndreptat împotriva satului, la 30 iulie. Au fost loviți și omorâți de schije de obuz. Pe cel mic i l-a rănit la cap și umbla cu el în brațe, cu căpșorul legat. Se vede că în acest război trebuie să sufere toată lumea, chiar și cei ce nu-s pe front! Doar Dumnezeu să ne ferească de nenorociri de tot felul!

Toată ziua am auzit bubuituri năpraznice de tun. Vom vedea ce va mai fi. Scriu afară pe iarbă și mușchiul de pe deal îmi este birou, iar pântecele jilț, prin urmare scriu neregulat. Dar îmi place, e afară și ce mult mă farmecă și mă înalță această natură! Aici mă ridic cu mintea mai sus, parcă liniștea se așterne în sufletul meu. Cine a făcut toate acestea, nu se poate să lase să meargă la infinit distrugerea operei Lui! E mare, e puternic, e bun și prin urmare în El trebuie neclintit să nădăjduiesc. Plecată adânc, Te rog, întărește-mă, ca nicicând să cad în disperare.

15 august. Sf. Maria. Un an de când țara noastră a intrat în război. Un an numai de nenorociri și pierderi. Ne-am împărtășit, voind a ne îngriji de suflete, că trăim cu nesiguranța zilei de mâine. Iartă-mă Doamne, că tulbur sufletul meu tocmai azi, când trebuie să fiu liniștită. Sunt tristă, tristă de tot. Oare mă îndoiesc, mă clatin? Nu. Este starea sufletului meu, care are nevoie de descărcări, căci vine timpul când se umple de amărăciune. Dacă aș fi singură aici în grădină, mi-aș dezgoli pieptul și aș sta cu el pe iarba asta umedă, să-l răcoresc, săracul, că tare e chinuit! De obicei, am un izvor nesecat de lacrimi, dar acum nu voesc să curgă deloc. Mii și milioane de gânduri se învârtesc în capul meu, inima-mi arde și nu pot să mă astâmpăr. Caut să izgonesc toate gândurile din mintea mea, toate tablourile care acum se perindă prin fața ochilor mei; o putere mai presus de voința mea mi le adună și nu-mi dau pace. Dacă aș fi deseori așa, simt că m-ar răpune. Ne mai promiseseră și băieții ăștia (frații) să vie de ziua Marioarei. Toata ziua am rătăcit cu ochii în calea lor, orice zgomot, orice mișcare pe la poartă, mi se părea că-s vestitorii lor, dar nici de ei, care sunt singura noastră mângâiere aici, n-am avut parte să vină.

16 august (după noul orar). În această seară se împlinesc 8 ani de la logodna noastră. Ce fericire atunci, ce speranțe de viitor și acum... Dumnezeu să-și întoarcă mila și în alți ani, să ne ajute, să-i facem iarăși, strânși la căscioara noastră. Policarp vine de la cuconu Iorgu. Ia să vedem ce ne spune de guralivii și optimiștii bătrâni, care, cu toată fenomenala lor urâțenie, sunt foarte simpatici. Acolo a vorbit cu un locotenent, care i-a spus, că stăm foarte bine ca situație militară!?! Oare așa să fie, sau o fi și locotenentul tot așa de optimist ca și cuconu Iorgu? Vestea spune că-i aflată de la Cartierul General, totuși nouă ne trebuie mai mult, ca să mai dăm crezare la versiuni de acestea. Ar fi bine, dacă cel puțin militarii ar crede așa.

Duminică, 20 august. Aceste zile au trecut fără nimic nou. Eu scriu, că-i duminică și n-am ce face.

Marți, 22 august. Na! Nu ziceam eu bine, să nu ne prea facem iluzii? Am căpătat un ziar, în care vedem de prin articole care merită atenție, că soarta României ar fi periclitată. Într-un articol în care se spune cum s-a sărbătorit un an de la intarea României în război, Anglia aduce omagii soldaților și poporului român pentru greutățile și nenorocirile ce le-au înfruntat și-i previn, că va fi ocupată întreaga țară din cauza evenimentelor neprevăzute. Tot în același ziar citim despre Congresul de la Moscova, în care primul ministru al Rusiei, Kerenski, aduce omagii armatei și poporului român și spune că Rusia nu poate face altceva, decât să dea ospitalitate celor ce o vor căuta acolo. De prin câte putem culege și noi, vedem că, nu peste mult timp, nu va mai fi în țara noastră loc, decât de nenorociri și de jaf. Un an întreg de suferințe.

Ieri s-a împlinit un an de când Costică a plecat de lângă noi și sufăr și am suferit așa de mult în cursul acestui an! Mi se părea infinit timpul, când pleca la Cernăuți și nu erau decât 1-2 săptămîni și acum 1 an și să-l văd numai de patru ori! Ajută-ne, Doamne, ca să venim iarăși cum am fost și cel de al 9-lea an să-l facem fără nimic, măcar să fim numai la căscioara noastră!

9 septembrie. Ziua mea onomastică. A trecut fără vreo schimbare.

10 septembrie. Era vorba, ca azi să vină nenea Davidică, dar văd că așteptările noastre sunt zadarnice. Văd că nici de la Costică nu primesc nimic, deși aștept mereu. I-am scris și eu 2 cărți poștale și-i voi mai scrie și mâine una, din Bacău, că mă duc să-mi iau leafa și să mai fac niște cumpărături, în vederea mutării noastre, din casa părintelui Nourescu.

8 octombrie. Nu am mai scris nimic, de aproape o lună. În acest interval, am fost și tare ocupată cu mutarea în noua locuință. În afară de asta, terminasem și cerneala. N-am avut de unde să-mi procur alta și ca să nu rămân în pagubă, am pus în aplicare metoda moldovencelor de pe aici, de a fabrica cerneală din bozie. E bunișoară ea, dar cred că se va decolora cu timpul. Până o să pot să iau alte măsuri, o să mă cam mulțumesc eu și cu asta, decât să pierd așa mult timp și să-mi pierd șirul amintirilor.

Ne-am mutat în noua locuință, un han la șosea, vis-a-vis de cuconu Iorgu, un lucru care ne bucură. Acolo, la părintele, prea eram îngropați, aici, de, suntem și noi la "șușa" (șosea). Întâi am venit eu cu țățica Voichița de am făcut curățenie și apoi ne-am mutat. Vai de mânușițele și oasele mele! Să cureți și să lipești pe jos o hardughie ca asta, locuită cândva de negustori, cu niște gropi pe jos de-ți frângeai picioarele. Dar ce să facem? Eu pun pălăria țației pe cap, cânt și fac curățenie. Zicem ca să arătăm și noi c-am fost cucoane și nu putem umbla fără pălărie, iar seara o pun pe rafturile din sala ce a ținut loc de prăvălie jupânului, rafturi pe care el nu le-a ridicat încă. Băieții și oricine ne vizitează, numai cu pălăria pe cap îi primesc!

Am curățat o odaie și am chemat pe Policarp (că ei au mai rămas la părintele Nourescu) și ne-a făcut sfeștanie, iar seara am rămas eu și Voichița aici. Primele două nopți le-am petrecut cu teamă, fiind numai noi două femei, bineînțeles cu copiii, iar casa era în stradă, fără curte și fără nimic împrejur. Mai pe urmă însă, ne-am deprins și acum chiar mi se pare că e mult mai bine unde suntem libere, așa, aici. Liberă e Vilache să sară și să facă gălăgie, liberi suntem cu toții, așa că, deși ne lipsesc multe, suntem mulțumiți.

Joi, după ce ne-am mutat, a venit Marioara să ne viziteze, căci ne vine greu să stăm așa despărțiți, ba chiar ne e dor. Doar vine Marioara, că intră Agripina și ne spune că la părintele a intrat un soldat, nu știu cine îi spusese ei. Am bănuit că poate să fie vreuna din ordonanțele băieților noștri. În adevăr, era Pistol al lui nenea Davidică, care venise să ia caii și căruța, să aducă pe Silvestru (Vică). A venit cu el și a stat o zi. Până vineri, 29 septembrie, ne-au mai vizitat niște rude ale lui Policarp. Sâmbătă am luat masa cu toții, iar după masă, Voichița s-a dus cu Marioara, acasă la ea, s-o mai ajute la treburi. Seara, ea vine cu Mitică, fratele nostru cel vesel și glumeț. El a fost bolnav de icter, boală la modă și având 10 zile

Rândul din spate :Preot Andrei Petru, tatăl bunicii; David, fratele bunicii; Elena, mama bunicii; Voichița, sora mare, mătușa Tudorița.
În față: Silvestru (Vică), Nicolae, Bunica (bebe). 1892

concediu, a venit să și le petreacă lângă noi.

Luni, 2 octombrie, hop și Costică! Ce de bucurii, Doamne, Doamne! Parcă mi se pare că ne prea copleșesc. Când o să fie ziua, să aibă și bieții părinți aceste bucurii! Din câte i-am auzit pe băieți, nu știu când va veni ziua aceea fericită, că lucrurile stagnează. Despre ofensivă, nu mai poate fi vorba, armata noastră e în imposibilitate, iar ajutoare n-avem de pe nicăieri. Rușii, cel puțin, refuză a-și mai apăra țara lor, necum să mai avem noi ajutor de la ei, așa că vom sta și vom aștepta, până ce Dumnezeu își va întoarce mila Sa, trimițând pacea pe acest pământ trist și udat de sânge. Am rămas cu toții până vineri, 6 octombrie. Au plecat atunci Costică și Onorică, fratele lui Policarp, pe la formațiile lor, iar Mitică va pleca miercuri, când îi va expira concediul. Numai bietul Nicu e mai înstrăinat. E dus cu farmacia la Odesa și am auzit că umblă pe toate căile să vină, că sunt cam prost tratați acolo de aliații noștri. Costică ne-a spus și el, că fiind avansat la gradul de căpitan, e trecut de la divizia a 4-a la brigada 13-a de Artilerie, dar e foarte mulțumit, că se bucură de aceiași simpatie, ca și dincolo.

Te-am cam neglijat, tovarășul meu! Eu sunt mai nestatornică, te-am trădat, dacă am avut frații, pe toți dragi și apropiați ai noștri, ușor am uitat de tine. Dar ți-am spus: "Ești bun și-mi primești destăinuirile mele oricând, cu nestatornicia și capriciile mele!"

Continui deci, după un interval de 5 săptămâni, adică de la 8 octombrie la 12 noiembrie. Tocmai lipsită de cele ce trebuiau însemnate, nu aș fi fost eu; dar vezi, pribegia atunci are haz, când ai sare, să n-ai mălai și așa, nu poți face mămăligă. Mi s-a terminat cerneala fabricată de mine și-mi lipsește materialul, acum, cu venirea toamnei. Ce n-ar putea face omul, când ar vrea, dar ce să-i faci? Nu poți ține doi pepeni într-o mână. E mai dulce realul decât idealul!

Acum, dacă-s singură, iarăși îl găsesc pe acest bun și modest tovarăș, care, ca să nu-mi tulbure mie deloc fericirea, nu și-a arătat niciun colțișor, ci a stat ascuns în fundul cufărului gol, care odată era plin cu rufe. S-o fi mirat el săracul și o fi vorbit cu celălalt tovarăș, cartea de rugăciuni: "Biata noastra stăpână! (sau pardon, tovarășă, că rușii nu mai admit decât tovărășie și eu prea aș fi aspră să-mi dau numaidecât aere de stăpânire). Ei, las-o săraca, i-a venit și ei bărbatul și frații, acum. E sătulă, poate, numai de confidența noastră! Trebuie să ne scoată ea de aici, să ne prezinte, să facem și noi cunoștință și-n special eu, care sunt un amic nou." Cartea de rugăciuni spuse: "Ți-ai găsit, să mă scoată pe mine acum, când sunt cu toții! Vreo ofensivă, ceva, vreo invazie sau cine știe ce schimbări s-o facă să alerge la mine, pentru vreun acatist, paraclis sau altele. Ca să aducă mulțumire Domnului, pentrucă sunt cu toții, nu vine acum să mă deschidă!"

Blânzi și nedespărțiți tovarăși! "Recunosc că aveți dreptate. Tocmai în aceste timpuri, ar trebui să fiu mai mult cu gândul la voi și-n special la tine, carte de rugăciuni, care, în cele mai grele împrejurări ale vieții mele m-ai susținut, mi-ai ridicat moralul și mi-ai facut mai repede legătura cu Dumnezeu. Dar gândiți-vă, eu sunt om pământean și odată făcut din pământ, către el căutăm și cu dulcețurile lui, deși rare, către el ne atrage mai mult! Înțeleg prea bine de ce Dumnezeu ne dă necazuri și palme. Acestea ne zguduie, ne trezesc din moleșirea plăcerilor pământești, ne fac să ne ridicăm ochii și mintea către Cel ce ni le trimite și atunci, repede, la cărticica de rugăciuni. Ești mulțumită cred, că ești superioară făpturilor pământene, care nu au niciodată darul de a fi mijlocitori între mine și Dumnezeu, așa cum ești tu. Acum, după ce cred că v-am împăcat pe amândoi, rămân cu guralivul ăsta; fiindcă cuprinde numai de cele lumești, e mai îngăduitor cu mine și m-a iertat mai ușor."

Acum mi-a trimis și nenea Davidică cerneală și urmez, pe cât se va putea, să mai rețin firul povestirii mele. O surpriză mare și plăcută ne-a făcut Nicu venind de la Odesa. Chiar ne-am liniștit, că tare-i aveam grija printre bolșevicii ăia pe acolo. Iarăși o bucurie mare am avut, numai de ar fi de lungă durată, când luni,

6 noiembrie, am primit o carte poștală de la Costică, în care ne anunță că s-a întâlnit cu bunii noștri prieteni Stancu și Nucă de la Vlădeni. Ne-a mai comunicat că a aflat despre bietul nostru cumnat dispărut la Turtucaia, că ar fi în viață și și-a dat adresa la Crucea Roșie și a cerut ceva parale. Țățica Voichița, care deabia se mai ține pe pământ, săraca, l-a rugat pe nenea Davidică să se intereseze despre asta la Iași.

Azi, țățica e plecată cu fata ei, Vicuța, la Bacău, să dea examen pentru Școala Normală (de învățători), care se va deschide chiar în această comună. Să vedem cu ce vor mai veni și ele de pe acolo.

Cu chestiunea militară nu se simte nimic. Toate stau cum au fost. Aflăm doar, că în urma ofensivei luate de italieni, aliații noștri, macaronarii, ar fi mâncat o bătaie strașnică; nemții le-au luat vreo 100 de mii de prizonieri și colosal de mult material de război. Se vorbește că acest dezastru s-ar datora Papei, care ar fi fost trădător.

Nu știu cum vom mai ieși din război cu astfel de mizerabili!

De grija și mila acestei nenorocite și sfârtecate țări, de grija și dorul celor ce sunt necăjiți pe dincolo, de multe ce se învârtesc în capul meu și-mi răscolesc sufletul, mă deștept în fiecare noapte și nu mai pot dormi. În această stare eram și în noaptea de 17 spre18 noiembrie. Mă gândeam că a trecut un an, de când m-am întâlnit cu blânda și dulcea mea mămică, pe drum spre Bertești. Era lună plină și pe perdeaua de la fereastră, care e deasupra capului meu, văd că se conturează mâna ei sfântă și scumpă, care mă oprea de a-mi dezbrăca scurteica. Auzeam cum picau lacrimile pe pernă. Părul mi se făcuse măciucă în cap. Împietrită de groază, nu mă puteam ridica. Eram sigură că am o viziune, deși simțeam că sunt trează. Din nou văzui mâna conturându-se pe perdea, dar imediat și un chipiu milităresc. Auzii strigând ușor: "V-ați sculat, cuconiță?"

Mi-am venit repede în fire, căci am recunoscut vocea ordonanței lui Costică. I-am deschis ușa imediat. El săracul venise de la Bacău de cu seara, dar văzând că-i întuneric în odaie, n-a îndrăznit să ne mai scoale și a dormit pe prispă. Atunci probabil l-o fi răzbit frigul sau se va fi săturat el de somn. El a crezut că-i ziuă, deși ceasul arăta ora 2 și jumătate. L-a trimis Costică cu o pereche de ghete și cu o scrisoare. Din scrisoare am înțeles, că ne așteaptă o soartă nenorocită. Ce s-o mai alege de țara noastră și de regele Ferdinand al nostru, săracul, nu se știe. Trecem printr-unul din cele mai grele momente. Se vorbește, dar nu e sigur, că Germania ne-ar fi cerut și nouă pacea. Cu rușii au încheiat armistițiu. Ar fi propus să ne dea Basarabia de la ruși, Dobrogea fără Cadrilater, iar noi să-l sacrificăm pe rege și în locul lui să ne dea pe un frate al lui. Acestea sunt numai zvonuri. Cam așa suna scrisoarea lui.

Ce să credem și ce se va mai alege de noi, nici noi nu știm. Destul că măsurile ce se iau, în special în privința alimentației, sunt destul de îngrijorătoare. Au venit ordine pe la primării, să se rechiziționeze tot grâul de la întreaga populație, iar porumbul să se lase numai câte 300 gr de fiecare cap de om, excluzându-se copiii sub 2 ani. Ce grozăvie! Am fugit de inamic, ca să murim de foame chiar în țara noastră. Ce să te faci cu copiii, fără pâine? Ce s-o mai alege de biata noastră țară? Regele, săracul, care a fost mai român decât mulți alți români, să fie oare sacrificat? Parcă n-aș crede să i se răspundă cu atâta nerecunoștință. Să așteptăm și să vedem; cred că în mai puțin de 2 luni se va alege soarta României.

30 noiembrie. Ziua onomastică a bietului tăticu. Ca și anul trecut, tot prin străini și necăjiți o facem. Am făcut și noi colivă și nădăjduim ca această sfințită și mare zi pentru noi, să nu treacă vreodată nesărbătorită, orice ar fi cu tăticu. Dar ei, săracii, dacă ar fi în viață, or fi mai putând face și ei o colivă sau ceva? Cum nu putem noi să le suflăm, că trăim toți și suntem sănătoși. Poate suferințele le-ar fi mai ușoare! Am văzut prin ziare că rușii au încheiat armistițiu și fiind pe același front cu armata noastră, am fost și noi nevoiți să încheiem unul, pe termen de 10 zile. Va expira la 4 decembrie. Să vedem ce va mai fi după aceea. Dacă vor începe ostilitățile, nemții cu forțele lor numerice ar putea ocupa și Moldova și atunci... Mereu ne muncim creierul cu tot felul de întrebări. Am tot așteptat să vedem dacă băieții nu vor veni pe aici, pe la noi în timpul armistițiului sau de ziua lui tăticu, dar văd că nu.

1-2 decembrie 1917. Sunt zile din cele mai grozave de când sunt refugiată. Mă clatin, parcă sunt o frunză bătută de vânt. Nici picioarele nu mă mai țin. Aș vrea să pot, să am libertatea să cad în genunchi și cu șiroaie de lacrimi să rog pe Sfânta Fecioară, să roage Ea pe Dumnezeu, că văd că pe noi nu ne mai aude, să oprească pe acești mizerabili vărsători de sânge, ce se sfâșie ca fiarele pentru măriri deșarte! Să trimită odată liniștea pe acest pămînt; ne-am săturat de amărăciuni. Dorim s-avem numai un colțișor din căscioarele noastre, dar să se isprăvească odată!

Am auzit că, tot în aceste zile s-a făcut ocupația liniștitului nostru sătuc Iazu. De aceea sunt istovită. Ce or fi pățit părinții noștri, Doamne? Or mai fi? Ce mult mă doare când văd prelungirea ticălosului ăstuia de război. Cei mai prețioși ani ai noștri se scurg aici, fără nici un folos! Am intrat în al 2-lea an și Dumnezeu știe cât va mai dura! Cine știe de vom mai putea fi noi iarăși stăpâni pe soarta noastră, cum am fost! La aceste gânduri mă opresc și mi se urcă fierbințeala la creier.

6 decembrie. Așteptăm să vină Nicu, dar nu se aude nimic. Noi îi dorim pe ei și suntem curioși ce vești ne mai aduc. Am văzut prin ziare, că rușii și cu ei și noi, am amânat armistițiul până la 4 ianuarie. Tot de prin ziare vedem, că orice ar fi, noi rămânem credincioși aliaților. Oricât aș vrea eu să mă țin tare, suferințele parcă vor să mă doboare. Pe lângă toate, fetița mea cea mică, Elvira, s-a îmbolnăvit de tifos. Tare mi-e frică să nu o pierd.

Vineri, 8 decembrie. Numai la Dumnezeu îmi ridic ochii. Numai El poate să mi-o scape. Azi i-a fost foarte rău. Am rugat pe Policarp s-o împărtășească și mi-a spus că el nu crede că Elvira va mai vedea apusul soarelui. Ce să mă fac eu în văgăuna asta? Medicamente nu, medic nu, nădejdea la Tine, doctor fără de arginți și bun! Sunt separată cu ea în odaie; voi avea eu putere să nu înebunesc? Cu aer curat și apă o tratez, că altceva n-am. Aproape nu sunt în stare să găsesc un litru de lapte. Am umblat satul jumătate și peste tot același cântec: "Apoi dă, cât dai pe chil?" Dacă-i dau un leu, zice că vaca lui nu mănâncă numai de un leu și așa trăim în mijlocul fraților moldoveni. Parcă te-ai duce de gras, nu de nevoie! Ei nu cunosc nici nevoi, nici suferinți, deși mizerie ca în casele ăstora, n-am văzut de când sunt. Femei deșănțate, cu țigara în gură, scuipă ca pușlamalele și te sfidează. Trăiesc cu purceii în casă. Vai, vai, ce mizerie!

Elvira parcă e mai binișor. De ar da Dumnezeu să o văd odată bine, să-i văd strânși iar pe lângă mine, că mi-e dor de brunețica asta mai mare. Mânca-l-ar mama de creț! Pe ferestruică mă uit la ea, când se duce afară. Ea crede că sunt cu Elvira, la Bacău, la doctor. Nu știe ea că-s alături, că nu s-ar mai înțelege nimeni cu ea!

31 decembrie. Se încheie și nenorocitul an de suferinți, 1917. La sosirea acestor zile sunt atât de mâhnită, de nu-mi găsesc loc pe nicăieri. Ce nu aș da eu să am mai puțină conștiință, să sufăr mai puțin! Mai ales acum, de când a plecat Costică de aici, după o ședere de 2 zile, parcă-mi vine să-mi iau câmpii! Puținul timp cât a stat cu noi (27-29 decembrie), m-a făcut să-l doresc mai mult și să sufăr și mai mult. La starea mea psihică contribuie și veștile rele ce le auzim. Franța și Anglia, aliatele noastre, ne îndeamnă mereu la continuarea războiului. Cu cine să-l mai continuăm, Dumnezeu să știe! Pe români, săracii, i-au mâncat fripți, peste tot; de nicăieri nici o nădejde, nici un ajutor.

Rușii se retrag mereu. Parcă te și cuprinde jalea, când îi vezi că se retrag ca niște câini, hămesiți de foame. Ofițeri, cu galoanele rupte pe umeri, cu câte o legăturică în mână, merg mașinalicește pe aci pe șosea, cu capul plecat de rușine. Tovarășii! Nu există ofițer, nu există superior, toți sunt mari și tari și avem pretenția, că omenirea trăiește timpuri civlizate! Suntem îngroziți, nu știm unde vom ajunge. Privesc în jur. Ultima familie de golani de aici, care nu judecă deloc, puțin îi interesează ce le va aduce ziua de mâine, se pregătesc să primească noul an veseli și dispuși, cu vin și plăcinte, cu capra și alte obiceiuri vechi. Eu, însă, îl primesc tristă de tot, cum n-am fost niciodată. Anul trecut, în amărâta pribegie, nădăjduiam mai mult. Acum, parcă am pierdut și nădejdea! Barem de ar mai veni vreunul din frați, să ne mai bucure și pe noi!

Partea 3 (1918)

1918. Bine ai venit, An Nou! Ce surprize ne vei mai aduce? Prima zi a anului nu ne-a adus nicio bucurie; a trecut ca și celelalte.

3 ianuarie. Stam la fereastră cu mica mea Elvira și o văd că arată cu degețelul pe fereastră: "Mama, ioti... Ică." Mi-arunc ochii pe drum și îl văd pe Mitică. El venise în ziua de Crăciun la noi, clandestin. Superiorii de la formația lui nu s-au putut dispensa de plăcuta lui companie și au trimis potera după el, să-l aducă în dinți. N-a stat cu noi decât o zi. Acum a venit să-și împlinească concediul, care a ținut până în ajunul Bobotezei. N-a apucat să plece el și a venit un cumnat al lui Policarp. Ei, ce bucurie pe noi, că a început din nou seria rudelor! Să vină, să vină, căci aceasta e singura noastră bucurie!

Miercuri, 10 ianuarie. Seara, tocmai așezam copioasa noastră masă. Auzii că se deschide ușa din față. Mă uit pe ochiulețul de geam, pe care se poate vedea în sală. Caut să ies înaintea noului venit. Camera noastră nu-i deloc onorabilă și eram cam încurcată. Mi-am închipuit că trebuie să fie vreun ofițer care cere informații sau crede că aici e un han. Se mai întâmplase așa ceva. Nici n-apuc să închid ușa, că mă pomenesc luată în brațe și cu un deget la gură îmi arată să nu fac gălăgie. Mă și vedeam pe calul cazacului și-mi acopeream fața cu mâinile. Când văzui că se îngroașă gluma și mă îneacă de sărutări, mi-am închipuit că trebuie să fie cineva dintre ai noștri. Era îmbrăcat cu o șubă mare, cu gulerul ridicat, așa că nu-i puteam vedea fața.

Era Nicu, pe care nu-l văzusem de la Odesa. Cu venirea lui, s-a mai adus în casă bucurie și nădejde. Prin schimbul de ostateci ce s-a facut între noi și germani, a trimis el vorbă printr-un domn din Craiova, soției lui, iar ea să comunice părinților noștri, că suntem toți sănătoși, ca pietrele de vârtoși.

Ne-a adus însă și vești rele. Lucrurile au luat așa întorsătură, că generația aceasta a fost supusă nu numai suferințelor, dar și rușinii. Închipuiți-vă! Zeloșii noștri aliați, rușii, care s-au săturat de război cu nemții, au găsit de cuviință să întoarcă armele contra noastră, după ce au jefuit țara noastră, ca bandiții la drumul mare.

Noi românii, veșnic încrezători, ne-am trimis tezaurul țării și provizii, ofițerime și câte și mai câte la ei în țară. Acum au găsit de cuviință să trimită armată să ocupe Galații, să terorizeze biata și necăjita populație. Au fost ciocniri chiar sângeroase și după ce a intervenit armata noastră, care trebuie să fie întrebuințată și omorâtă și contra aliaților, liniștea a fost restabilită. De prin ziare aflăm că primul nostru ministru Diamandi a fost arestat la Petograd și toți militarii aflați acolo, care n-au avut prevederea sau posibilitatea să părăsească anarhica lor țară, au fost făcuți prizonieri la Chișinău, sub motiv că i-au dezarmat autoritățile românești la plecare și le-au oprit și furaj și altele. Ei ce au făcut aici la noi în țară, nimeni nu le-a cerut socoteală!

Așa că, nădejdea ce am avut de întoarcerea lucrurilor în bine, s-a îngropat odată cu terminarea anului 1917. S-a prelungit din nou armistițiul până la 20 februarie. După cât aflăm, ei și-au retras forțele lor pe frontul occidental. Văzându-se asigurați cu frontul de Est, le convine să ia ofensiva cu italienii sau anglo-francezii, care, după cum vedem, vor decide soarta războiului. Au trupe multe și atât de solidare; eu cred că vor da dezbinaților aliați bătaie, ce cu atâta răbdare o pregătesc și nu o trâmbițează, nemții. Să așteptăm și să vedem. Ne-am deprins să avem răbdare.

Ocupațiile zilnice nu mi-au mai dat răgaz să notez nimic de 2 săptămâni, deși multe am auzit și s-au petrecut în acest timp. Un fapt de însemnătate istorică chiar, este trecerea trupelor române în Republica Basarabia. Acum, cu împărțirea Rusiei, Basarabia e declarată republică. A fost chemată armata noastră să restabilească ordinea, căci rușii s-au dedat la acte inumane. Pe lângă această linguriță de miere, ni se dă o cantitate de chinină, ca să putem aprecia mai bine dulceața mierei. Am văzut într-un ziar, că guvernul rus confiscă stocul de aur în valoare de cinci milioane lei (tezaurul țării noastre), care cu atâta încredere a fost trimis de statul român, când era amenințată de invazie și Moldova. Asta ne mai lipsea! Trebuie să rămânem și săraci, ca să simțim mai bine ce ne-a adus războiul, pe care-l ceream cu atâta entuziasm! Mi-e teamă însă, că tot nenorocitul de popor de jos o să simtă sărăcia. Cei mari știu ei să se asigure!

27 ianuarie. Vine seara cuconu Iorgu și ne aduce vestea că guvernul a demisionat și Majestatea Sa a aprobat demisia... Întocmai ca lava ce clocotește în inima vulcanului, tot așa clocotesc în inima mea neîncrederea, suferința și îndoiala. Precum lava rupe craterul vulcanului, tot așa erupție se făcuse și în sufletul meu. Când a venit conu Iorgu, făceam baie copiilor mei. Când l-am auzit, o rază de lumină și bucurie a pătruns în labirintul sufletului meu întunecat. Speranța și cu ea un nume dulce mă fac să mă înfior de bucurie. Nu-mi vine să-l pronunț. E prea sfânt, e prea dorit și mi-e teamă să nu fie nălucă și să dispară.... Pace! Ce cuvânt creștinesc și dătător de multe,multe nădejdi! Oare de ce n-am dori-o? Ce cetățean român, fie el oricât de patriot, ar mai putea dori continuarea războiului? Cei ce s-au îngrijit prea puțin de patrie, nu au păstrat onoarea ei, iar dacă privim, în calea României nu se aștern roze!

Soarta țării noastre, după cât se simte, e cam hotărâtă. Noi, acești nenorociți, unii sub ocupație, alții înfrânți și umiliți, noi aceștia care ne-am părăsit căminele, ca să nu trăim sub dușmanii cotropitori, am fugit să ne păstrăm onoarea!... Și acum, după toate acestea, care e câștigul nostru? Vom ajuta aliații? Ei s-au făcut praf ajutându-ne! Fiecare trage azi jăratecul pe turta lui! Așa-i în lume, m-am convins așa de bine. Ești prea novice să mai crezi că dreptatea și adevărul (nu ziarele) te răsplătesc. Poate vor ieși ele vreodată la suprafață, dar târziu, după ce omul este pe jumătate sau poate chiar complect decimat. Acestea sunt ideile mele și regret că realitatea nu face altceva, decât să-mi confirme acest adevăr.

De aceea doresc pacea. Să se curme odată șirul acesta de suferinți. Să ne vedem cel puțin la căscioarele noastre, căci oricum ar fi suferințele și pe acolo, vom fi totuși în casa noastră și cred că acum vom prețui-o mai mult. Mi-am făcut speranțe mari. Niciodată în cursul acestui război, posibilitatea păcii n-a fost ca acum, de aceea îndrăznesc să le făuresc; ce decepție ar fi să se întâmple contrariul. Am o fire cam bănuitoare și mă tem de ai noștri, că nu vor încheia o pace așa cum îmi închipui că ar oferi-o nemții și atunci... Doamne, Doamne, mă cutremur. Mă culc, că-i târziu și noaptea-mi trimite gânduri negre.

2 februarie. Sunt singură în casă cu copiii. Fetele, surorile mele, sunt duse să facă o vizită. Mă uit pe fereastră la zăpada ce nu contenește a cădea și mă gândesc la multe, multe... M-am plictisit, m-a obosit lumina asta vie; ca să-mi mai treacă de urât, mai luai să răscolesc ziare, reviste, cam vechi ele, dar tot sunt bune. Într-unul am găsit o poezie, ce m-a impresionat grozav și-mi place mult. O scriu și pe ea aici în caiet. Știu că o voi putea avea mereu, deși poezia își are rostul numai acum, în timpul războiului.

De pe front

Moș Crăciun

Autor Maior Trincu
Dedicată fetiței mele

Moș Crăciun, cum știm cu toții,
Venea doar cu bucurii,
Cu belșug în tot căminul,
La copii... cu jucării!
Patru ani în șir, de-a rândul,
Vine trist și abătut.

Plâns și bocet, und' te duci!
Nici nu-i luminat orașul!
Jucării? De und' s-aduci ?
Și de s-ar mai găsi vreuna,
O păpușă... vreun pisoi,
N-are cine să le-aducă
Căci și unchiul și tăticul
Sunt toți plecați la război!
Nina n-are jucării,
Căci un singur Moș Crăciun
I-a adus un urs și un tun.

Acum, Nina-i măricică!
Știe tot ... și stă pe gânduri,
Iar ca toți s-o bage-n seamă,
Întreabă-n două, trei rânduri:
"Mamă, mâine ce e mamă?"
"E Crăciunul, fata mamei;
Dar de ce-ntrebi pe mămica?"
"Nu mai vleau păpușa, mamă,
Niți uls, niți tun, niți nimica.
Acum vleau doal pe tăticu.
Când tăticu e cu mine,
Tot ce vleau este al meu;
De-aia nu mai vleau nimica,
Decât pe tăticul meu!"

Cu ochii înecați în lacrămi,
Mă-sa-i face pe piept cruce.
"De te-nchini la El, măicuță,
Doamne, Doamne ți-l aduce."

12 februarie 1918, Bacău. Sunt venită de o săptămână pentru aranjarea situației mele și a Voichiței. De o săptămână văd zilnic comunicate, care anunță, că tratativele de pace vor începe curând. Chiar ieri am văzut un comunicat, în care se spune că delegații Germaniei și Austriei au sosit la București și peste vreo 2 zile vor începe negocieri de pace. În curând va sosi și o delegație bulgară, condusă de ministrul Tancef, să ia parte la tratativele de pace. Actualmente, atenția puterilor centrale e îndreptată asupra poporului român. La negocieri vor lua parte și prieteni încercați ai Germaniei, care au rămas la București. Dacă voi mai vedea ceva mai interesant, voi mai scrie, căci pe acest tovarăș fără pretenții la mâncare și pat de dormit, nu l-am lăsat acasă și l-am luat și pe aici.

Câteva sâcâieli nedemne de însemnat. Puțină variație în viața mea liniștită și ferită de zbuciumurile târgurilor. Dau un exemplu: pentru aranjarea situației noastre, ca soții de ofițeri, umblam cu amărâtul de aviz de plată, de la Ana la Caiafa. M-au trimis la o clădire mare, mare, cu numele "Comandamentul etapelor". Funcționarii și funcționarele te privesc, majoritatea, batjocoritor. Eu sunt puțin cam timidă și neobișnuită cu astfel de lume.

În fine, după 3-4 zile de umblat mult și căpătat puțin, plec pe la ora 11 de acolo, către amărâta aia de casa unde aveam găzduire. Doar ies și mă depărtez puțin, când aud un duduit puternic, trosnituri, plesnituri și chiote. Lumea se ascundea, se îngrămădea, parcă era în infern. Când mă uit înapoi, nu se vedea decât un fum gros. Un aeroplan străin aruncase bombe și distrusese o parte a acestei clădiri, una dintre cele mai mari din Bacău. Ce noroc avusesem! Numai 10 minute înainte plecasem. Te pomenești că mă extermina și pe mine sau mă schilodea pentru vecie! Dar... fiindcă văd că așa e viața, ca mătasea, oricum ai face sau ai căuta să trăiești, ea tot se taie, m-am reculres.

Trecând mai departe pe lângă o plăcintărie, înfulecai vreo două gogoși, că eram flămândă și-mi căutai de drum spre casa unde locuiam, vrând parcă să nu mai ajung. Acolo domnea zavistia între bărbat și femeie și eu care nu sunt obișnuită, mă luă de nas. Dimineața când plecase la lucru, îl blestemase săracul, să nu se mai întoarcă! Soarele lucea binevoitor peste ticăloasa asta de lume și-i împresura cu razele lui dulci, primăvaratice pe cei buni ca și pe cei răi. Încă domnea zarva în oraș, produsă de aeroplan. Chiar când trec podul peste Bistrița și mă uit la frământarea asta, mă gândesc că numai Cel ce ne-a făcut ne poate ține așa mici, infimi, cum suntem.

Nu știu când m-au dus picioarele acasă. Știu că doar am pus mâna pe poartă și minunata mea gazdă, coana Elvira, îmi iese înainte, strâmbându-se, că i-a murit Vasile al ei, în nenorocirea întâmplată. Mi-a făcut foarte rău știrea asta. Ciuma și zgripțuroaica! Mai bine o izbea pe ea, că mult era urâtă și nebună! I-am răspuns și eu disprețuitoare, că era voia dumneaei să fie așa. Cu toate astea m-am aruncat pe pat, fără să pot atinge ceva cu gura. Mi-era foarte milă de el, săracul. Era un om foarte cumsecade. Cu reflecții de astea triste, am adormit și când mă deștept, la capul meu stătea domnu Vasile, vesel și teafăr. Acolo chiar lucra și el, dar uite, că scăpase, săracul! Mai avea încă coana Elvira lemne de trântit în capul lui.

Sâmbătă, 17 februarie. Restul acesta de zile, l-am petrecut mai binișor, căci am terminat cu actele. Am rămas de mi-am lucrat și eu un costum tailleur din postavul adus de Costică, din care i-am dat sorei mele Agripina de o pereche de foi (fustă). Tot la această gazdă sta și soția părintelui Tudorache, care era pe vremuri în Mărgeanca, Ialomița. M-am distrat întrucâtva cu ea, cu tot tembelismul ei, dar tocmai de aceea, era distractivă. Diseară plec și va merge și ea cu mine, căci locul ei de refugiu este Lunca, la 2 km de noi.

Dădui o raită prin oraș să mai iau comunicate și ziare pentru cei de acasă, dornici de ele. Nu prea miroase a bine, zău. Se vorbește, că ar fi minat podul peste Bistrița. Cum o să trecem?!

9 martie, ora 20. În acest interval, prin multe crize am trecut, dar suntem tari ca leii, zău, că tot teferi am rămas. Am aflat că Germania ne-a impus o pace josnică și noi nu primim nimic. Eram îngroziți dimineața, când ne vine știafeta de la conu Iorgu, că nemții au denunțat armistițiul (comunicat oficial că un act încetează de a mai fi în vigoare) și că marți, 20 februarie vor începe ostilitățile. Evacuarea spitalelor începuse să se facă; podul de la Bistrița se auzea că a fost minat, chiar sâmbătă seara, așa că așteptăm.

Marți, 20 februarie. Ne-am sculat de dimineață. Mi se pare că suntem în situația lui Constantin Brâncoveanu, în ultima joi a vieții lui. Cu o nepăsare aparentă, ca și a lui, ne sculăm, ne îmbrăcăm și Domnului ne rugăm... Dar ne va auzi? Brâncoveanu a fost vrednic creștin și cu toate astea, copilașii nu i-a putut scoate din ghiarele pângăriților de turci. Cu copiii doar de ne mai amintim că avem datorii către aceste corpuri pe care le purtăm. La ora 12, nimic nu se auzise încă. Văile bufnesc de aerul primăvăratic; zgomotul prevestitor de pierzanie nu se aude. Pe șosea trece un tânăr călare, către casa de sfat, care-i lângă noi. Lumea e curioasă. El ne spune că tratativele s-au prelungit, iar pacea ar fi chiar încheiată. La 2 zile după asta, citim în ziare că pacea se va încheia, condițiile nu se știu exact, dar vedem că pentru români nu-i pricopseală!

Ei, ce-o fi cu fata aia, sora noastră Agripina? A plecat la Nicu, de când eram la Bacău și n-a scris nimic. N-o fi știind câtă grijă-i purtăm...

În noaptea de 28 februarie, la miezul nopții, suntem deșteptați de o mașină, care stopează cam în fața noastră. Nu după mult timp, auzim lătrat de câini și împușcături repetate. Se reflectau în întunericul nopții pe soba noastră. Biata mea fetiță Agripina, vârâtă de groază la pieptul meu, mă întreba ce sunt. Eu îi spuneam că fac soldații floricele, iar ea voia să meargă la ei să ne dea și nouă. Iese Policarp afară și trage un foc de armă. Toate împușcăturile s-au îndreptat către casa noastră, așa că ne-au redus la tăcere și la rugăciuni tainice. Hoții asediaseră pe vecinul și binefăcătorul nostru, conu Iorgu, săracul. Apucaseră bieții să se cocoațe în pod și de acolo să strige disperați: "Săi părinte Policarp, săi Petre!" Era posibil? Erau mulți și înarmați. Au terorizat tot satul cu împușcăturile lor. Nimeni nu s-a putut apropia. După 2 ore am auzit fluierături și împușcături rare către pădure. S-a dus Policarp cu Petre la ei și au aflat că i-a jefuit de 8000 lei.

Recurseseră la diferite trucuri, ca să le deschidă: ba că sunt nepoți, ba că nu știu ce... Moșii au fugit în pod și au tras și scara după ei, tocmai când hoții au forțat ușa. Acolo s-a încins lupta, căci ei vroiau să le ia bătrânilor scara, dar n-au putut, căci conu Iorgu avea revolverul încărcat și l-a împușcat pe unul în mână. Încolo nu le-a luat nimic din casă. Numai pentru bani veniseră. Pe birou mai erau 800 lei, aduși de o biată femeie văduvă, aduși spre păstrare. I-a orbit Dumnezeu și n-au văzut banii văduvei, să-i ia.

Am făcut o mică recapitulare a timpului trecut și neînsemnat în caiet. Nu știu de ce, parcă mi-am pierdut entuziasmul acela grozav. Mă simt rău și de aceea nu mai am chef de nimic. Din seara când au fost hoții la conu Iorgu, mă stăpânește o frică grozavă. Parcă-s copil, nu știu ce am. După fiecare ușă, mi se pare că-i un hoț. Când vreau să-mi caut pantofii pe sub pat, îmi răcește inima. Noaptea, cel puțin, nu mai vorbesc! E ora 23 și acum îmi liniștesc îngerașii. Uite-i, mișcă. Așa îi închin:

Cruce-n casă,
Cruce-n masă,
Cruce-n cer, cruce-n pământ,
Cruce-n locul ce mănânc.
Înger, îngerașul meu ...

Ia! Un zgomot, nu știu ce-i. Puf în lampă și rămân de marmură, în picioare, lângă pat. Dau să scol pe Petre sau pe Policarp. E cotoiul prin pod, că așa-i aici în Moldova:" umbli prin pod, cu mâinile-n șold."

Bietul meu caiețel! Vezi cum suntem noi făcuți? Până acum, caiet, caiet și acum.. Mai mare rușinea! N-am mai scris din seara de 9 martie nimic. Acum e 29 mai. Voi începe povestirea evenimentelor, proaspete încă în mintea mea și cred că n-am să uit nimic.

Odată cu sosirea lunii martie, venise și speranța în sufletele noastre, obosite de atâtea supoziții și de greutatea iernii. Credeam, în fine, că tratativele de pace au început și mai aveam naivitatea să credem, că se vor ocupa printre cei dintâi de noi, refugiații sau chiar dacă nu se vor ocupa, cel puțin nu ne vor împiedeca și vom fi lăsați în plata Domnului, așa cum plecasem. Ți-ai găsit! Refugiații, ghimpe mare! N-au voie să se miște și gata! Of! Cum ne mai zbăteam. Noi și făcusem mici pregătiri, dar am văzut în ziare, că primul nostru ministru Al. Marghiloman se interesează grozav de soarta noastră (l-o fi durut în tocuri) și că ne va da libertate după ratificarea păcii, care nu va putea fi mai repede de 15-20 iunie. Ne-a alinat! Armatele începuseră să se demobilizeze. De ai noștri și-n special de Costică, nu aflăm nimic, de pe dincolo, nici prin ostateci, nici printr-un alt mijloc. Parcă dealurile astea se împreună sus și se răstoarnă peste mine, nu știu cum mi se pare.

18 martie. O zi de trudă morală; văd că au început să vină chiar din formația lui Costică, ceea ce probează că s-a demobilizat și de el nu se aude nimic. Ce-o fi? În capul meu e un gol formidabil. Nu mă mai pot nici gândi la ceva.... Dar casa cere, nu întreabă.

Mă duc pe afară să aduc niște vreascuri de foc. Ecoul văilor îmi trimite la urechi un sunet ca un cântec. E Voinicelul Codrilor, mă gândeam eu. Zgomotul era amestecat cu păcănitul unei căruțe, care o cunoșteam eu după sunet, că nu-i de pe acolo. Fluieratul se descifra din ce în ce mai mult. Cine-o fi fericita care l-o primi în această seară, care i-o sări înainte cu copiii, să-i deshame, să-l ajute, cum știu obiceiul pe la țară! Iau brațul de lemne și-l duc la foc. Ia să mă înapoiez, să mai iau unul, că începuse să se însereze și să fie lemne pentru dimineață. Mânzulețul după mine, că adună și ea lemne, că-i Voinica Babei. Eu ezitam... Mă fermecase fluieratul haiducului. Vocea, din ce în ce, se apropia. Ah! De-ar trece pe aici, pe șosea, mă gândeam eu. La un moment dat, cântecul și fluieratul încetează. Țăcănitul căruței continua la pas. Auzii mai apoi vorbind. Încordai atenția și ascultai. Sfântă Născătoare, e vocea lui Costică! Am zvârlit lemnele din brațe și fugi pe șosea. Era la vreo 20 m de casa noastră. Îl demobilizase și el cumpărase de la regiment o căruță cu doi cai buni și o rogojină, să avem de pribegie. Pe el l-a demobilizat și ar avea drept de trecere ca ofițer, dar a trebuit să vină să mă ia pe mine, nagoda (minunăție). M-am refugiat la colaci calzi, nu puteam să stau acolo, că poate nu mă mânca hogea (preot sau învățător la mahomedani) și acum am fi fost amândoi la casa noastră. Of, Doamne, îmi vine să-mi dau una în cap, căci, cu noi, refugiații, are să fie bucluc...

Ne ducem zilele așa, de azi pe mâine. Iată, al doilea Paște amărât, prin străini. Acum, grijă aș avea eu mai puțină, dar sufăr grozav din cauza lui Costică. El e curios. Nu poate el să sufere viața asta a noastră de amalgam și în același timp, de absolutism. Miercuri, în săptămâna patimilor, au venit țățica Voichița și cu Agripina de la Galați. Ele se duseseră acolo, să fie aproape de front, crezând că pot trece imediat. De Paști au venit nenea Davidică și Vică. Imediat după sărbători, băieții au plecat.

Ziua de 2 mai se poate număra printre puținele zile fericite, ce am avut aici. Poșta ne-a adus o scrisoare, scrisă chiar de mâna lui tăticu. O Doamne, Doamne, cum o luam toate, îi sărutam scrisul și nu îndrăzneam s-o deschidem! Era un tablou tragicomic. Râdeam și plângeam. Bietul Costică o cam băgase pe mânecă, ca să nu fi dat ceva peste noi; a ridicat scrisoarea și ne-a întrebat, dacă noi cunoaștem acest scris. În dorința noastră de a vedea mai repede scrisoarea, luasem o înfățișare caraghioasă, îmi închipui. Vedeam asta pe figura lui, dar cine se mai gândea atunci la ceva?! Bine că această scenă s-a produs de prea mare bucurie. În fine, se deschide scrisoarea și se citește. Multe nu prea scria, probabil că i-a fost teamă. Ne spune că ne va istorisi prin viu grai, la întâlnirea, care nădăjduiește că va fi curând. Trăiesc amândoi și au aflat și de noi, că suntem toți. Ne roagă să le aducem o vacă la venire, dacă vom putea. Sărmanii! Ce-or mai fi dus dorul la o picătură de lapte! Ce milă mare mă cuprinde de ei, săracii, când acum, la vreme de bătrânețe, au suferit asemenea încercări! Mă gândesc, că pentru bunătatea și dreptatea cu care au fost înzestrați, ne-a păzit Dumnezeu și pe noi toți, pe unde am fost.

21 mai. A doua onomastică a măicuței, făcută cu amar, pe aici. De data aceasta avem, însă, pe Costică cu noi. În cinstea zilei și din dragoste pentru el, am făcut și noi o "bucățică de cozonac", vorba moldovenilor și l-am serbat și pe el. Cu o veselie, mai mult voită, am petrecut ziua, cu nelipsiții coana Pamfilia și conu Iorgu, care vin în vizită, pe rând. Ei nu pleacă niciodată de acasă, amândoi și se întâlnesc aici la noi și parcă nu s-au văzut de când lumea! Tare-s simpatici. Dacă-mi va părea rău de ceva, când voi pleca de aici, apoi de ei, să știi, are să-mi pară rău. Și ei ne iubesc pe noi, săracii! Oricine le vine în casă, nu le scapă discuția despre noi. La toată lumea ne dă de exemplu și ne laudă, că n-au mai văzut așa surori, să trăim patru într-o casă și nimeni să nu ne știe. Parcă-i pe pânză la cinema. Numai o vezi că gesticulează, buzele i se mișcă și știi că vorbește de noi, că numai către noi arată și de la noi se vede bine de pe fereastră.

În această zi, către seară, am primit 2 cărți poștale. Una e de la fratele Nicu, care ne anunță că a ajuns cu bine acasă, cealaltă e de la tăticu, în care ne comunică, că biata tușica Tudorița a părăsit lumea celor vii, încă din martie 1918. Cu adânc regret și respect, îi spunem toți "Dumnezeu s-o ierte și să o odihnească, săraca", în pământul pe care n-a avut nici liniște, nici odihnă. Sunt grozav de impresionată de acest suflet, care pe pământ n-a avut nici o bucurie și nici răsplată a bunătății ei.

Nu i-a îngăduit Dumnezeu, nici acum la sfârșitul vieții ei, să ne aibă pe lângă ea, pe nici unul, mai ales că dorința ei era să-i fim toți împrejur. Dar, ce să zic, așa i-a fost viața și sfârșitul, triste.

26 mai, sâmbătă. A venit Mitică. L-a demobilizat și pe el și a luat o slujbă pe aici, pe la Pașcani. La plecarea lui, a plecat și Costică la Bacău și a făcut o cerere la Minister, să ne dea voie să trecem dincolo. Văd prin ziare, că s-ar acorda această permisiune. Să mai așteptăm o săptămână, că acesta e termenul pentru venirea răspunsului. Acum mi se pare mult, parcă-i ceva irealizabil.

Ziua de 2 iunie mi-a adus o mare bucurie. Am primit o scrisoare de la notarul comunei Cenușaru, care ne anunța că el și credincioasa Stanca ne-au mai salvat ce au putut, din lucruri. Și de la dada (termen de respect, folosit la țară, pentru a te adresa unei persoane mai în vârstă) Stanca am primit o carte poștală. Devotamentul acestei femei m-a impresionat până la lacrimi. Ne-a scris tăticu, că a fost și dânsul pe la Vlădeni, în ziua de 27 noiembrie1917 și s-a dus cu părintele Vasile, de la Chioara, pe la ea. A spus că nimic n-a scăpat. Seara, a oprit pe tăticu să doarmă la ea. Când a rămas numai cu tăticu, i-a spus că ea, ce-a putut, a scăpat și le va avea grijă. Scotea tablourile noastre de pe sub streșini, unde erau ascunse, le lua în brațe și le săruta, spunând că-i arde inima de noi și de fetițe mai ales.

Duminică, 3 iunie 1918. Ne-am dus la Bacău cu copiii și cu sora Agripina. Ne-am fotografiat la minut și de acolo Costică s-a dus la Iași, cu pozele, să vadă dacă ne-au ieșit vizele.

Marți, 5 iunie s-a înapoiat el, fără vize, care n-au venit nici până azi, 11 iunie, când scriu iar. Ce grozav e să aștepți și cât? Acum, chiar nu mai am chef de nimic. În această zi am simțit clar și m-am asigurat, că în sânul meu s-a mai sădit un vlăstar, ca o amintire vie a acestor timpuri.

Acum nădăjduiesc, că vom avea un băiat. Ar fi necesar pentru noi, dar și pentru țară, care a avut atâtea pierderi. Cu ochii pe ziare, cu urechile ațintite la fiecare aviz telefonic, am mai stat până pe 3 iulie să așteptăm sosirea "Ausweis"-ului (legitimație). Cum am mai spus, se pare, că pe cei de la Minister, nu-i doare nici în tocuri de noi. Poate și-or fi închipuit că nu ne mai îndurăm să ne despărțim de dulcea Moldovă sau mai bine zis de frații moldoveni; că stăm destul de bine, așa cum am stat aproape 2 ani. Pe la sfârșitul lui iunie, vedem în câteva ziare consecutive, că militarii demobilizați pot trece în teritoriul ocupat, cu familia. Atât am așteptat!

Miercuri, 3 iulie 1918. Cu aceste ziare în buzunar, cu bagajul în căruță cu un covîltir strașnic pe deasupra, înhamă pe Moșu Suru și hai, mână! Cocoanele și copiii erau așezati pe bagaje, iar la spatele căruței era o cușcă cu vreo 15-20 de pui și alta cu 2 purcei. Unde mergeam? În teritoriul ocupat. Nimic nu ne-a ținut, atât am așteptat. N-am mai avut răbdare să se confirme și să se explice știrea, nici să contenească ploile, care rupseseră podurile și mâliseră tăt, tăt, vorba moldovenilor. Noi, cum zic, cu nădejdea în ajutorul Celui ce ne-a călăuzit pe calea binelui, am plecat. Am avut foarte multe greutăți de întâmpinat în cursul drumului, că aproape peste tot erau podurile rupte și trebuia să dăm cu căruța pe alături și să pățim necaz cu bieții cai. Tocmai din cauza acestor nevoi, am parcurs numai 30 km, iar seara ne-a apucat în comuna Vulturești, județul Tecuci. Am fost găzduiți la învățătorul satului, Gheorghe

Cârlan, om cumsecade, cu o gospodărie, casă și grădină minunate. Nu era păcat, că stătea la țară.

A doua zi am plecat la 4 dimineața și mână, băiete! Am parcurs 55 km. Seara ne-a ajuns în comuna Frunzeasca, județul Tecuci. Aici, n-am mai găsit lume ospitalieră. Am voit să rămânem lângă șosea, în care scop am cerut găzduire la vreo două case, dar ne-au refuzat categoric. Eu am fost imediat de acord cu Costică, să rămânem în căruță, chiar la marginea șoselei. Drept e, săracul n-a dormit toată noaptea și s-a plimbat pe lângă cai și pe lângă odoare. În zori l-am trimis să se culce sub coviltir, rămânând eu să fac de gardă. Pe la 4 dimineața, când femeile începeau să-și aducă vacile la vad, chiar acolo, să bea apă, una întreabă pe cealaltă cine o fi în căruța cu coviltir. Leica Maranda îi spuse, că au venit aseară să-i găzduiască, dar n-a vrut să-i primească. N-a vrut să-și bage în cârd cu ei, că trebuie să fie țigani de cei pletoși, care fură de zvântă! Ce-o fi răspuns cealaltă, nu știu. Mie mi-a venit să râd, m-am suit în căruță și l-am sculat pe Costică și-am plecat, dar nu înainte de a-i spune: " Păcat de toată cartea și licența ta!"

La ora 9 am fost în Tecuci. Nu știu, fiindcă mergeam spre casă sau natura și anotimpul contribuiau, orașul Tecuci mi s-a părut chiar drăguț, nu ca la trecerea în Moldova. Ce drum, o plăcere, n-am să-l uit. Era cald, plouase berechet, așa că iarba ajungea la burta cailor, pe marginea șoselei. Mergeam 2-3 ceasuri și apoi deshămam. Săturam caii și boierii și ne continuam plăcutul drum în tovărășia bunului și prea grijuliului Costică. Pe cât am fost de necăjiți la ducere, așa mergeam de plăcut acum.

Vineri seara ne-a apucat în comuna Vladimirești. Am găzduit la niște țărani foarte sărmănuți, dar cumsecade. Am făcut și eu mâncare cu stuf, cum făceau ei și o mămăligă. Noaptea, am dormit în casă, eu și copiii, iar Costică în căruță. Dis de dimineață, am plecat. Până acum, ni se păruse, că zburam. Acum eram toți triști. Teama și nesiguranța ne rodeau inima. Pe la ora 12, am văzut că se contura în zare, silueta orașului Brăila. Ah, cât eram de aproape! Dacă n-ar fi fost nemții ăstia, cât de repede am fi fost în brațe la ai noștri! Fiecare ne întrebam, în taină: "Dar dacă nu ne lasă să trecem?" Nu ni se mai părea, că e așa ușor, ca la Mărășești.

Pe la ora 14, am ajuns în Sendreni (Serdaru), unde am mai stat și la trecere opt zile, la părintele Andrei. Satul, deși drăguț, mai înainte, nu mai era de recunoscut, distrus de lupte și-n special de ruși, căci era la 2 km de front. Rușii au evacuat populația, iar gospodăriilor și caselor le-au dat foc. Am oprit căruța în marginea șoselei, în dreptul unei case complect ruinată, unde stăteau de vorbă, afară, doi bătrâni cu fețele supte și arse de soare și de necazuri. Ei erau doi fruntași ai satului, de unde Costică a putut culege ceva informații. "Nu puteți trece, că uite colo, la casa aceea, mai e un căpitan cu familia și stă împachetat, gata să treacă. Nemții nu vor să treacă și familiile, ci numai ofițerul demobilizat. Eram deprimați. S-a dus Costică și cu chiu, cu vai, a găsit o casă neterminată, unde să putem sta până să facem la un fel. A doua zi s-a dus la Galați, să ia informații mai precise, dar tot cu același rezultat a venit. Trist și îngrijorat, vine acasă și după ce ne mai consultarăm cu toții, găsirăm că soluția cea mai bună este să rămân eu cu Agripina și copiii colea, iar el să treacă în Muntenia, să se îngrijească de obținerea permiselor și pentru familie. Hotărârea luată, s-a și pus în aplicare.

Marți, 10 iulie, noaptea, a plecat, iar eu, cu surioara mea, l-am petrecut cu ochii scăldați în lacrămi, până ce silueta lui albă, din gura coviltirului, a dispărut. Soartă crudă și neînduplecată, acum îmi vine să-ți cer cont, pentru că pe unii îi faci numai să sufere! Abia îl văzusem și eu lângă mine, de împărțeam grijile și necazurile cu el, iar acum, eu să iau iar povara greutăților alimentare și al câtor alte lucruri pe spatele meu obosit și trudit, iar el să ne ducă grija pe acolo... Și cine știe cât va mai dura această stare de lucruri? Doamne, dă-mi tărie! Sarcina a început să-mi puie obstacole: nu pot mânca, delirez. Doamne, ce-o mai fi cu mine? În tusea seacă, care nu mă slăbește, văd urme de sânge. Sunt disperată. Asta-mi lipsește acum!

Azi am fost pe la părintele, pe care îl știam om de inimă. Nu i-am găsit acasă și i-am așteptat până la ora 11, când venea trenul. Pe birou văd un ou, din cele de metal, încuiat cu un mic lăcățel. Inima mă îndeamnă să-l deschid. Am credința, că aici e crucea, ce mi-a luat-o, când am trecut. Deși așa îmi spune inima, n-am curajul, nu sunt eu făcută pentru lucruri din astea. Să intru în casa omului și să cotrobăesc? Nu, nu. Să trăiesc așa cum mi-e dat să trăiesc. Mai bine mă simt așa. La ora 11, când au venit, le-am spus că am venit să le anunț sosirea și să-l rog pe părintele să-mi dea concursul. Mi-a răspuns, că mă va ajuta cu ce-i va sta în putință. Am venit cam deprimată de la el. La cine voi mai apela, ce mă voi mai face?

Nu știu deloc, ce a făcut Costică cu trecerea. Nimic un-mi scrie. Diseară mă duc cu părintele la primărie, să licitez niște bușteni, ce au venit pe Siret și pe care i-a pescuit primăria și acum îi vinde. Doamne ferește! Dobitoaca asta de preoteasă e geloasă. N-a vrut să-l lase pe popă să meargă cu mine la Siret, iar dacă am invitat-o și pe ea, gata a fost! Proastă mai e! Cât este ea de frumoasă, se teme de o amărâtă ca mine? Dar, ce să-i faci? Ușurință femeiască. O ia ea înainte!

Am scris o scrisoare surorilor, care-s la Mărășești și lui Mitică la Pașcani. Să știe și ei, că am umplut pământul de necăjiți. Acolo nu mai puteam să mai stăm, amărâți!

Miercuri, 18 iulie. Am scris o scrisoare acasă la Iazu. Pe seară o trimit pe Agripina, s-o pună la cutia gării, iar eu rămân acasă și tai stuf cu un satâraș cu gura strâmbă, ca și proprietăreasa mea, care are gura tocmai la ureche, dar e foarte cumsecade, săraca. Vorbim amândouă și facem foc pentru mămăliguță. După o jumătate de oră, o văd pe Agripina, venind în fugă. N-avea nici suflet să vorbească, râdea și plângea de bucurie. Îmi întinse o carte poștală. O iau și o citesc. Mitică se interesase mereu la Iași, dacă ne-au sosit permisele. Primind epistola mea, în care-l anunțam unde și în ce situație suntem, ne comunică, că au sosit ausweis-urile noastre și al Voichiței. Pe ea a expediat-o duminică, iar în ziua de 22 iulie va fi la noi și va proceda și la a noastră expediere. Cu o emoție, ce nu o pot descrie, am început pregătirile. Am mai vândut din păsări și ce mi-era greu de trecut.

Sâmbătă dimineața a venit Mitică, iar duminică 22 iulie, pe la ora 4 dimineața, într-o căruță cu boi, că nu am avut altceva, ne-am pus puținele lucruri și am plecat la gară.

La 5 și jumătate am părăsit Serdarul. La 11 am fost în Tecuci, de unde, cu multă greutate, am găsit o căruță și am mers până la Mărășești, unde am ajuns pe la ora 15. Ce bucurie, ce entuziasm, să trec, să sărut pământul Munteniei dragi!

Ce deprimare, ce scârbă, când în gara Mărășești, am văzut prima oară armata nemțească! Jumătate gară, a noastră, jumătate a lor. Dezgust și silă, parcă-mi venea să le sar în cap la nemții ăia, când vedeam că pun așa preț pe fițuica aceea, în care, autoritățile noastre (mai bine nu le mai aveam) roagă pe autoritățile imperiale nemțești, să ne dea voie să trecem în teritoriul ocupat de dumnealor! Of! Of!

Ce-am ajuns să trăim, să cerem dușmanilor voie să trecem în țara noastră. Sărmană țară, sărman popor, tristă v-a fost soarta! Și zicem, că avem pace!

În sufletul meu e mult zbucium, multă durere, nu-i deloc bucuria, pe care credeam s-o am, când voi veni acasă! E zbucium și întristare, fiindcă azi calc pământul scump, care l-am dorit și l-am plâns atât și-l calc tot pângărit de invazia dușmană! De azi înainte, nu mai suntem liberi, ne ducem și noi să împărțim viața de ocupație, viața părinților noștri, de doi ani de zile! Ca un om damnat, merg pe sălile gării, pe aici, mânată de la spate de garda nemțească, la vizita medicală și la controlul bagajelor. Ne poartă de colo-colo, de la Ana la Caiafa, punându-ne întrebări banale și-n fine, ne conduc la tren.

Plecând din Mărășești, vedem, cum Dumnezeu a voit să pustiască cu o secetă cumplită și să ne înfățișeze ochilor și mai bine, ruinele și dezastrul războiului. Gările sunt complet stricate, trenul deabia se mișcă din cauza terasamentului slăbit de găurile făcute de tranșee și scormonit de obuzele de tun. În gara Focșani, trenul s-a oprit și a stat multișor. Am văzut un scârbos de neamț, cu o tinichea de gât, parcă era un jujeu (jug mic), bruscând lumea, să nu coboare, nici să stea de vorbă cu cineva.

În gara Buzău am ajuns la ora 8 și 5 minute. Acolo trebuia să așteptăm o oră un tren, ce se forma pe linia Făurei. Mă pătrunsese o grijă de nespus, gândindu-mă ce o să fac un ceas, unde să stau, că nu cunoșteam deloc gara și locul. Copiii o să adoarmă, iar eu nu știu nemțește, să mai cer vreo informație. Cu gândul așa împărțit, mergeam mașinalicește, cu fata în brațe, prin aglomerație, când, mi se pare că-l văd pe Chiril. Mă apropiai mai bine; nu mă înșelasem. Cu un strigăt, în care s-a evidențiat toată starea mea sufletească, am căzut aproape în nesimțire în brațele fratelui meu (fratele lui Costică).

Mi-a trecut groaza și în puțin timp, mă reculesei. Când îmi întorc ochii spre dreapta, aceeași scenă se petrecea între sora mea Agripina și Costică. Când am văzut pe Chiril, am crezut că întâmplarea îl scosese în calea mea. Când colo, era cu totul altfel. Costică aflase de la Voichița data trecerii noastre și veniseră amândoi, în mod expres, să ne primească. Am respirat ușurată, că am scăpat de grija drumului. Seara și a doua zi am rămas în Buzău.

Marți, la ora 8 dimineața am ajuns în gara Chioara, care era o ruină, ca toate gările. Unde odată fusese acoperiș, erau acum cuiburi de păsări. Câțiva nemți se învârteau pe acolo; arătau că mai sunt și oameni, nu numai cucuvele. În gară nu ne aștepta nimeni. Am mai așteptat puțin, după care, Costică și Agripina au pornit către sat, să ia o căruță. Doar că ajung ei în sat și văd căruța noastră și pe tăticu, mânând caii.

Fetițele mele se jucau amândouă în iarbă și numai ce văd pe Agripinica că vine spre mine și-mi spune: "Uite, mămico, tata

Bunica şi Tata Moşu (stând pe scaun).
În picioare Preot Chiril Rădulescu Popescu, fratele lui Tata Moşu.

mare!" M-a mirat că l-a mai recunoscut. Eu îl văzusem. Emoția însă, mă împietrise și cu ochii înecați în lacrimi, mă aruncai în brațele scumpului și îmbătrânitului de necazuri, părintele meu. După ce am mai stat de vorbă și ne-a istorisit din vremea năvălirii, ne-a arătat mâna fracturată, semnul schingiuirii și al martirajului suferit de la bulgari. Am ajuns acasă. Acolo ne-a întâmpinat mămica. Aceeași scenă și cu dumneaei. Era într-un hal de slăbiciune, mai grozav ca tăticu, îi cădea rochia din betelie. Ne-a primit plângând, cu vorbele: "Puișorii mamei, ăi rătăciți, au început să se adune iar la cuib!"

Din cauza oboselii drumului, a sarcinei și emoțiilor vii și multe, prin care am trecut în ultimul timp, am căzut la pat și am zăcut vreo 5 zile. A fost o zacere grozavă, cu toate accesoriile ei și cu cuvenitele discursuri, cu care am amuzat ascultătorii tot timpul bolii. După ce m-am făcut bine, am plecat la Bordușelu. Acolo am găsit și pe bietul tata lui Costică, tot cam bolnav, din cauza necazurilor care le-a suferit de pe urma invaziei. Bieții preoți au fost schingiuiți și chinuiți de bulgari. Acum i-am văzut pe toți.

Sâmbătă, 4 august, am pornit către Vlădeni, comuna noastră de păstorire. Am plecat din curtea părinților mei, de la Iazu, iar Elvira era mirată că tanti Iazu (Agripina) rămâne aici. Biata fată era obișnuită numai cu ea și nu putea admite să plecăm fără ea. Și mie îmi era greu, că eu am împărțit cu ea tot ce am întâmpinat în acest refugiu.

Vlădenii ne-au primit foarte călduros, în special credincioasa mama Stanca, care nu se mai mișca de la picioarele noastre. Parcă era un câine credincios! Mereu ne scotea și ne arăta cum a păstrat și ea, ce a putut. Iată-ne acum, cu ajutorul și mila lui Dumnezeu, în cuibulețul nostru, pe care-l doream atât. Fac o cruce mare și zic: "Doamne ajută!" Vor mai fi poate, multe suferințele noastre, dar gândindu-mă la cele trecute, cred că voi fi în stare să prețuiesc prezentul. Acum, după ce am gustat amarul, voi ști, să prețuiesc dulceața zahărului.

După cum v-am spus, iubiții mei copii, și pentru voi, am scris aceste amintiri. Păstrați-le, citiți-le și să dea Dumnezeu, ca voi să apucați timpuri mai bune! Suferințele celor de acum crează celor din viitor, zile mai fericite. Așa să dea Dumnezeu să fie!

6 august 1918, Vlădeni, Ialomița.

Partea 4 (1932-1945)

Palas, Constanța, 15 iulie 1932.
Și de atunci (1918) au trecut ani! Entuziasmul cu caietul s-a potolit și vezi, curiozitate! Nu numai că n-am scris nimic, dar am neglijat caietul, l-am părăsit cu desăvârșire. Pe fundul unui sertar s-a odihnit, cu foile în toate părțile. Cerneala cu care era scris, se ștersese aproape, căci era din cea fabricată de mine prin Moldova, pe acolo. În 1927 vine la Techirghiol, Chiril, fratele lui Costică și șezând 24 ore și aici la noi, nu știu ce a căutat în sertarul cu pricina și dă de caiet. Mi-a făcut aspru repros, că nu mi-e milă de munca și sufletul ce-am depus, ca să-l las să se piardă!

M-a îndemnat, cu multă stăruință, să cumpăr un alt caiet, să-l transcriu și să-l păstrez. I-am răspuns speriată, că n-am timp să stau să-l transcriu. Încurajată și îmbărbătată de acest bun frate, mi-am luat un caiet, prea mic din păcate și încet, încet, în timp de 3 ani, m-am văzut cu el aproape copiat. A trebuit să vie boala asta, care mă ține de trei săptămâni la pat, ca să mă forțeze să-l termin și l-am terminat! Transcriindu-l, mi-am reamintit cu duioșie timpurile de atunci și acum văd cât era de rău să se piardă!

Nu știu însă, dacă am reușit să mă țin de făgăduiala luată aici, ca să știu să-mi prețuiesc viața. Omul e ticălos, uită ușor și e veșnic nemulțumit. De altfel și viața mea nu a încetat să se scurgă și tot necăjită a fost. Am câștigat puțin în viața noastră, cu eforturi mari materiale, dar mai ales morale! Tocmai de aceea, mulți care l-au citit, m-au îndemnat să continui. Dar, vorba lui Tănase: "Acum, nu mai pot!" Energia mea merge către apus și tinerețea mea, la fel. Sănătatea mi-e zdruncinată, voioșia mi-am pierdut-o, căci greutățile se înmulțesc și mă preocupă, nedându-mi pas să mai continui. Și... mă mulțumesc și eu cu atât!

Voi, fetițele mele, acum patru la număr, sunteți mari. Viața ce o trăiesc lângă voi, cred că și voi o vedeți, că este cea mai vie icoană a mamei. Prin urmare, nu mai e nevoie s-o descriu.

Mă veți păstra în amintirea voastră și când nu voi mai fi cu voi, sfaturile și povețele mele, pecetluite să rămână în inimile voastre. Eu, fiindcă am depus o muncă dublă, îl voi păstra cât voi fi; mai târziu, păstrați-l și voi, dacă veți voi.

Lui Chiril, o vie mulțumire, pentru că, nu a lăsat să se distrugă munca și sufletul ce am depus.

Aneta C. Popescu

Deschid cartea la a doua parte a vieții mele. Încerc să continui, dacă am să pot, deși văd, că aici, la sfârșitul părții întâi, renunțasem cu desăvârșire. În adevăr, viața mea e a unui neînsemnat muritor și scriindu-mi amintirile, nu aduc niciun folos societății în care trăiesc. Am să încerc totuși, căci viața îmi oferă același zbucium ca și până acum și întâmplări sunt destule.

Voi scrie pentru mine, pentru copiii mei și mai ales pentru nepoțeii mei. Vreau să vadă și ei că, deși simplu și neînsemnat muritor, n-am trecut prin viață fără să mă sinchisesc, ci m-au preocupat grija și problemele zilnice.

După o liniște aparentă de vreo două decenii, țara noastră iarăși a început să se agite și să fie hărțuită, iar eu, ca individ, nu pot sta nepăsător și rece la viitorul ei, care e al nostru și al urmașilor noștri. Am impresia că e la o însemnată răscruce și se petrec fapte mari. Neamul nostru n-a mai cunoscut așa ceva. Zicătoarea spune, că istoria se repetă, dar mie mi se pare, că n-am mai trăit astfel de timpuri. Când poetul zice: "Veacuri triste, întunecoase peste capu-mi au trecut", vorbește despre timpuri când țara noastră era fărâmițată, întindeau toți de ea și nu era civilizație ca acum, nu erau așa capete luminate, care să vorbească de libertate... Nu știu încotro o vom lua ca neam sau cine ne va înghiți. Nu știi ce te așteaptă și cum să mai acționezi.

Lilica mi-a dat acest caiet la legat și așa se păstrează foarte bine puținul pe care l-am însemnat aici, din multele peripeții prin care am trecut și mai ales pribegia și războiul din 1916-1918.

Făcusem atunci constatarea că tinerețea și energia mea merg către apus, dar m-am înșelat! Am atâta forță fizică, energie și putere de muncă, ca acum 20 de ani, ba poate mai mult. Atunci țineam seama de unele prejudecăți și chiar îndemnuri din afară, să nu muncesc așa mult. De ce alții, care nu muncesc atât, trăiesc mai bine și-s mai mulțumiți? Am găsit răspunsul, după o practică îndelungată. Am încercat să mă mai sustrag de la munca fizică, înlocuindu-mă cu oameni de serviciu. Datorită faptului că natura m-a înzestrat cu multă umanitate și dragoste de aproape, aceste ajutoare îmi aduceau o mulțime de neajunsuri. Ei nu luau aceasta, ca daruri cu care era împodobit sufletul meu, ci ca slăbiciune și poate chiar ca prostie. Și atunci, de la așa aparentă odihnă, am început să devin irascibilă, nervii mei zbârnăiau la orice atingere, ba îmi mai puneam și alte probleme în legătură cu Dumnezeirea, pe care nu le putea rezolva un biet profan ca mine. Am bătut câmpii vreo zece ani de zile, punându-mi întrebări și negăsind răspunsuri și umplându-mi sufletul de venin la adresa celor ce muncesc puțin și au mult. Am constatat, că în loc să mă odihnesc și să trăiesc mai bine, m-am slăbit trupește și sufletește. Am văzut că viața este în funcție de individ.

Există oameni încântați și mulțumiți de ei, care trăiesc ușor și bine. Noi, pe care natura ne-a înzestrat cu atâtea daruri: cinste, modestie, curățenie sufletească, pretindem că o ducem bine. Dar cum s-ar putea, în această lume de hoți, necinstiți, îngâmfați și bigoți? Atunci, mulțumește-te cu ce ai tu, mai ales că ai o soartă sau destin, care din umbră te conduce și face ce vrea din tine. Bine că trăiești cu credința că ești grozav și că faci ce vrei tu; mai bine supune-te sorții, numai ai grijă să nu cazi, să-ți scoți ochii sau să-ți rupi membrele! Ci dă mai bine din mâini și din picioare, că poate așa tot s-o nimeri vreodată să ai un dram de noroc, pe lângă un car cu minte, pe care te mândrești că îl ai.

În urma acestor constatări, am văzut că firea mea nu-mi dă voie să mă alătur de cei ce se sustrag de la orice fel de muncă. Eu nu sunt egoistă deloc și prin urmare trebuie să mă înham la muncă. Am îndepărtat, pe cât am putut așa zisele ajutoare și am luat în mână frânele gospodăriei, ținându-le strâns. Am început să desfășor și o activitate extra gospodărească în afară de casă și coada tigăii. Mi-a mai făcut Dumnezeu parte să am și unde. În primăvara anului 1933, am luat în posesie locul de 5 ha, care i s-a cuvenit lui Costică, după demobilizare. Protejat de legea de comasare a pământurilor, după ce a dus actele și dovezile la Minister, târându-și anteriul pe acolo, a intrat în conflict cu episcopul Gherontie, care susținea că locul s-ar datora Episcopiei și profitul să-l ia el, că nu prea-l dureau pe el coatele de Episcopie!

Văzându-mă proprietăreasă, cu acte în regulă, am început activitatea în toate părțile. Costică a plantat cu pomi 3 ha. Pe mine nu mă rabdă inima să stau cu mâinile în sân, să vin numai să mă plimb "ca la moșie". Am încercat să fac o seră de flori și zarzavaturi. M-a ajutat bietul meu frate, Nicu, care are admirație pentru energia și munca mea, dar n-am găsit oameni și nici n-am avut experiență. Eu nu mi-am dat seama, că din nimic, nu se poate face ceva și m-am avântat să fac lucruri, pe care nu le-am cunoscut și neajutată de nimeni, am dat chix. Am rămas doar cu câteva noțiuni și cunoștințe despre grădinărie, care mi-au folosit de atunci încoace. Tot am câștigat ceva, dar nu pe măsura tributului ce l-am plătit.

Nu m-am liniștit. Am vrut să fac o crescătorie de păsări. Eram sigură că o să o aduc la bun sfârșit, întrucât erau lucruri pe care le cunoșteam și mă distrau grozav. Și cu asta am dat chix. La o crescătorie de câteva sute de păsări, cum vroiam eu să am, pe lângă muncă și pricepere, îmi trebuia capital. Capitalul, bată-l norocul, tare mi-a mai lipsit în viață, acest "lucru de nimic".

Am rămas numai cu atât cât îmi trebuia pentru casa și gospodăria mea. Și de aici și din alte împrejurări, mi s-a întărit credința în puterea destinului; acesta există și nu te puteai sustrage de la capriciile lui. Cât îți hotărăște el merticul, atât ai; poți să stai în cap și-n picioare, nu-ți dă voie să ajungi la mai mult! Nu trebuie să te dai bătut, dacă ești cinstit și muncești din greu. Poate se va întâmpla, ca în goana asta, în care trece norocul pe lângă om, să se prindă vreodată și de tine, să te salte deasupra necazurilor. Dacă nu, știi cel puțin, că n-ai stat ca o bleandă, așteptând să pice para mălăiață în gura lui Nătăfleață.

Eu nu m-am descurajat. Nu zic că-s stană de piatră, mă deprim, dar nu mă las îngenunchiată. Mă ridic din nou și cu aceeași putere merg înainte. Îmi duc viața normal, nu-s deznădăjduită. Cum am puțină înclinație către romantism, vin în grădină și mă simt tare, în ciuda faptului că nu mă simt bine. Mă scol dimineața, mai ales vara, când văd natura în toată frumusețea ei: flori, pomi, cântec de păsărele, care-s așa multe, ca-n pădure. Simt în toate, puterea lui Dumnezeu și mă simt aproape de El. Aici pot să stau departe de lume, să nu mă mai lovesc la fiecare pas de răutate și viclenie. Nimic nu-mi lipsește, pot munci, lucra, citi nestingherită, pot face chiar planuri, pentru care sunt luată în bășcălie.

Ce bine e să te conduci în viață, după un plan făcut înainte. Ce bine ar fi fost, la luarea în primire a grădinii, să fi avut un plan stabilit. N-am mai fi pus pomii așa brambura, de nu avem aproape nici un profit de pe urma lor. Dar atunci, eu umblam cu capul în nori, revoltată și cerând socoteală lui Dumnezeu, de ce greutatea vieții, care mie mi-e hărăzită, în această lume, se răsfrânge și asupra copiilor mei?! Vedeam, cu amărăciune în suflet, că Agripina, copilul meu, care aproape nu era ființă pământească, era lovită și ea de aceleași decepții, ca și mine. Pentru asta stam la îndoială, să scriu din nou sau nu. Ceva în sufletul meu mă îndeamnă să urmez, dar văd că nu mai încep odată! Dar o să încep, că, uite, ruptura am făcut-o...

Puișorii mei au făcut aripioare și au început să zboare, câte una, ca și păsările călătoare, către țările calde. Ele au zburat spre metropola țării noastre, să-și încălzească sufletul cu cultura și să-și completeze cunoștințele, de care se va lega viitorul lor și ajungerea scopului și străduințelor noastre.

Dar eu? Eu voi rămâne singură.

Până la vârsta lor, de 14-15 ani, raporturile dintre mine și ele, au fost de la mamă la fiice. Nu însă cu gârbaciul și cu îndopare de minciuni convenționale, ci numai cu grija permanentă asupra lor, dându-le câteodată sfaturi și povețe. N-au fost lipsite de libertate măsurată, așa încât le-am făcut să nu-mi ascundă nimic, din contră, să-mi caute tovărășia. Am vegheat asupra adolescenței lor, coborându-mă la copilăriile lor, fără să-mi bat joc, de tot ce imaginația lor crudă era în stare să creeze. Și ce bine era atunci! După ce au trecut de această vârstă, am devenit prietena lor cea mai bună! Eram confidentă, îndrumătoare, mângâierea lor, când aveau și ele, ca fiecare tânăr, dezamăgiri.

Aveam inima îndoită de un fel de durere și de teamă, căci în curând voi rămâne singură, călcând și bătătorind cărarea de la grădină acasă și de acasă la grădină. Aveam grijă de ele, că erau curate ca niște flori și le trimiteam în București, unde își vor încălzi sufletul din căldura ce o vor căpăta, dar și multe decepții și necazuri le vor aștepta. Când au plecat de lângă mine, le-am spus: "Fiți tari, îndrăznețe, arătați-vă vrednice de părinții voștri! Acolo nu vă așteaptă măicuța cu brațele desfăcute, ca să primiți căldura de la sânul ei, cum aștepta când veneați de la școală înghețate și nu știam la care să-i încălzesc mănușițele mai întâi!"

Au plecat, una câte una și am rămas cu Prâslea ăsta mititelul, care zburdă și ciripește pe lângă mine. Am botezat-o Licurici. Ea va lumina bătrânețele mele, ca licuriciul noaptea, iarba din grădină. Dar la 14 octombrie 1940, am condus-o dis de dimineață la gară, să plece să-și deschidă și ea calea vieții. M-am întors acasă gârbovită parcă. Îmi apăsa ceva pe umeri!

Întorcându-mi ochii spre o geană de lumină roșie, care anunța un răsărit de soare de toamnă, mi-am adus aminte de alt răsărit, tot pe 14 octombrie, cu 31 ani în urmă. Condusesem pe Costică la gară. Pleca la București, să-și croiască calea vieții! Cu capul plecat, cu pasul măsurat, am depănat, în gândul meu, firul vieții în acești 31 de ani. Am văzut ce am făcut până acum. Știam, cu cât entuziasm și avânt am plecat în viață, m-am strecurat prin valurile ei și am făcut ce am putut și ce se vede. Dar de acum încolo?

Am ajuns acasă și am intrat înăuntru. Casa mea așa veselă, cu flori la fereastră și în grădină, era acum goală și tristă. Crinii și rozele, care erau fetițele mele, nu mai erau în casă. M-am uitat pe după ușă, să văd dacă Licurici nu-i ascunsă acolo, să-mi sară de gât, spunând: "Aici sunt, micuțo."

Toate mi se perindau prin fața ochilor și am văzut, că nu voi mai putea sta în casă. Costică sta mereu la grădină și eu acasă (în casa parohiei). N-aveam deloc oameni de ajutor, căci nu-i mai puteam plăti. De când cu guvernarea tehnicienilor, de tristă aducere aminte, ne puseseră atâtea curbe, că ne curbase de tot. Nu primisem leafa 6 luni, în care timp făcusem datorii, ca să putem ține patru fete la școli și ne dezechilibrasem așa de rău, că nu ne-am mai putut veni în fire, nici până în ziua de azi. Am suprimat tot ce era în afară de noi, în curte și-n casă și așa ne-a găsit plecarea ultimului meu vlăstăraș. M-am retras în odaia din curte, unde stam singură, dormeam singură și câteodată mă duceam și la grădină. În așa stare, am scris fetițelor mele, că nu știu cum îmi voi duce viața de acum încolo, dar consider că am încheiat bilanțul la cea dintâi parte a vieții mele!

Ele mi-au răspuns foarte impresionate de această stare a mea. Agripina, ca să mă mângâie și să văd eu, că încă mai am de lucru în viață, m-a întrebat, dacă n-aș vrea să fiu și bunică, fiindcă ea a pus bazele unui viitor nepoțel... Cu câtă bucurie am primit această veste! Nu știam, nenorocita de mine, ce mult mă va costa acest început de viață nouă, în partea a doua a vieții mele! Destul că, atunci m-am bucurat grozav! Am și început să fac planuri, cum o să mă joc cu nepoțelul, cum o să-i dau drumul la frumoasele mele coade, să-l iau în spate și el să mă mâne, zicând: "Hi, calule, hi, gloabă!" Ea, săracuța, făcea haz și zicea: "Dar, mata nu știi, că eu nu vreau să am băiat, că prea-s nebuni, ci o fetiță blândă și cuminte, să mă joc eu cu ea, așa cum te jucai mata cu mine, când eram mică!"

Memorabilul cutremur din 10 noiembrie 1940, care a costat atâtea vieți omenești, a avut și asupra ei o înrâurire nefastă. În starea în care se afla ea, a surprins-o la al patrulea etaj, singură în cameră. De fel, era foarte curajoasă și spunea că nu i-a fost frică. A avut, probabil, repercursiuni asupra sănătății ei, mai ales că suferea de inimă, fără să-și fi dat seama că-i atât de bolnavă, altfel, sigur nu ar mai fi avut copil.

La 24 ianuarie 1941 a fost rebeliunea. Legionarii au înconjurat blocul colonelului Orezeanu, director general al căilor ferate, bloc în care locuia ea la etajul 4. S-au dat lupte între rebeli și polițiști și au căzut morți chiar pe scări la bloc. Această întâmplare a prins-o tot singură. Lușu, soțul ei, era trimis prin țară, conform ordinului, în vederea războiului, care se pregătea. Colega ei de birou, cu care locuia, nu era acolo, nici atunci.

Oricât ar fi fost ea de curajoasă, ca să stai atâtea ore sub această teroare și-n bătaia mitralierelor, nu cred că a fost puțin pentru ea. În plus, de la etajul 4, nu se putea coborî decât cu liftul, care era blocat în condițiile date și scară de serviciu nu exista. O fi fost și slăbiciunea inimii ei, dar eu cred, că 60% din dezastrul care a venit, se datorează acestor nenorocite întâmplări. În plus, un nepricopsit de doctor, pe care l-a consultat, dacă poate avea copil, ca să facă dorința soțului, i-a spus, că o femeie frumoasă ca ea e bună și trebuie să dea țării, fii. Dorința ei și îndemnul tuturor i-au pecetluit viața.

La 13 iunie am fost la București, căci Elvira a terminat Medicina, cu mare succes. Eram foarte fericiți. Cu această ocazie, am văzut-o și pe Agripina. Un fier ars mi-a trecut prin inimă, când am văzut-o așa schimbată. Mi-am închipuit, sau mai bine zis, m-am temut că nu va rezista la durerile nașterii. De unde atunci am fost cei mai fericiți părinți, peste 3 săptămâni, am fost cei mai nenorociți părinți și oameni. Dumnezeu ne-a arătat că fericire este numai un cuvânt.

La **4 iulie 1941,** Agripina a născut o fetiță, Ana Eliza Constantinescu, alintată Lizeta, ca după 7 minute, după ce i-a dat viață ei, să apună ea, spre marea spaimă a doctorului și durerea celor din jur. Aici nu voi căuta să arăt durerea, căci prin vorbă și scris nu se poate arăta destul. De atunci, nu mai sunt ce am fost.

Mi-a frânt sufletul din mine și nu se mai poate îndrepta.

Am stat 10 zile la București, lângă mormântul ei, zilnic, până ce am simțit că mă destram, nu mai pot umbla și așa epuizată, am venit acasă, înfășurată trupește și sufletește în văluri de doliu. Costică mă aștepta în poartă, desfigurat de durere. Plângând, mi-a spus: "Bine că ai venit. Să nu mai pleci de lângă mine!" Atunci, odată m-am scuturat ca dintr-o toropeală și mi-am zis că trebuie să am grija lui Costică, a copiilor care îi mai am, trebuie să-mi duc pedeapsa lui Dumnezeu cu tărie, căci tot eu sunt mai tare ca ei toți și așa am făcut. Am luat o înfățișare de resemnare, silindu-mă din tot sufletul, să duc rostul gospodăriei, fără ca să sufere. Ca o mașină alergam de dimineață până seara, iar când se însera, prin fundul grădinii, pe sub pomi, mă tăvăleam și urlam, ca să nu mă mai vadă și audă nimeni.

Dar nu era numai durerea aceasta să-mi sfâșie sufletul, mai erau și alte necazuri. În ziua de 22 iunie, armatele noastre, sub comanda generalului I. Antonescu, trecuseră Prutul, alături de germani, contra rușilor. Voiau săracii să spele rușinea, care ne-o puseseră în obraz conducătorii noștri, în cap cu regele, cu un an înainte, când cedaseră teritoriile bietei noastre țărișoare, de parcă le-ar fi scos de la ei din buzunar. În toamna anului 1940, la 6 septembrie, regele a fost silit să abdice în favoarea fiului său Mihai, iar generalul Antonescu a rămas conducătorul statului român. Se știe că înaintau cu succes alături de nemți, dar cu mari pierderi omenești pentru noi.

Războiul acesta nu mai era ca cel trecut. Avioanele, ca și toate armele și muniția de atunci, erau o jucărie, pe lângă "stiuka" nemților de acum. Eram amărâți și plini de emoții. Noaptea, de pe la ora 1 și până la ziuă, alarma ne scula și fugeam cu toții la adăpost. Erau aici la noi, sora mea Agripina cu soțul și doi copii, Jeni, sora lui Costică, cu servitoarea ei și biata baba Stanca, săraca, că tare-i mai era frică! Când auzea alarma, ea fugea întâi, cu șalul pe ea și se ascundea tocmai în fundul adăpostului.

Așa a mers până la sfârșitul lui septembrie, când a căzut Odesa și frontul s-a mai depărtat. Acum puteam spune că era liniște pe aici, pe la noi. Pe acolo, pe unde erau lupte, vai și amar ce o fi fost!

După moartea Agripinei, fetele Elvira și Lilica s-au dus la ferma Voila, ferma căminului Spiru Haret, unde erau și când a murit ea. Acolo se duceau vara, fetele studente cu bună purtare și silință la carte, între care, spre mulțumirea și mângâierea noastră, erau și fetele noastre. Lilica, cam firavă, avusese și un accident. Elvira era surmenată și slăbită de excesul ce l-a făcut totdeauna cu învățătura și a fost bine să se ducă acolo, unde era aer curat, hrană bună și abundentă, supraveghere și îngrijire părintească.

Am venit eu acasă, numai cu Tatiana, care era cea mai robustă, ca să mă ajute la gospodărie și să mă susțină și ea pe mine, în unele momente, când nu mai puteam închide în mine toată durerea. Ea-și luase chiar în anul acela diploma de Educatoare (profesoară la kindergarten), așa că în grele timpuri a intrat și ea în viața socială. Noroc că a fost numită educatoare la o grădiniță de copii, aici lângă noi. Dacă ar fi fost trimisă și ea, cine știe pe unde, nu știu ce s-ar mai fi ales și de noi. Mă uitam în calea ei, când venea de la școală; promitea să fie o dăscăliță bună. Aveam și noi aici o mângâiere, nu trăiam degeaba!

De la Voila primeam mereu vești alarmante. Lilica nu se simțea bine, că murea de dor și alte lucruri de felul acesta. Noi i-am spus să stea acolo, mai ales cu șubrezenia plămânilor ei. Ce era să facă aici, să se bage în adăpost și să stea cine știe cât, cum se întâmplase atunci, când au venit cele două vase rusești, Harkov și Moscova?! Bombardamentul a ținut de la 3 la 9, timp în care n-am ieșit deloc din adăpost. Fusese dezastru mare, loviseră un tren cu muniții, ce se afla în gara Palas și a fost un lanț de explozii. Poți să-ți închipui ce infern era aici! Noroc că bieții C.F.R.-iști (lucrători la Căile Ferate Române) au avut nițică prezență de spirit și tărie; prin ploaia de bombe, au desfăcut vagoanele și le-au scăpat printr-o manevră reușită.

Văzându-ne asediați cu scrisori de la Lilica, spunând că vine acasă, i-am spus să vină. Când a intrat pe poartă și am văzut-o în ce stare era, mi-am închipuit, că loviturile soartei mă pândesc și-mi trebuie multă tărie și curaj, să nu cad și eu.

Când am mers la București, pentru parastasul de 40 zile al bietei Agripinica, eu am mai rămas cu Lilica în oraș. Taică-său îmi spusese s-o înscriu la cămin, la facultate. Eu mi-am zis s-o duc la un doctor bun, să-i facă un examen serios și tot ce va crede de cuviință, să mă asigur de sănătatea ei. Să nu-mi mai musc mâinile, ca după Agripina; poate, dacă luam eu lucrurile în serios, să mă fi dus cu ea la doctor, să fi văzut cât suferă de inimă, poate azi nu mai era în pământ sau, chiar dacă ar fi fost soarta ei și a noastră așa, nu mai aveam eu acum, ce-mi reproșa.

Așa am făcut. După consult, doctorul mi-a spus, că o pată cât unghia degetului mare e pe plămânul ei și trebuie imediat luate măsuri să fie internată într-un sanatoriu. Când am ieșit în stradă, se învârtea locul cu mine. Vântul bătea și vălurile, cu care eram înfășurată, păreau că se împreună cu casele, deasupra capului meu și-mi șuieră în urechi, ca niște cobe negre. Am umblat zăpăcită vreo două ceasuri. Pe Licuriciul meu, care-l consideram sprijinul și lumina bătrâneților noastre, să caut eu acum să o înfund într-un sanatoriu, pentrucă suferă de această cumplită boală?

E o boală care nu iartă, tuberculoza asta, după părerile multora. Ce să mă fac, cu ce am greșit, Doamne, înaintea Ta, ca să mă lovești cu amândouă palmele? Nu era timp de pierdut! Doctorii îmi dăduseră asigurarea, că printr-o îngrijire bună, se va face bine. La ea, boala asta e un accident, nu-i din cauza proastei conformații a corpului ei. Dacă se îngrijește și e cuminte, se va face bine. În adevăr, săraca, cuminte a fost. A renunțat la toate plăcerile tinereții, care plăceri i se puneau la dispoziție și acolo în sanatoriu. I s-a spus să poarte cojoc,

cojoc a purtat, fără să se gândească, că-și ascunde silueta frumoasă. I se cerea să facă cură în aer liber, câteva ore, ea stătea afară 9 ore, zilnic. Urmărind sfaturile și prescripțiile doctorului, a ajuns după 2 ani, sănătoasă și voinică, în brațele noastre.

Atunci, n-am mai pierdut nicio clipă. Cu ajutorul unor oameni de bine, am reușit să-i capăt internarea în Sanatoriul Bucegi în Predeal. Am venit acasă doar să vorbesc cu Costică. Când m-a întrebat dacă am înscris-o la facultate, i-am arătat analiza de la doctor și i-am spus: "Sus inima, voinici! Plecarea în durere e pentru oameni mici! Învinsu-ne-au nenorocirile, dar nu ne vor supune." Eram hotărâtă să iau bani și ce mai trebuie și să mă duc cu ea la sanatoriu.

Tăchiță, actualul ei soț, era aici. I-am expus toată situația, așa cum era și l-am sfătuit părintește, să se retragă cât mai repede, că asta-i boală de durată, nu scapi așa ușor de ea. Să dea Dumnezeu să se facă bine, i-am spus și veți relua legăturile de prietenie și dragoste, chiar.

S-a plimbat prin grădină, mai mult de o oră. A venit la mine și mi-a spus: "Nici nu mă gândesc să mă retrag și nu numai atât, dar iau permisie și mă duc eu să o instalez în sanatoriu. Nu te mai duci mata, în halul de slăbiciune și deznădejde, în care te afli." L-am întrebat în ce condițiuni, dar el a spus că va vedea el, cum stau lucrurile acolo și ne-a promis tot ajutorul lui. A mai spus, că vom rămâne buni prieteni, orice s-ar întâmpla.

Toată încrederea am avut-o în acest copil, care și-a pus la dispoziția noastră ajutorul lui necondiționat, fără să se gândească, că-și risca sănătatea. S-a dus cu ea la sanatoriu și a instalat-o acolo, în calitate de frate al ei. Adevărat, ca un frate a fost, săracul, pentru ea și ca un fiu, pentru noi. De câte ori aveam nevoie să-i trimit câte ceva, el era la dispoziția noastră, cu ostași de ai lui, care erau de prin părțile acelea, iar când putea, se ducea și el s-o vadă și ne aducea noutăți despre ea. Mă rugam la Dumnezeu, s-o păzească de ceva mai rău. Pentru noi, nu era deloc ușor. Aveam o leafă de 7000 lei pe lună, iar la sanatoriu plăteam 1000 lei pe zi, adică 30000 lei pe lună. Mulțumim lui Dumnezeu, că ne-a scăpat-o și tot ce am făcut în aceste grozave timpuri, nu a fost zadarnic. Bine că am văzut-o iar lângă noi, iar datoriile le-am plătit. Cel puțin, le-am făcut cu folos!

Am scăpat și de acest hop. Viața însă, își urmează cursul și în calea ei, nu poate și nici nu trebuie să stea nimeni.

La 26 octombrie 1941, când rana noastră, cauzată de pierderea Agripinei, era vie de tot, s-a căsătorit Elvira, care era logodită încă din februarie 1941 cu Ion Ivănescu.

La un an, la 6 septembrie 1942, s-a căsătorit Tatiana cu Ion Bădică. A fost în aceeași zi, în care, cu 33 ani înainte, făcusem și noi acest pas, legându-ne și unindu-ne în fața lui Dumnezeu și a oamenilor, să fim tovarăși nedespărțiți și să împărtășim durerile, necazurile și puținele bucurii, cât ni le-a rânduit Cel de sus. Am fost de acord și i-am binecuvântat, mai ales că o încredințam unui om, despre care știam bine, că-i sănătos la minte și la trup. Ei au fost niște copii buni și înțelepți și au ținut socoteală de starea noastră de atunci. Tatiana, mititica, a renunțat la ceva, la care o fată tânără ca ea, rar renunță. N-a voit să se îmbrace mireasă, gândindu-se mai ales la tată-său, despre care știa cât de puțin preț și chiar deloc, punea el pe forme de astea. Eu n-aș fi fost contra, că odată era mireasă, dar ea n-a vrut, nici în ruptul capului. Le-am spus să stea cu noi, ca puișorii pe lângă cloșcă, să împărțim cu toții necazurile vieții, care devine tot mai grea și așa a fost.

La vreo 9 luni după ea, la 6 iunie 1943, s-a căsătorit Lilica, așa că în cinci ani am măritat patru fete. Purtată de valurile și grijile, care apăsau asupra noastră, nu mi-am dat seama decât după căsătoria ei, că noi nu mai aveam copiii noștri, pe lângă noi. Fiecare are rostul ei, așa cum e firesc să fie. M-am îngrozit însă, când am văzut, că floricelele mele, nu mai sunt numai ale mele. Prin urmare, noi vom rămâne iarăși numai amândoi, ca-n tinerețe, cu deosebirea că atunci am pornit în viață umăr la umăr, să o înfruntăm, acum mergem noi, dar mai poticnindu-ne, așa.

Ce pot să spun? Predau în mâinile copiilor mei, fete și gineri, armele, cu care noi am luptat în viață. Armele sunt grele, dar sunt sigure și nu vor avea de ce să-și plece niciodată fruntea. Luptând cu cinste, dreptate, adevăr și curaj, vor merge greu în viață, dacă timpurile continuă să fie tot așa. La culegerea roadelor însă, vor vedea că tot așa e mai bine. Ne bucurăm și mulțumim lui Dumnezeu, că ne-a făcut parte de gineri buni și cuminți, toți, fără excepție, și asta e un lucru rar, mai ales acum, când lumea e așa de rea și perversă. Dacă am fi fost mai bătrâni, să nu mai putem munci, puteam zice și noi ca și dreptul Simion: "Acum slobozește pre robul Tău, Stăpâne, după cuvântul Tău, în pace, că văzură ochii mei, mântuirea Ta!" Pentru că mai putem munci și alerga încă, spunem: "Mai dă-ne, Doamne, putere, tărie și zile, să mai putem munci și să-i ajutăm pe copilașii noștri, că în grele vremuri și-au mai început viața!"

Și ca să se confirme cele dorite și spuse de mine, la vreo două săptămâni după nunta Lilicăi, Tatiana mi-a pus în brațe un nepoțel, pe Dănuț, dragul Bucuchii! E băiețel și nu mai pot de dragul lui, mai ales, că el crește pe mâinile mele. Toată ziua-i cântă lui, Bunica: "Are Bunica un băiat, un băiat", sau "Ciocârlan cu tulpan, ciocârlie cu tichie!" îi făceam băiță și mă uitam la el, cum crește, ca din apă. Deși cu greutăți și necazuri, mulțumesc Providenței, că-mi dăruiește o viață normală, așa cum trebuie să aibă orice pământean. Cine n-ar dori să aibă niște fete ca niște flori, niște gineri buni și cuminți, ca ai noștri și să mai aibă, pe deasupra, niște îngerași de nepoței!

M-am ocupat numai de chestiuni pur personale. Am lăsat în umbră desfășurarea evenimentelor din țară. Nu s-a întâmplat nimic deosebit. Dacă nu ne-ar fi mai făcut rușii câte o vizită matinală sau nocturnă, să ne mai aducă aminte că suntem în război, am fi putut spune, că suntem liniștiți aici. Frontul de răsărit a mers din succes în succes pentru noi, dar mai ales pentru aliații noștri germani. Viața cetățenilor noștri nu-i prea stingherită. Tactica războiului e mai înțeleaptă ca în 1916, când trimisese pe front tineri din contingentele 1902, 1903 și tot așa până la 1916 și chiar 1917, 1918, de nu se mai pomenea picior de om tânăr prin țară. I-a măcinat săracii destul și acum, dar mai vezi oameni tineri și acasă, capabili de a face ceva pentru ajutorarea celor rămași. Băieții noștri, afară de Lușu, soțul Agripinei, au fost pe aici, cu formațiile lor. În această vară a anului 1943, dăduse Dumnezeu o frumoasă recoltă de caise. Ne blagoslovise Dumnezeu numai cu recolta, nu și cu parale. Erau prețuri derizorii, cum se întâmplă, când e recolta abundentă.

Cam în prima jumătate a lunii august, a venit după front Ion Fățoi, unul dintre mulții mei copii de suflet. Acesta însă s-a băgat mai mult în sufletul meu și după ce s-a mărit, nu a răcit relațiile cu noi, ba spunea săracul, că el la umbra părintelui Costică a crescut. Avea însă o presimțire continuă, că odată dus înapoi, s-a zis cu el, ori se curăță, ori prin stepele Rusiei îi vor putrezi oasele. Ne-a ținut la curent cu starea lui până în aprilie 1944, când a căzut prizonier și de atunci, noi personal n-am mai știut nimic de el. Familia lui a mai aflat ceva vești, a primit și vreo două misive chiar de la el, dar atât. Regretăm mult. A crescut în casa noastră, i-am cunoscut viața grea și era un om de onoare.

Anul 1943 ne-a mai dat o lovitură. La 26 octombrie am îngropat pe Mitică, fratele meu, care semăna așa de bine cu mine fizicește și sufletește. Sufletește, semănam toți opt, unul cu altul. Dragostea frățească nu s-a micșorat, deși anii au trecut peste noi și viața cu ale ei capricii și greutăți. Nici intervenția soțiilor cu capriciile și curiozitățile lor, n-a răcit cu nimic sentimentele noastre. Am rămas aceeași ca acum 20-30 ani, când ne strângeam la cuibulețul părintesc, unde avea loc cea mai strânsă și călduroasă întâlnire și cel mai frumos și creștinesc exemplu de petrecere.

Fetița lui, mititica, Lidia, este împreună cu mama ei Marusia, în sânul familiei noastre, tot așa cum era și cu Mitică. E o copilă bună și moștenește mult din firea tatălui ei.

Anul 1944 ne-a găsit strânși pe toți aici, afară de Elvira, mititica, care a rămas în București. Celelalte două au fost cu mine, aici în casă. Am crescut și noi un băiețel. Soțul Tatianei a fost cu regimentul lui prin diferite locuri: Constanța, Medgidia, Carmen-Sylva. Tăchiță al Lilicăi era comandantul unei baterii pe malul mării.

De la dezastrul de la Stalingrad, armatele noastre, împreună cu cele nemțești, băteau mereu în retragere. Deși Rusia era mare și până la front erau sute de kilometri, începusem să ne îngrozim, că mereu eram dați înapoi. Anglo-americanii tot cântaseră mereu, că ei se vor consolida și va fi vai și amar de cei ce înaintează așa acum. Și așa a fost. Germania era mereu pisată de bombardamente, dar noi ne cam odihnisem până la această dată. Când și când, ne mai aminteau rușii, că suntem în război, dar nu putem zice că am suferit.

În ziua de 4 aprilie 1944, pe care ne-o vom aminti mereu, am cunoscut și noi, românii, groaza și nenorocirea războiului modern. O ploaie de bombe, lansate de nu știu câte sute de avioane, s-a abătut asupra Bucureștilor, pe la ora 13, când oamenii se adunau la casele lor. A pisat, în special, cartierul C.F.R. Grivița și Gara de Nord, cauzând multe și mari nenorociri. De vieți omenești, nu mai vorbesc, că nu se mai știe câți și cum au murit, săracii! De atunci, mereu ne vizitează. În București există un cimitir pentru aceste victime, numit 4 Aprilie.

Ne-au bombardat și pe noi, rușii. Au început marți, pe la ora 20 și am stat în adăpost și cu Dănuț, până la ora 1 din noapte. Asta se întâmpla în săptămâna patimilor și ne gândeam, cine știe ce fel de Paște vom mai avea!? Ne-au pisat ei nițel și au risipit și ai noștri nițică muniție, dar fără vreun folos pentru unii sau alții. Ne-am speriat mai mult.

Acum am văzut și cât de slăbit este sistemul meu nervos. Mi-era frică, mi-era frică și-mi este, când mă gândesc numai, la bombardament. E un sentiment pe care nu pot să-l definesc sau să-l înfrânez, nu reușesc. Cu viața pe care am dus-o, nervii mei au avut de ce slăbi. Ce deznădăjduită umblam prin casă! În loc să facem curățenie, așteptând Sfintele Sărbători, golisem casele și împachetasem din lucruri, să venim la grădină, căci, de când căsătorisem cele două fete mici, ședeam cu toții în casa parohială din Palas C.F.R. Ne speriam însă de giganții americani, care mereu pisau Bucureștiul, Valea Prahovei și-și anunțau mereu vizita prin întreaga țară. Nu s-au lăudat degeaba.

Duminică, 11 iunie 1944, la ora 8 dimineața, am auzit alarma prevestitoare. Ne cam obișnuisem însă și nu prea-i mai dam atenție. Când soseau la graniță, se comunica la radio, direcția în care o apucau. Nu știu cum se făcea, dar ocoleau Constanța. Trecuseră vreo trei sferturi de oră și nu se auzea nimic. Voiam să așez ceva la foc și mă îmbrăcam să mă duc la biserică. Deodată, se auzi un zbârnâit îngrozitor, iar dinspre vest, se vedeau avioane albe și lucioase, ca niște păsări veninoase, înaintând spre Constanța. Am luat pe Dănuț în brațe și am fugit cu el, în adăpost. Imediat, adăpostul s-a umplut de lume, care venea îngrozită. Începuse ploaia de bombe.

Aveam aceeași senzație, ca atunci, când C.F.R.-iștii descărcau vagoanele cu piatră. Cum șiroiau pietrele printre coarnele furcilor de fier cu care descărcau, așa șiroiau bombele din avioane. Au dat peste 600 bombe, numai aici, deasupra atelierului și societăților. S-au învârtit pe deasupra noastră, dar țintele lor, atelierul C.F.R. și depozitul de la hipodrom, n-au fost lovite. Au făcut însă destul dezastru, căci au lovit un colț din cartierul Brătianu, distrugând locuințe și făcând multe victime omenești. Costică era cu Lilica în biserică, iar biserica era plină de lume. El le-a spus: "Care vă temeți, fugiți la adăpost, că sunt destule în jurul bisericii". Nimeni n-a voit să iasă și au spus: "Stăm cu Sfinția ta, aici, părinte! Ce o vrea Dumnezeu!" Atunci el, cu toată lumea în genunchi, a întrerupt slujba, care era aproape de Evanghelie și cu toții cântau "Cu noi este Dumnezeu!" Enoriașii noștri spun, că de aceea nu a căzut nicio bombă, fiindcă a stat părintele cu ei în biserică. Curios, de altfel, pe lângă grădina noastră au căzut vreo 90 bombe, dar ne-a apărat Dumnezeu. Invazia a durat vreo 20-30 minute. După ce au plecat, lumea a început să iasă din adăpost și să comenteze.

Aici notez ceva nostim. În adăpost fusese și baba Mița, cea care spală rufele la noi și la alții. Ea e surdă, săraca. Vedea și ea că vorbește toată lumea, hai să zică și ea ceva. O văd că se închină: "Nu i-ar mai răbda Dumnezeu! Doamne, Doamne, ce groapă mare, dar să mai fi dat și bombe!!!" Ea nu auzise bombardamentul, credea că au venit așa, doar să ne sperie. Tocmai când s-a dus în Brătianu și a văzut dezastrul și-a dat ea seama: "Dar vezi, cucoană preoteasă, ce a ieșit acuma, că nu fac nici un zgomot."

Ce mult aș vrea să fiu și eu ca baba Mița, în aceste timpuri! Am plecat până seara la Valea Seacă, unde închiriasem o cameră la un localnic, pe nume Morcov, ca să fim mai la adăpost de bombardament. Acest sat este la vreo 14 km de Constanța și o mulțime de lume se refugiase aici. Nu știu cum se făcea, dar pe noi, bombardamentele serioase ne găseau, tot acasă. Eu veneam ziua mereu acasă, ca să nu-l las pe Costică singur, cu toată gospodăria noastră, de unde el n-a vrut să facă niciun pas în afară. "Întâmplă-se orice, eu nu plec de aici", spunea el. Noaptea, când auzeam alarma și avioanele, făceam crize de nervi. Atât doar, că nu mai trebuia să intrăm în adăpost, dar liniște tot nu aveam. Se auzea bubuind și mă gândeam la Costică, Ion și Tăchiță. Era vai de lume, să fim numai noi aici și pe ei să-i știm acolo.

În prima jumătate a lui iunie am primit o scrisoare de la Elvira și soțul ei Ion Ivănescu, care se refugiaseră la pădure, la ei, în județul Dâmbovița. Elvira își aștepta ceasul să nască, în jur de 20 iunie și se temea de prima ei naștere. Am vorbit cu Costică, că ar fi bine să mă duc s-o ajut și pe ea, că tot copilul nostru e și e izolată acolo. Le-am comunicat planul nostru și ei m-au așteptat, plini de bucurie. Vai, cât îmi era de teamă, că un bombardament ar putea surprinde trenul pe linie. Deseori, începea alarma, trenul se oprea pe câmp și fiecare fugea, care încotro, dar eu nu mai am agilitate. Ce o vrea Dumnezeu! Am stat întâi să tăiem moțul lui Dănuț, care a împlinit un an pe 18 iunie.

Am plecat a doua zi, însoțită de un ostaș de la Tăchiță din baterie, care mergea și el la București. Ne-a ferit Dumnezeu, nu s-a întâmplat nimic. A doua zi, mi-am continuat drumul spre Târgoviște, unde mă aștepta Ion. Am făcut cu trăsura drumul până la Ungureni, satul lui natal, la 14 km de Târgoviște. Noi, însă, am mers la pădure, unde e proprietatea lor, la vreo 2 km de sat. Ei au o căsuță acolo.

Drumul a fost foarte frumos. Nu-mi mai era frică. Am dorit așa de mult o regiune ca asta, toata viața mea; e o regiune liniștită, la poalele munților, nu cu vifornițe și bătăi de vânturi, ca pe la noi. Mi-ar fi plăcut să fiu aici primăvara, să aud cântecul păsărilor în pădure, să simt mirosul de fân verde și moale ca mătasea, să-mi odihnesc mintea și corpul în flori de tot felul. Cu fața în sus, cu ochii la cer, parcă simt mai mult puterea lui Dumnezeu, decât în zburleala vânturilor și capriciile atmosferei de pe lângă litoral.

Marea are și ea farmecul ei. Când am venit la Constanța, îmi plăcea foarte mult. De multe ori, când găseam pe cineva de încredere, să las copiii mei mulți și mărunți, îmi luam sau nu lucrul de mână, mă așezam pe o bancă la bulevard să ascult sunetul mării sau o priveam când era liniștită și îmi pierdeam privirile în nesfârșitul ei. Îmi plăcea mult și când o vedeam agitată; mă apropiam de barele acelea sau mă așezam departe, pe dig. Alte ori, mă duceam la baie și intram în apă, când vedeam talazurile acelea mari. Îmi plăcea să mă bată în spate, să-mi treacă peste cap și-i ziceam: "Nebuno, nu te repezi așa, că în loc să mă tem de tine, trec în spuma valurilor tale și-mi regenerez corpul și chiar și sufletul!" Mi-a plăcut atunci, se potrivea firii mele neastâmpărate sau poate era ceva nou, ce eu nu mai cunoscusem până atunci. Acum, nu o mai iubesc deloc. Câteodată, când merg spre oraș, văd marea, dar nu mă mai atrage, nu-mi mai face nici o impresie!

Să revin, deci, la șirul povestirii mele. Elvira ne aștepta. Era cam palidă, tristă și îngrijorată. Dar eu? Eram cu inima cât un purece, cum eram și când Tatiana l-a născut pe Dănuț. Eu nu mai pot fi altfel. Am fost așa de crunt lovită de acest eveniment, că nu pot avea decât o stare de groază, când timpul se apropie!

Am stat acolo la pădure, până vineri, 23 iunie, când am plecat cu o mașină la Târgoviște, unde am luat o cameră la o grecoaică, d-na Zopa, o babă de vreo 88 ani. Aici eram hotărâtă să stau, până Elvirei îi va veni ceasul și pe urmă să o instalăm la maternitate, unde Ion făcuse formalitățile pentru internarea ei. Până seara, însă, au și apucat-o durerile de naștere și am și dus-o la maternitate. Eu am rămas singură în camera ce închiriasem, căci la maternitate se plătea 1000 lei de persoană, pe zi și mie mi se părea că le fac economie, dacă stau aici cu 2000 lei pe 10 zile. N-a fost bine, însă, că tot am cheltuit cu drumurile, cu hrana și nici nu eram în permanență cu ea. Ne hotărâsem așa și așa a rămas.

Seara s-a dus Ion la spital. Eu nu eram în stare să mă duc și ei, săracii, voiau să mă scutească de emoții, mai ales că nu-i puteam fi de nici un folos. El mi-a spus, că nu va veni până ce nu o va vedea sau până ce nu va auzi că s-a ușurat. Eu mi-am făcut patul, să mă culc. Dar ce, era posibil? Stăteam cu lumina aprinsă, cu o carte în mână, la care mi-era imposibil să fiu atentă. Ca să reușesc să mă mai liniștesc, am început să privesc tablourile, care erau pe pereți, ai diferiților oameni mari, ai Greciei: regi, colonei de prin armata lor, etc.

Am uitat să spun, că această odaie, era un adevărat bazar: tablouri mari, foarte bine lucrate, în care oamenii erau reprezentați în mărime naturală și păreau că-s gata să vorbească și o mulțime de bibelouri mici, care nu aveau nici o însemnătate.

Mă uitam la tabloul lui Venizelos (politician, 1864-1936), care era chiar în fața mea. Era un om mare de statură și mă întrebam ce-o fi fost sub fruntea aceea înaltă, de a știut el să-și conducă țara și poporul așa de bine? Fiecare țară își are oamenii ei, numai că unii își fac renume ducând țara la dezastru, cum a fost Hitler, al Germaniei. Alții, puțini la număr, au inspirații dumnezeiești și-și scapă țara și neamul de dezastru. Oare din lumea lui, de acolo, marele Venizelos o fi venind în ajutorul cuiva, să-i îmbărbăteze și să-i sfătuiască să nu intre în război? Deodată, văd că perii capului lui au început să se miște, ca și rama tabloului. Mă ridic într-un cot și mă uit atent..

De la moartea Agripinei încoace, ca oricare persoană ce a avut această nenorocire, m-a interesat chestiunea spiritistă. Aș fi fericită, să cred cu convingere, că mi-aș găsi liniștea în acest fel. Dar eu nu mă pot convinge. În toate împrejurările, în care am luat și eu parte, am constatat că cei mai convinși, nu mă pot convinge pe mine. Ba mai mult, am văzut că unii sunt farsori și alții sunt cam săriți după linie. Ei își închipuie, că ei au descoperit totul și totul se reduce la constatările și practica lor, deși aceasta e o problemă de nepătruns. În adâncul sufletului meu, cred că putem comunica cu cei plecați, dar nu când vrem noi și nu ca să ne prevadă viitorul și să ghicească ceea ce noi vrem să știm. Sunt lucruri mai înalte și greu de pătruns!

Cum eram cuprinsă de aceste gânduri, am avut impresia că Venizelos vrea să-mi comunice ceva, știind că am și eu a noua spiță la roată ceva sânge grecesc în mine. Mă scol în genunchi și mă apropii de tablou, care era foarte aproape de pat, casa fiind joasă tare. Care nu mi-a fost mirarea și surprinderea, când am văzut după cartonul, ce era chiar la nivelul capului, ieșeau legiuni întregi de ploșnițe. Ele simțiseră carne de om, de care probabil, nu mai avuseseră parte demult și acum plecau la ospăț. N-am văzut în viața mea așa ceva! Am întins ziare pe pat și cât ai număra până la o sută, se umpleau de ploșnițe. Le strângeam și le băgam în soba de teracotă. Poate și-or fi mutat sălașul acolo! Destul, că am avut de lucru cu ele, până pe la ora 23.

Atunci a venit Ion și mi-a spus foarte emoționat, că Elvira a scăpat și au o fetiță. Încă o nepoțică! Mi-a mai rămas Lilica datoare. M-am înapoiat la Palas pe la 14 iulie. Domnul Sfânt m-a apărat, ca și la ducere și nu am întâmpinat nimic rău. Mi-am luat cursul obișnuit al vieții. Ziua eram acasă, noaptea mai mult la Valea Seacă. Așteptam mai mult tembelizați, decât înfrigurați, desfășurarea variatelor evenimente.

Nemții descoperiseră arma V1 și Doamne, multă nădejde mai aveam! Pentru un popor vrednic, muncitor și solidar ca al lor, chiar nu era de așteptat să aibă acest sfârșit. Au primit această răsplată, fiindcă fanaticul Hitler, când a înnebunit tot poporul și a pornit în această acțiune, n-a avut la bază decât crima! Câte vieți omenești n-au fost risipite, pe piedestalul cărora, s-au ridicat ei! Și deși făceau paradă de războiul crucii și al dreptății, în fond au ridicat sabia și au suprimat atâtea vieți omenești. Cuvântul Domnului spune: "Cine ridică sabia, de sabie va pieri!" Așa s-a văzut în decursul veacurilor și se adeverește iarăși, că toate în lume vor trece, dar cuvântul Domnului nu va trece!

Să vedem Maniu al nostru, săracul, ce va face. El nu a fost în stare să ridice sabia asupra nimănui. Viitorul ne va arăta. Destul că el a reușit să fie în contact, să i se asculte părerile de toți oamenii mari de pe glob, recunoscându-i-se capacitatea și valoarea, fără să ridice un deget asupra nimănui! Ca probă, în noaptea de 23 august 1944, el, marele om al neamului nostru, împreună cu alte persoane importante au fost ascultați și au hotărât soarta țării noastre. Ce bine era, dacă era ascultat de când profețea mareșalul Antonescu, să nu meargă mai departe, poate am fi pierdut mai puțini oameni și n-am fi avut atâta dezastru în țară. Greșeli de tactică o fi avut și el, dar în privința moralei și a sentimentelor creștinești, e unic!

Dar vin rușii! Prin actul de la 23 august, semnat de noul guvern, format din mai mulți militari (președinte fiind generalul Sănătescu) și alții, printre care și Maniu, se încheiase un armistițiu cu rușii, care veneau, veneau călare. Noi ne bucuram, că vor veni la noi în alte condiții. Curând, însă, a intrat panica în lume și în armată chiar, că ei nu veneau deloc ca aliați, ci veneau ca ocupanți, făcând blestemății pe unde treceau, dezarmându-ne armata și câte și mai câte.

Ne-am luat angajamentul, să luptăm alături de ei, contra nemților, ca să ne recâștigăm Ardealul și acum uite ce a ieșit! Nu-i locul să vorbesc prea mult aci, nu știu ce va aduce viitorul și ce va trebui să știți voi, micii mei nepoți, despre aceste timpuri... Destul, că nu-i primeam deloc cu plăcere pe aliați.

De prea multă dragoste și simpatie, nu s-au bucurat ei niciodată. Nu a fost un popor sincer și civilizat nici în vremea țarilor. Acum, cu atât mai mult, ne temem de ei, știind că nu mai au nici aceeași credință și religie cu noi. Noi trăim timpurile astea, cei ce vor veni după noi, nu pot ști, cum a fost. N-aș voi ca aceste însemnări ale mele, să fie luate ca neadevăruri din punct de vedere istoric, pentru cel ce le va citi. Deci, atât despre asta!

Și au venit rușii! Întâi ne era frică și pe stradă, când îi vedeam. Pe urmă, ne-am mai obișnuit, dar tot nu-i primeam și priveam cu drag. Se găsesc și oameni care-i acceptă și încă în întregime. Ne bagă pe gât obiceiurile lor, ca bune și vor să ne facă pe toți să credem, ceea ce vor și cred ei. Greu are să fie! Poporului nostru nu i se potrivesc asemenea obiceiuri. Oricât suntem noi împresurați de slavii ăștia, în vinele noastre curge sânge latin și tot am supt noi lapte de la lupoaică!

Nu știu ce aș mai putea adăuga. Ducem o viață grea, de sclavi aproape, suntem liberi doar cu numele. Se fac siluiri, suprimări și răsturnări, deși în armistițiul încheiat, Rusia făgăduia, că nu se va amesteca deloc în interesele, religia și conducerea țării noastre. Oficial, nu se amestecă, din contră, trâmbițează că ne ajută și ne face concesii, dar au în conducerea de aici, oamenii lor.

Așa-i în lume, peștele cel mare înghite pe cel mic. Bine ar fi ca în peștele mic să nu fie prea mult suflet și caracter, că poate ar merge lucrurile mai bine și pentru unii și pentru alții... Ce să-i faci, suntem toți creaturile lui Dumnezeu, numai că pe unii i-a făcut peștele cel mare! Noi, personal, o ducem greu de tot și întrevăd că o s-o ducem și mai greu.

Din cauza schimbării regimului și a oamenilor noi, Costică e azvârlit de prin toate părțile, de unde a muncit timp de peste 20 ani. E suspectat, perchiziționat, dar înfruntă toate cu răbdare și nădejde în Dumnezeu. În această privință, eu sunt mai fără răbdare. Poate domeniul cunoștințelor mele e mai restrâns și nu pot cunoaște îndeajuns și nici judeca situația internațională. Mă sprijin pe umărul lui, mă bazez pe mintea lui înțeleaptă și aștept. Să dea Dumnezeu răbdare tuturor și mie.

Întâmplător, în ziua de 17 iunie 1945, se căsătorește o nepoată a mea, cam tomnăticuță, Lenți, bună prietenă cu Agripina mea. Ea este fata Voichiței. Soțul ei e un alt nepot, tot cam tomnăticel, generalul

Ilie Iulian Iliescu. Cum tanti Aneta este primitoare și alergătoare, fără preget, vin să facă nunta aici, în urma unei promisiuni, pe care am făcut-o eu, cu mult înainte. Mi-a părut bine, cu această ocazie venind alte rude, frați, nepoți, cu care greu ne mai întâlnim altfel. Noi am fost nunii mari. Mi-am adus aminte de o întâmplare, pe care o voi scrie în acest jurnal.

N-am să mai fac nuntă la mine în casă. Fac totul cu tragere de inimă și plăcere, dar nunțile ies totdeauna cu bucluc. La nunta Lilicăi am avut un spion politic. Știți cum se întâmplă la nuntă, unii vorbesc unele, alții altele și uite așa, la câtva timp după nuntă suntem toți chemați la poliție: Lilica, Tăchiță, Costică, eu. Hai cu toții, să dăm declarații! Noroc, că procurorul a fost un om înțelegător. A pedepsit doar pe cel ce nu-și ținuse clanța, vorbind contra oamenilor și a stăpânirii de atunci, dându-i o trimitere disciplinară pe front. El, fierul rău, nu s-a prăpădit și curând, după schimbarea vremurilor și a oamenilor, s-a întors în aceeași funcție, de unde plecase.

Acum, cu vreo 2-3 zile înainte de nunta nepoților și nunia mea, mă pomenesc cu un C.F.R.-ist de aici, consătean cu mine, că vine cu o cutie cu 5 fiole, ca niște sticluțe, pe care era scris mare, Penicilină, și cu o mulțime de detalii scrise pe cutie, la care eu m-am uitat ca mâța în calendar, că erau scrise într-o limbă străină. "E un medicament de valoare, maică preoteasă, s-a făcut Curcilă (Churchill) bine cu el!" Mi-a cerut 15 mii lei pe el și mi-a promis, că dacă mai vreau, mi-aduce 50 flacoane de astea, pe care pot să le vând cu 50-100 mii lei flaconul. Mi-am zis că scap de sărăcie. Mă gândeam să le dau fraților mei, dacă vor fi bune și se vor căuta.

Când au venit frații mei la nuntă, le-am arătat miraculoasa cutie și ei mi-au confirmat că medicamentul e, în adevăr, prețios și leac pentru multe boli. Spre norocul meu, amicul cu cutiile, n-a mai venit, le-a vândut altora. Au fost descoperiți și închiși cu toții. Eu nici nu știam, că aici se fac afaceri mari cu Penicilina. La interogatoriu, zăpăcitul meu de consătean, crezând că-și face un titlu de glorie și-și va ușura din vină, a declarat că a dat și la copiii părintelui din sat de la el, care acum sunt domni mari la București. M-a băgat pe mine și pe frații mei în bucluc. M-am pomenit, în noaptea de 6 august, cu ordin de la Prefectura Poliției București, să fiu ridicată și dusă acolo imediat. Bietul Costică, nu prea înțelegea el, dar în cele din urmă a trebuit să mă expedieze imediat, că veniseră să mă ridice chiar cu duba.

M-am dus și am dat declarația și am predat și Penicilina, pe care n-o vândusem, spre norocul meu. Judecătorul mi-a zis să o dau, să o vadă și el, că deși judeca acest proces de o lună, i-a descoperit pe infractori, dar corpul delict nu se găsește nicăieri! Până am ieșit la suprafață, îmi cam sărise mie calda, când am văzut că am perspectiva să dorm, cel puțin noaptea aia, în beciurile poliției. Am avut prezență de spirit la declarație, nu mi-am pierdut cumpătul deloc, ba încă l-am înfruntat pe un domn, care vroia să mă facă să-l mituiesc, ca să mă încerce, să vadă cât sunt de vinovată. Mi-am zis atunci: "Câte am pățit și tot am să mai pat!"

Chiar pentru asta, m-am hotărât să însemn întâmplarea, ca să se vadă, că numai pe scările tribunalului și poliției nu mai fusesem! Soarta te trimite și pe unde ți-e voia și pe unde nu ți-e, trebuie să le pățești pe toate! Acum, așa mai în surdină: "Nu cumva oi fi și eu de vină, că nu mă astâmpăr și-mi bag capul în toate celea?" Dar dacă-mi bag capul, nu-i oare tot destinul de vină? Dacă n-aș fi fost predestinată să pățesc atâtea în viața mea, nu m-ar îndemna să mă bag în toate cele și aș sta liniștită, sau ce aș întreprinde ar fi fără greș și mi-ar merge totul în plin. Eu sunt fatalistă și tot la această concluzie ajung.

Partea 5 (1948-1949)

Am luat din nou hotărârea să scriu în caiet, prin februarie 1948.

Copiii au plecat de lângă mine. Tatiana e mutată la Brătianu, unde are postul ei, la grădinița de copii. Lilica s-a mutat și ea în oraș. Nu mai putea sta aici, din cauza timpului rău de iarnă și a programului prea încărcat al lui Tăchiță. El nu mai prididește să mai piardă timpul pe la mașini și trenuri, așa că am rămas iar singură. Singură nu prea sunt eu, că Dănuț, nepoțelul Bucuchii drag, și-a cam mutat domiciliul aici. E foarte voi și s-a atașat mult de noi. De părinții lui nici nu se sinchisește, ba spune că-i iubește și pe ei, dar așa mai puțin, că ei sunt părinți provizorii.

Când recitesc, văd că am făcut greșeli de gramatică. Scriind, nu prea mi-am dat seama, că fac o recapitulare a celor trecute și ar fi trebuit să scriu la timpul trecut, iar eu am folosit prezentul.

Am mai căutat eu să corectez, dar se observă. Poate era mai bine să nu scriu direct aici, dar nu pot face altfel. Când am dispoziție să scriu, imediat mă apuc și mi se pare, că are mai mult farmec. Copia nu prea-mi place. Originalul, asta-i!!! De altfel, nici nu intenționez să fac din caietul meu o operă de artă. Mai trebuie mult până acolo! N-am căderea, chiar dacă Dumnezeu m-a înzestrat cu o memorie bună și cu plăcerea de a scrie și povesti...

Cred că-i bine și așa. Niciodată n-are să ajungă povestirea, decât în mâna celor apropiați ai mei, care nu cred că m-ar bârfi sau râde de mine.

Ia să mai arunc 2-3 rânduri, fiindcă azi e sărbătoare.

Chiar două rânduri am aruncat! Nu știu cine a venit și m-a întrerupt, așa că nu știu ce voi fi avut în gând să scriu în acea zi de sărbătoare.

8 noiembrie. Să încerc azi, că-i tot sărbătoare, Sf. Mihail și Gavril, și poate reușesc să scriu, fără să mai mă întrerupă nimeni. Nu știu ce aș mai avea de spus, deși ar fi destule, în privința stării de lucruri, din ultimii doi ani. Parcă și fenomenele naturii s-au unit cu celelalte pedepse căzute asupra noastră, de parcă ar fi contra omenirii, de parcă ar dori distrugerea ei! Doamne, Tu ai sădit cu dreapta Ta această vie; vrei să o pârjolești cu foc, secetă, foamete, molimi și alte rele? Sau poate ne dai aceste pedepse, ca să ne întoarcem ochii și sufletul către Tine? Noi știm din cuvântul blândului Iisus, că Dumnezeu nu vrea moartea păcătosului, ci să se întoarcă și să fie viu. Probabil, că El vede, că nu ne întoarcem, ci mai rău alunecăm pe panta pieirii și de aceea nu încetează cu pedepsele.

În acești din urmă ani, a bântuit seceta în diferite părți ale țării. În Moldova n-au avut numai lipsă de ploaie, dar și alte nenorociri; uraganele, urmate de grindină le-au stricat toată recolta (le-a mâlit tăt, tăt, cum zic ei). I-a făcut de și-au luat lumea în cap, săracii, de au venit și pe aici și prin alte părți ale țării, pe unde aflau de mâncare și de lucru. Chiar și noi am ținut aici, o familie compusă din șapte persoane, tată, mamă și cinci copii. Și-au luat tălpășița, când a dat frunza verde și au auzit că-n Moldova au inceput ploi, iar la noi se arată o secetă fioroasă. Ne-au mai și pișcat pe noi, din ce le-a stat la îndemână! Așa a fost la noi totdeauna, poate de aceea n-am dat înainte deloc.

Vara următoare, adică în 1947, s-a pornit seceta și sărăcia și pe la noi, pe aici. N-a căzut o picătură de ploaie de la 7 februarie până la 18 iulie. Păioasele (cerealele) le-a fript de tot, mai ales că grâul degerase din cursul iernii. Porumbul, săracul, nu știu cum o fi răsărit așa din țărânâ, dar după 18 iulie, când s-au pornit ploi bune, creștea ca din apă. A dat Dumnezeu de s-a făcut, dar ploile fiind târzii, toamna l-a apucat verde. Bieții oameni au suferit de pelagră și de lipsuri, chiar, că porumbul verde nu s-a putut măcina.

Niciodată n-am suferit și n-am văzut mizeria rânjindu-și colții, ca în primăvara și vara aceea. Noroc cu biata văcuță cu lapte, că altminteri, cred că gaia ne lua! Ajunsesem de mâncam un amestec din tot felul de cereale, trimise de gheții (bieții) americani, pe care ei le întrebuințau la îngrășatul porcilor. S-au gândit să le trimită prin diferite instituții, să împartă și la populație și atunci am gustat și noi din această pomană americănească. Era foarte bună cu lapte, dar puțină! Adusese odată Tăchiță, vreo 6 kg de mălai, cu 380.000 lei kilogramul și umblam așa veselă și mulțumită cu el în brațe, mi se părea că am chiar un vagon de mălai și o să-mi ajungă cine știe cât! Îl făceam terci cu lapte, să-l mâncăm și încă ni se părea că-i bine. Ziceam: "Doamne ferește-ne de mai rău!" și dreptate aveam! Vorbeai de milioane, cum ai fi vorbit inainte de 100 lei, poate și mai puțin.

După războiul din 1916-1919, auzeam și noi, că se duceau la piață cu coșul cu coroane și ne miram, cum vor fi putând trăi și să mai țină socoteală și la bani! Acum, când au ajuns timpurile și la noi așa, ne obișnuisem cu sutele de mii și milioanele, de parcă ne făcuse mama cu milioanele în mână! Conducerea țării noastre avusese grijă de bătuse la hârtii de 100 mii lei, 500 mii lei și milioane chiar, așa că noi nu trebuia să ne ducem la piață cu coșul de bani, tot în poșetă îi căram, căci aveam valoarea la noi, nu cantitatea, nenorocirea era însă, că era hârtie!

Începuse să transpire zvonul, că se va face stabilizarea banilor, care se vor numi "daci", nu lei; alții spuneau că se vor ștampila numai. În fine, se comunica oficial, că din 15 august 1947, va începe stabilizarea. Ce febrilitate, ce neastâmpăr! Fiecare se întreba, cât va prețui milionul, mai ales cei ce vor fi avut multe milioane. Pe noi ne ferise Dumnezeu de această grijă! Nu era voie să schimbi decât trei milioane, oricâte ai fi avut. Trebuia să le declari întâi și pe urmă să te duci să iei schimbul, 150 lei stabilizați, pentru cele 3 milioane lei. Începusem iar viața, de la început, cu buzunarele goale! Dar cel puțin, eram toți la fel și asta era bine.

Singura dată în viața noastră, când a venit ceva, fără să ne izbească prea rău. Am privit cu zâmbetul pe buze și chiar cu ironie, când se făceau tot felul de comentarii. La centrele de schimb, lucrau învățătorii și profesorii, printre care și Nicu Săndulache, soțul surioarei mele Agripina. S-a prezentat la el un cetățean pletos, țigan de origine: "Conașule, săr'mâna, hai să facem așa cum e bine, să nu ne mai știe boierii ăștia! Faceți cum credeți dumneavoastră și facem juma-juma, sau și mai mult vă dau, dacă vreți!" Enăchescu, care era cu Nicu, acolo, cam mucalit din fire, îi spune: "Hai mă, dă, ia să vedem cât ai?" "Hai, conașule, mânca-te-aș, că dau și mai mult!" "Dar cât ai, mă?" "Patru miliarde, conașule". "Du-te dracului, mă, tu vrei să ne bagi la pușcărie!"

Ei, vedeți unde sunt banii? Tu, slujbaș cinstit, te chinuiești și înădești, ca să poți duce viața, fără să cazi la fund. Așa că bună a fost stabilizarea și bine venită, atât, că n-a lovit numai pe cei cu miliarde, ci și pe cei săraci. Baba Mița, săraca, a avut și ea strânși, ban cu ban, după munculița ei, cu spălat și curățat fulgi, 300 mii lei, depuși la Casa de Economii. Când s-a prezentat ea acolo, i-au dat 15 lei! Surdă cum e, a crezut că n-aude bine. Ea își vânduse casa cu 200 mii lei, iar restul îi adunase din munca ei. "Atât face casa mea și munculița mea din tinerețe? I-am lăsat și eu, acolo, cucoană și le-am spus să-și ia tămâie pe ei!"

În linii generale, însă, stabilizarea a fost un bine pentru norodul întreg. Numai dacă, organele conducătoare n-ar mai lăsa specula să se întindă, căci se va ajunge la același rezultat. De fapt, văd că se înființează magazine de stat, atât manufactură, cât și consum. Mai există și cooperativele, la care suntem cartelați, așa că specula se întinde mai încet, dar nu sunt bani! Vom vedea cum va fi și vom trăi cum vom putea!

Cam acestea sunt faptele petrecute până în timpul de față, deși schimbări și surprize ne vin zilnic. Am cam ajuns cu povestirea mea la zi. Nu cred că voi avea ce scrie, zilnic. Viața mea e monotonă, deși muncesc din zori și până în noapte, să-mi gospodăresc casa și curtea.

Nepoțelul Bucuchii stă în permanență aici și el e singura mea distracție. Mai mă și necăjește, dar ne împăcăm amândoi. El e moșicul, iar eu, băbuța din povești. Eu îi spun povești torcând, iar el ascultă și e foarte încântat, când vede că-i dau și lui titluri și atribuții de om mare.

Sunt acum îngrijorată de Lilica, mânca-o-ar mama pe ea! O să fie și ea mamă, în curând. Doamne, Doamne, tare-i mai am grija!

Azi e **miercuri, 17 noiembrie**. N-am să mai scriu în zi de lucru, căci timpul e foarte prețios pentru mine. Doar dacă nu voi avea ceva special, altfel, voi scrie duminica numai.

Duminică, 21 noiembrie. Intrarea Maicii Domnului în biserică. Azi a venit Lilica la noi și s-a împărtășit, că nu mai are decât două-trei săptămâni până la naștere. Va pleca la București. Doamne, păzește-o! Pentru mine, acest eveniment nu mai poate fi așteptat cu bucurie. E o teroare pentru sufletul meu. La asta contribuie și frica de boala cumplită, de care a scăpat. Maica Domnului, rogu-te, fii lângă ea, ajut-o și întărește-o și după naștere, dă-i sănătate și tărie, să se bucure și ea și noi!

I-am avut pe toți la masă. Tatiana s-a mutat săptămâna trecută în Constanța și cu postul și cu casa. Au fost invitați toți aici, în chilioara noastră. Mie îmi crește inima, când îi văd strânși în jurul mesei mele micuțe. Tot e mititel la căsuța Bucuchii. Dar și lor le place și nouă ne crește inima. M-am despărțit seara de Lilica, cu un ghimpe în inimă. Ea nu va mai putea veni duminică, de aici încolo, până nu-și va mări familia. Să fie sănătoși, că timpul trece și iar o să-i vadă măicuța, ca pe niște rămurele de măslin, în jurul mesei noastre.

A doua zi dimineața, a plecat și nepoțelul Bucuchii. L-au înscris la școală și trebuie să se ducă și el, deși nu pare deloc încântat.

Mânca-l-ar Bucuca pe el, de școlăraș îndărătnic! Aseară îmi spunea, ce bine e de mine, că sunt bătrână și nu mă mai trimite nimeni la școală! Și eu mă tângui, că n-am învățat carte mai multă! I-a făcut Bucuca băiță aseară, i-a cârpit ciorăpeii până la ziuă și l-a pregătit și pe el. Doamne, mi-o da Dumnezeu zile, să-l pregătesc și de școala primară și de liceu?

Duminică, 28 noiembrie. Sunt cam tristă. Eram obișnuită să vină Lilica, pe la ora opt, mergeam împreună la biserică, iar după masă, se așezau ei să joace cărți, că eu nu pot să le sufăr.

Lilica și Tăchiță sunt aici în fiecare duminică. Uneori, vin și Tatiana cu Ion. Azi, la ora 7 dimineața, m-am dus cu tată-său la gară, i-am dus niște sticle cu lapte. Deși o văzusem aseară, ne-am dus să-i urăm drum bun și să-i dăm curaj, dar am uitat! Era așa drăguță, parcă era fetiță, nici nu se cunoștea că e femeie însărcinată!

La masa de 12, am avut ceilalți copii cu noi, n-am fost singuri. Seara la ora 17, a venit și Tăchiță. Spunea că nici nu-i vine să mai tragă acasă. Costică a avut câteva servicii de făcut, așa că a venit tocmai seara. După plecarea Tatianei, mi-am petrecut timpul cu nepoțelul Bucuchii. Ei s-au depărtat toți, dar el nu admite să plece de lângă Bucuca.

Altă duminică. Ce repede trece timpul! El își urmează cursul, fără să ție seama de frământările noastre. Săptămâna asta a fost Sf. Andrei (30 noiembrie), cel întîi chemat. Costică a dat acest hram bisericii, fiind de el înființată. Apostolul Andrei, unul dintre apostolii Mântuitorului, pe care El i-a trimis în toate părțile lumii, a trecut și a propăvăduit, semănând credința și pe aici, pe meleagurile noastre. Costică caută să-și facă enoriașii să înțeleagă și să-l sărbătorească pe Sf. Andrei, ca fiind unul care merită onoarea aceasta, fiindcă a venit pe aici. Numai că enoriașii lui au capul cusut cu ață tare și greu se desfac aceste cusături. Mulți sunt chemați, dar puțini înțeleg! El însă nu cedează. An de an le spune și le explică, cu multe zile înainte despre Sf. Andrei, ca să se obișnuiască să vină în număr cât mai mare la biserică. Le face liturghie frumoasă și ei vin, nu însă în număr mare.

Eu însă, sfințesc cu toată dragostea și voioșia această zi a Sf. Andrei, din două motive: fiindcă trăiesc pe acest pământ, pe care l-a bătătorit el și pentrucă este ziua de nume a bunului și înțeleptului meu părinte. În dragostea și iubirea, ce noi, toți copiii, am avut pentru părinții noștri, mi se pare că și tatăl meu a fost chemat. Deși nu întâiul, a fost în adevăr apostol al Domnului și a avut chemare.

Și nu mi se pare numai mie, că așa a fost....

I-am făcut colivă, am dus-o la biserică, iar după slujbă, am stat cu ea la ușa bisericii, să ia toată lumea. Fiecare a luat și a spus "Dumnezeu să-l ierte!" Să-l ierte, săracul, că o fi avut și el păcate, ca orice pământean, dar mulți preoți și părinți ar trebui să fie ca el! Era idealismul și blândețea întruchipate.

Chiar în cursul acestei săptămâni, am fost tare necăjită. L-am adus pe nepoțelul Bucuchii, de sâmbătă seara, să stea până luni, cum era convenția, să se odihnească după o săptămână de muncă la școală, să aibă și el și noi bucuria să fie aici. Dar el s-a îmbolnăvit. O ticăloasă de bronșită, pe care a căpătat-o de când era mic îl chinuiește mititelul și pe el și pe noi. În fiecare iarnă o face și nu-i putem da deloc de leac. Eu sunt foarte tristă și îngrijorată de el, prea îi e greu, mititelul! L-a îngrijit Bucuca cu toate mijloacele ce le cunoaște și și le mai amintește și ea, dar văd că n-am reușit să-l fac bine. Cred că am să-l duc acasă mâine, 6 decembrie. Am aflat despre Lilica, că afară de un guturai, contractat pe drum, e bine. După consultație, doctorii i-au spus, că începând cu 5 decembrie, să se aștepte la sosirea pribeagului, care pribegește de 9 luni. Când o fi, numai să o ferească Dumnezeu de rău pe ea și pe copilaș!

Așa s-a încheiat și săptămâna asta. În cursul celei ce vine, cred, că se vor petrece lucruri deosebite și le aștept cu emoție mare.

Duminică, 12 decembrie e Sf. Spiridon, cel făcător de minuni. Am avut dreptate. În ziua de 10 decembrie, primisem de la Lilica o scrisoare, în care îmi spunea, că puiul ei se încăpățânează să-și facă apariția. Ce ți-e și cu poșta asta! De fapt, în ziua de 9 decembrie, au apucat-o durerile pe la ora 11, iar după amiază la ora 15, a născut o fetiță. Ne-a tras cacialmaua, hoțoaica, nimeni nu se aștepta să nască fetiță. Dar bine că s-a ușurat și este sănătoasă. La drept vorbind, eu aș fi voit să fie băiețel, să am doi nepoței și două nepoțele. Poate și unde n-am avut eu băieți și apoi, cred că-i mai ușor pentru băieți decât pentru fete, dar în fine, ce a dat Dumnezeu! Să le păzească de toate relele.

Diseară vine Tăchiță cu vești mai multe și mărunte. Promisesem că mâine, luni, să mă duc eu pe la ora 14, să iau veștile de la el. N-am să pot, că de sâmbătă sunt bolnavă la pat. Am răcit rău de tot și abia mă târăsc pe aici prin casă. Ca să mai treacă ziua, scriu aci pe marginea biroului, așa cum pot. Sunt îngrijorată și de Dănuț, care nu se mai îndreaptă odată. Acum a început crivățul afară și simt de parcă ar sufla în oasele mele. Ce o fi făcând el, mititelul, în nenorocita aia de casă a lor?

19 decembrie. Sunt în pat. Agripina, sora mea, a făcut parastasul de 3 ani pentru fiica ei, dar nu m-am putut duce. Am regretat; ar fi fost poate, singura lor mângâiere. În cursul acestei săptămâni n-am făcut nimic deosebit. De la Lilica avem vești bune. Și Dănuț e mai bine. Numai la noi aici e necaz. A căzut și Costică la pat și mi-e groază când știu cât de greu se îndreaptă el. Acum are și atâtea servicii, pe care nu se poate să le lase, fiind înainte de Crăciun.

În cursul acestei săptămâni am avut și recensământul locuințelor. Ce or mai fi având și ăștia în gând? Chilioara noastră nu cred că o vor găsi bună de altceva. E prea mititică și-i lipsesc prea multe ca să atragă atenția.

26 decembrie. A doua zi de Crăciun, monotonă și amărâtă. În prima zi m-am împărtășit, am cerut iertare lui Dumnezeu, din tot sufletul, că mereu mă revolt: de ce, de ce, mereu de ce? Viața asta a mea nu are nici un pic de astâmpăr! Costică e bolnav rău. În noaptea de Ajun am crezut că dă ortul popii! Mă tem să n-aibă vreo congestie pulmonară. Ieri, abia s-a ținut pe picioare, la slujbă. A tot vorbit și tot vorbește, nu știu ce să mă mai fac cu el, tare-i încăpățânat și neînțelegător!

Alaltăseară a mai venit și Tăchiță cu vești nu prea bune despre Lilica. Doamne, Doamne! Tremură carnea pe mine, când mă gândesc, că s-ar putea să apară un nou proces al cumplitei boli de care abia a scăpat. Eu cer mereu ajutorul Maicii Domnului, că numai în Ea am nădejde, că numai Ea mi-a luminat mintea și mi-a îndrumat pașii spre binele Lilichii. Dar câteodată nu mă cruță necazurile... Pentru asta mă mustru, de ce n-am credința așa de înrădăcinată, ca să nu mă îndoiesc?! Eu simt puterea lui Dumnezeu și caut să fac voia Lui ca om pământean, dar uneori mă îndoiesc. De ce nu pot spune fără murmur: "Doamne, fie voia Ta!" Acești oameni, pe care biserica ni-i dă ca exemplu, au această chemare și putere încă din pântecele maicei lor. De aceea au putut lupta în viață și au dus până la sfârșit martirajul, fără să se înfricoșeze și fără să pună la îndoială o clipă puterea și judecata lui Dumnezeu. Pentru aceasta m-am rugat lui Dumnezeu, să mă facă vrednică de a primi sfânta împărtășanie.

Sărbătorile au trecut fără nimic deosebit. Singurul lucru care ne-a descrețit puțin frunțile a fost faptul că, în dragostea lui pentru Dănuț, Costică a trimis o mașină mică să ne aducă nepoțelul.

I-am promis că-l vom ține până după întâi martie și chiar mai mult, că prea se bucură să stea aici. Poate școala, care nu prea-l atrage, să ne facă să-l trimitem iar acasă. Tare mai sunt muncită și necăjită, singură și cu băieții bolnavi. După ce mi-am terminat treburile, în seara de Ajun, am gătit un brăduleț și i l-am pus în camera lui Dănuț, împreună cu o casă în miniatură, cu gospodăria toată. Nu știu pe unde o fi găsit-o Moș Crăciun și i-a adus-o. El s-a trezit de pe la 3 noaptea și mă întreba dacă o fi venit Moș Crăciun. Ba odată s-a auzit pisica alergând după șoareci prin dulapul din sală și el spuse: "Auzi, Bucuca, mi se pare că Moș Crăciun horbocăie pe acolo!" N-a mai fost chip și pe la 5 dimineața a trebuit să aprind lumina, prefăcându-mă că trebuie să mă duc să aprind focul. Când a văzut pomul, căruia îi aprinsesem și lumânările, și casa, Doamne, Doamne, ce bucurie pe el! Simțim și noi bucuria și ne transpunem în trecutul apropiat, când făceam pomul de Crăciun pentru maică-sa și ceilalți copii și ne bucuram și noi cu ei. În ziua de Crăciun i-am avut pe Tatiana și Ion la masă. S-a bucurat și parcă n-a mai simțit boala lui, nici bietul Costică. În astfel de ocazii, vedem ce bine este cu copiii. Unul din toți, chiar dacă toți nu se poate, tot îți deschide ușa și te face să simți măreția sărbătorilor. Așa-i făcut omul, ca la aceste sărbători să se pregătească sufletește și trupește.

Seara a venit și Tăchiță. El e copilul nimănui, săracul! Serviciul e vitreg cu el și cu toți, iar acasă o găsește pe hoașca aia de proprietăreasă! O să vrea Dumnezeu să se umple și căscioara lui!

2 ianuarie 1949-duminică. Am hotărât să scriu în fiecare duminică, dar aceasta e specială, că am intrat intr-un an nou. Ce de nădejdi leagă fiecare de un an nou. La drept vorbind, eu nu mă aștept la cine știe ce schimbări. Sunt cam cinică în privința situației actuale și mai ales a celei ce o așteptăm noi, bătrânii. Prea au intrat lucrurile pe făgașul pe care au voit vecinii noștri din Răsărit și oamenii care conduc și continuă să meargă așa împotriva așteptărilor celor ce nu-s numiți de ei, democrații. Deși, de fapt, eu știu că erau mai democrați decât toți democrații de acum, dar, în fine....Nu vreau nici să-mi dau părerea, nici să fac pronosticuri, așa că lăsăm timpul să ne dezvăluiască adevărul. Și apoi politica nu e de competența mea; nu mi-a plăcut, fiindcă am văzut că-n politică, ca peste tot, nu-s decât ambiții și ură omenească, așa că, nici de la anul 1949 nu așteptăm schimbarea visată de noi. Deci, hamul și praștia!

Să urmez cu evenimentele din cursul săptămânii trecute.

Joi, 30 decembrie. A venit Mihăiță, fratele lui Tăchiță și mi-a adus vestea, că Lilica a venit de la București cu odorașul ei. M-am și repezit să le văd, că nu mai puteam de dor și nerăbdare să-i văd pe

Licurici. Când mi-a deschis ușa, a scos limba la mine. Oricât ar vrea ea să pară, că nu s-a petrecut nicio schimbare, în toată înfățisarea ei se observa maturitate, cu toate copilăriile ei. Fetița e foarte delicată și drăguță. Când mi-a înfățișat-o, m-a transpus imediat cu 28 ani în urmă și mi se părea că o țin pe ea în brațe, așa de bine semănau amândouă!

Așa cel puțin, îmi pare mie. Când am ridicat ochii, m-am văzut în oglinda care era lângă leagănul fetiței. Aveam ghiocei la tâmple și cute brăzdate pe frunte. Le-am îmbrățișat pe amândouă, cu duioșie și am așteptat să ne surâdă fetița. N-a voit hoțoaica să-mi facă această bucurie, a păstrat-o pentru Tata-Moșu, care nu mai poate de dragul ei! Eu am spus tot timpul că va fi un băiețaș, de aceea a fost așa serioasă la prima noastră întrevedere, poate! A vrut să-mi spună să nu ne mândrim cu daruri, pe care nu le avem! Dar Bunicuța tot așa mult o iubește pe ea și de abia așteaptă să-i spună povești și să-i cânte: "Știu o casă mititică, așa, așa..."

Duminică, 9 ianuarie 1949: au fost trei sărbători mari în cursul acestei săptămâni. În ziua de 6 ianuarie Costică a împlinit 63 ani. E bătrânel, săracuțul, dar tot inimos e! Face o slujbă de te slăvește. În biserică, la slujba lui, simți o adevărată înălțare sufletească! Disciplina pe care el a introdus-o aici în biserică, te face să simți unde ești și să te poți reculege cu adevărat. Când îl mai auzi și cântând, te face să lepezi grija cea lumească și să te înalți către Cel de Sus! Acest om e compus din două ființe: una de adevărat apostol și urmaș al lui Hristos, așa cum e în biserică și a doua de adevărat om de lume: cicălitor, nemulțumit, lipsit de duhul blândeții, lucru care mă uimește. Cum era el în tinerețe și cum e acum! Aproape nu-l mai recunosc. Noroc că la intrarea în biserică, văd preotul adevărat, așa cum este și asta e bine.

Sunt îngrijorată însă, înspăimântată chiar de o nenorocită de gripă, care îl chinuiește, săracul de vreo lună. De mâine mă țin de capul lui, să-l tratez, căci a scăpat de sărbători, zile de mare oboseală pentru el, mai ales acum, că a trecut demult de tinerețe.

Duminică, 16 ianuarie 1949. Nimic deosebit. Am auzit, că pe lângă alte legi votate în diferite domenii, s-a mai introdus, în țară la noi, pedeapsa cu moartea. Moarte! Ce cuvânt fioros! Mi se zbârcește carnea pe mine, deși știu, că noi, pașnici cetățeni, care respectă toate legile, n-o să ajungem la această pedeapsă. Doar suntem cunoscători ai evangheliei și acolo spune: "Supuneți-vă legilor și conducătorilor voștri, că ei vă poartă de grijă." Dar știu că lumea e rea și se poate ca mulți să folosească această lege, ca să se răzbune și tu, om pașnic și bun creștin, cum vei suporta asta? Nădăjduim în Cel de Sus. El a sădit via aceasta cu dreapta Lui și n-o să o lase să o năpădească buruienile și să o mănânce filoxera.

Azi Tatienuța mi-a luat băiatul de aici. Credeam că o să-l țin până în februarie sau martie, dar văd că nu se poate. Se plictisește și cu drept cuvânt. Săracul copil, cu noi bătrâni și Tata Moșu care e bolnav și nervos, toată ziua îl toacă la cap. Chiar azi dimineață, Dănuț spunea: "Of! De-aș scăpa odată de Tata Moșu ăsta, că prea-i uricios!" După plecarea lui, am terminat o carte de citit, nu prea rea, dar prost tradusă.

Duminică, 23 ianuarie 1949. Două zile am fost plecată la fete, câte o zi la fiecare. E o destindere pentru mine. Am stat cocoțată în vârful patului și am vorbit, de ziceam că ne-am săturat de vorbă. Dar de unde!

A doua zi, i-am scris Lilicăi o scrisoare, ca să nu ne dezicem că suntem femei! Am făcut și noi ca femeile acelea, care au stat 7 ani în inchisoare, împreună, iar la eliberare, au mai stat de vorbă 2 zile, la poarta închisorii.

Azi, duminică, sunt singură, singurică. Costică e dus în parohie, are vreo două cununii. După ce mi-am aranjat treburile gospodăriei, am hrănit și adăpat văcuțele, pentru prima dată. Nu-i vorbă, nu-i nicio greutate, dar n-am mai făcut-o înainte. Soldat și servitoare, dacă ai, ești mai slugă la dârloagă cu ei, decât fără ei! Dar ce mulțumită sunt, când lucrez pentru gospodărioara mea! După ce am terminat, m-am hotărât să scriu din nou în caiețelul meu.

Am făcut o întrerupere de atâția ani, că nu știam dacă o să mai pot scrie. Când m-a răzbit singurătatea, după ce mi-au plecat amândouă fetele de lângă mine, m-am apucat, așa într-o doară, să recapitulez evenimentele din viața mea plină de trudă și necăjită. Am început în februarie anul trecut, gândind că mai târziu, memoria nu mă va mai ajuta.

În sinea mea, mulțumesc tuturor celor ce m-au îndemnat să scriu, deși mi se pare că nu prea am ce. Stau singură azi și depăn din nou amintiri.

Am rupt foaia din calendar și văd că mâine este 24 ianuarie, iar sub ilustrație scrie "Unirea Principatelor". Îmi amintesc de semicentenarul Unirii (50 ani), cu 40 ani în urmă. Luam parte, cu tot sufletul, la serbările, ce le făceau dascălii pe la sate, printre care și părintele meu. Era inimos, săracul și a sădit în inimile noastre sentimente naționale, pe care le avem și acum, după toți acești ani, care au trecut peste noi. Eu nu știu, dacă am reușit să sădesc, în inima copiilor mei acest sentiment așa cum îl am eu.

Îmi mai amintesc de 24 ianuarie 1933. Când m-am sculat dimineața, ningea cu fulgi mari. Costică era protoiereu (protopop) al județului, din voința lui Dumnezeu, căci El știa cât era el de potrivit pentru asemenea demnități. La guvern erau țărăniștii. El plecase dis de dimineață, la oraș, ca să ia parte la solemnitate. A venit noaptea, pe la ora 22 acasă. Eu, cu fetițele toate pe lângă mine, eram în salonul cel mare, din casele bisericii. Fiind sărbătoare națională, fetele nu aveau școală. Elvira și Agripina cântau la pian, la patru mâini, niște bucăți ușoare, dar foarte frumoase, potrivite anotimpului. Mai târziu a venit și bietul Ion Fățoi cu niște cărți, din care ne-a citit o bucată cam tristă, ca firea lui. Când am văzut că strică farmecul micii noastre reuniuni, eu am trecut din nou la muzică. Le-am povestit de când eram eu copilă și aveam roluri principale la serbările școlare, pe care le dădeam noi. A trecut vremea și nu știu când a venit seara cu viscol și troiene de zăpadă. S-a făcut ora 20 și am început să mă îngrijorez, că nu venise Costică. Iarna, asta e o oră târzie și noaptea-ți trimite gânduri negre. N-am vrut să-mi arăt grija față de copii, care erau prea veseli, ca să le stric eu dispoziția. Mă gândeam, că or avea și ei timp pentru griji. Ce bine am făcut! Ce bine era atunci! Au fost singurii ani, peste care am trecut mai ușor în viață. Vreo zece ani, poate mai puțin...

Îmi amintesc de o altă întâmplare nostimă din acea perioadă, despre care mi-a povestit Bunica, dar pe care n-a scris-o în jurnal. Consider că merită povestită. Într-o seară Tata Moșu a venit obosit acasă și după ce au mâncat, fetele împreună cu tanti Jeni s-au așezat pe marginea patului. Tanti Jeni era sora lui Tata Moșu, mai tânără ca el cu 20 ani. Ea locuia tot cu ei. Avea o relație foarte bună cu fetele. Bunica și Tata Moșu s-au așezat pe scaune în fața lor. Curând pe Tata Moșu l-au furat gândurile despre problemele lui și n-a mai putut urmări sporovăiala lor. Agripina, mama mea, a observat că e absent și a făcut pariu cu fetele, că o să-i vorbească tatălui lor timp de 20 minute după ceas și el n-o să bage de seamă.

I-a spus tot felul de năzdrăvănii, spre amuzamentul fetelor, care au râs tot timpul. A adăugat că are patru fete, cărora nu a putut să le facă zestre, ca să se mărite și a mai adus-o și pe soră-sa ca să nu se mărite nici una. La această afirmație tanti Jeni a căzut din pat de atâta râs. Atunci, din cauza zgomotului, s-a trezit și Tata Moșu din gândurile lui. S-a uitat în jur și i-a spus Bunicii că el crede că fetele râd de el.

La afirmația lor, s-au îmbrățișat cu toții și au făcut haz. În acel timp, spunea Bunica, întineream amândoi. De aceea nici n-am scris aproape nimic din perioada aceea. Închideam ochii și-mi ziceam să nu care cumva să rup firul subțire, ca de păianjen. Îmi închipuiam că nu poate să dureze prea mult viața aceea frumoasă, nepământeană aproape și așa a fost!

A venit boala de nervi a lui Costică, care a risipit toată liniștea și toată fericirea, pe care o clădisem noi. Acum, în singurătatea chilioarei mele, îmi amintesc multe scene din timpul acela. Nu sunt însemnate, dar sunt amintirile mele frumoase. Nu am avut nimic, care să ne întunece frunțile, în afară de moartea părinților noștri.

Mămica a murit la 31 iulie 1932, tăticu la 6 aug. 1934. Socrul meu a murit la 11 aug. 1930. Aceasta, în definitiv, trebuia să se întâmple. Pentru noi, copiii, a fost trist și dureros, căci prea erau părinți ideali și noi i-am iubit foarte mult. După moartea lor, săracii, pentru noi au început necazuri mai mari. Parcă ei au fost un zid, care ne-a despărțit de valurile negre ale vieții. Când ei au pierit, ne-au cuprins și pe noi necazurile. Acum, nu-i vorbă, timpurile sunt grele, a venit războiul și cu el, o droaie de nenorociri inevitabile.

Ce am mai scris azi, se cunoaște că sunt singură. E ora 20 și Costică n-a venit încă. Se vede că l-au poftit la vreo tratație. Am terminat cu evenimentele săptămânii. Ce-o să mai fac până vine el? Am să dau nițel în cărți să văd ce se întâmplă cu fetițele mele și cu Dănuț, mânca-l-ar Bunica, că mi-e dor de el.

Duminică, 30 ianuarie. Sf. Trei Arhierei. Când eram copilă, pe 30 ianuarie și 14 octombrie (Cuvioasa Paraschiva) mergeam la școală. Erau singurele zile în calendarul bisericesc, în care școlile țineau curs. Pe lângă mâncărurile îndestulătoare, pe care timpurile de atunci ni le permiteau, mămica făcea o plăcintă țărănească. Nu știu cum de găsea dânsa în ianuarie, ouă și brânză proaspătă de vacă, cu care să pregătească această plăcintă, așa de mult apreciată de noi și care a rămas "specialitatea casei". A rămas tradițională în familie. Noi, fetele, o pregătim pentru copiii și soții noștri, cărora le place foarte mult. Băieții, frații noștri, considerau sărbătoare, când o aveau la masă. Cel puțin Nicu, se bucura ca un copil și ar fi dat orice prăjitură pentru plăcinta țărănească și lapte cu colărezi.

Eu am trăit mai mult la țară și aveam în gospodăria mea vacă cu lapte, găini și o bucățică de pământ din care să scoatem grâu și să avem făină de casă. Se spune că numai așa sunt bune mâncărurile țărănești. I-am mai făcut câteodată plăcerea lui Nicu să i-o pregătesc, dar am vrut să-l și transpun în timpurile când eram toți strânși în cuibușorul nostru cald de la Iazu. Buna și ideala noastră mamă se lupta să ne dea hrana trupească și spirituală. Ca niște puișori pe lângă cloșcă, șase-șapte dintre noi mergeam cu ea la biserică. Una sau două din fete rămâneam acasă, ca să fie totul gata când venea dânsa cu cârdulețul, de la biserică. Ce timpuri, Doamne, Doamne!

Iarăși am alunecat pe panta amintirilor! Să trec la realitate, pe care mă lupt să o fac și eu, cât mai apropiată de trecut. Am făcut și eu plăcintă țărănească azi. Mai am puține găinușe, care au scăpat de cumplita boală ce le-a secerat toamna trecută. Am și eu câteva oușoare, pe care le-am împărțit cu fetele mele, dar am făcut plăcinta în amintirea părinților, cât și pentru plăcerea noastră.

Și tot așa am stat singură, singurică în chilioara mea, urmărind cu ochii pe fereastră mișcarea continuă de pe șosea și lumea asta, care mai de care mai pestriță la îmbrăcăminte, dar și la suflete. Într-un târziu a venit și Costică cu familia Marcu. Ne-am delectat vreo 2 ore cu optimismul d-lui Marcu și cu câte un păhărel de vin și câte o bucățică de plăcintă țărănească. Le-a plăcut și lor, ca și nouă și am fost bucuroși, că ne-au mai scos din monotonia noastră.

În timpul săptămânii, nimic deosebit. Încep de dimineață cu treburile obișnuite, ca să termin seara, tot cu ele. La revedere tovarășul meu, pe duminica viitoare!

Duminică, 6 februarie. E o zi friguroasă și tristă, fiindcă ne bântuie o secetă neobișnuită în timp de iarnă! N-am mai văzut picătură de apă pe pământ, în afară de foarte puțină zăpadă, la sfârșitul lui decembrie. Ploi n-am mai văzut, din prima jumătate a lunii septembrie. Ger uscat și vânt nesuferit. Nu știu ce ne-o mai aduce și anul ce vine! Oamenii ne ia, Dumnezeu nu ne-o da, apoi, vai de capul nostru! Săptămâna aceasta, ca și celelalte. Singura destindere și plăcere pentru mine, este când mă duc să-mi văd fetele. Săptămâna asta am fost și la Agripina, sora mea, și la Jeni, sora lui Costică. Nu le neglijez nici pe ele, săracele, că și ele sunt surioarele mele! Când am adus pe părinții mei aici, că mai mult din îndemnul meu au venit, am promis că le voi consacra și lor o zi, în fiecare săptămână. Ei au locuit la sora mea Agripina. Am mulțumirea sufletească, că m-am ținut de cuvânt și i-am mângâiat, cât au trăit săracii, cu prezența mea și cu vorba, ce-mi mai stătea la îndemână, lucru de care erau foarte mulțumiți.

De la stânga la dreapta: Elvira, Agripina (rândul din spate);
Lilica, Bunica, Tatiana (rândul din față) (20 iulie 1926).

Acum însă, nu mai pot să mă duc în fiecare săptămână, treburile și viața s-au îngreunat, nu mai am atâta timp liber, nu mai sunt așa tânără și am început să preget la drum.

Ar trebui de altfel să vină ei mai mult la noi, în casa asta bătrână. Atât am insistat ca sora Agripina să vină în zbârlita asta de Constanța, m-am făcut luntre și punte ca să-i aduc aici. Îmi fac procese de conștiință acum, când văd ce nenorociri i-au lovit, săracii. Li s-au prăpădit doi copilași, dintre cei trei pe care-i aveau. Sau... cine știe?! Așa le-o fi fost soarta. Consider că am o obligație față de conștiința mea, ca să-i văd. Trec peste orice, chiar peste opăreala lui Costică, care se supără de câte ori mă vede că plec undeva. Mă mai fac și eu că nu-l înțeleg și-mi văd de treburile mele, de ceeace cred eu că trebuie să fac, pentrucă sunt de o corectitudine aproape condamnabilă. Prea i-am învățat pe toți să le dau și să țin socoteala numai eu, de absolut toate! Se mai supără el, îmi mai spune cucoana Tudorița (o mătușe a mea, căreia îi plăcea foarte mult să se plimbe), dar eu nu-mi schimb deloc atitudinea. Nu-mi ies din program și văd că nu-i rău. Atât cât voi putea, așa am să mă port.

Ziua de azi mi-am petrecut-o cu nepoțelul Bunicii, în casă. Am scris diferite cuvinte cu litere de tipar, ca el să poată citi repede, iar el le inversează. Face haz grozav, când citește capac, inversat tot capac; gard, drag și altele. El face haz și eu mă bucur cu el și nu știu cum a venit seara. Acum, liniște, Dănuț, "Bucuca" scrie cum ne-am petrecut ziua. Așa...

Duminică, 13 februarie. Numai banalități, iar mie nu-mi plac, dar să mai și scriu despre ele!

Marți, 15 februarie 1949. Azi am ieșit din programul obișnuit. Am împlinit 57 ani. Doar eu și Titu Maiorescu suntem născuți în această zi! Am sărbătorit ziua de azi. Întâmplarea a făcut, să fie jucată opereta "Vânzătorul de păsări", la un teatru din Constanța, iar Tatiana mi-a luat și mie un bilet. Îmbătrânesc și mă ocup numai de bunul mers al gospodăriei, așa că o mică distracție nu strică. În rolul principal a cântat artistul Dacian. Am venit acasă reîmprospătată și fredonând aria "Când săracul tatăl meu..."

Acasă, am găsit-o pe Lilica, care venise să-mi ureze să trăiesc mulți ani, ca baba Iordana, care a trăit 111 ani. Cum eu venisem de la spectacol și eram bine dispusă, am zis că m-aș mulțumi numai cu o sută, m-aș putea lipsi de ceilalți unsprezece ani. Ei, vezi cum e omul, iar am făcut o spărtură în timpul ăsta și n-am mai scris.

Azi e **9 martie, ora 20**. M-am cam lenevit sau nu prea am avut ce scrie. Duminică, 20 februarie, am fost iar la teatru jucat de o trupă locală. Spectacolul a fost reușit, mi-a plăcut în special decorul. Te făcea să trăiești prin locurile noastre de prin munți. Și artiștii au jucat frumos, dar îi cunoșteam pe toți și știam ce îndeletnicire aveau în viața de toate zilele. Aveau însă talent.

Te face parcă să zici, ca omul de serviciu de la farmacia fratelui meu. La ei în casă venea artista Mia Teodorescu. Cumnatei mele, Sandi îi plăcea mult să se împrietenească cu astfel de cucoane. Toată lumea îi spunea Coana Mia și așa o știa și omul de serviciu. El nu știa deloc cu ce se ocupă ea. De câte ori venea la Nicu era poftită la masă și ea le dădea bilete gratis pentru tot neamul. Când s-a jucat o piesă despre regina Victoria a Angliei, coana Mia interpreta rolul principal. Fratele meu i-a dat un bilet și omului de serviciu, să se ducă la teatru. Bucuros, el ia biletul și se duce, dar se întoarce repede și îi găsește încă la masă. Ei au crezut că s-a întors din prea mult zel, ca să-i ajute să strângă masa. "Dar ce e mă, de te-ai intors?" "Păi ce să fie, Domn Doctor, ce cred ei, că ne duc pe noi cu preșu? Om fi noi proști, dar nici până într-atâta!" "Dar ce este, mă?" "Păi, după ce au mai intrat unii, au mai ieșit alții, aud că bate unul cu un baston greu în dușumea și toți strigă "Vine regina. Regina!" Când colo, se dă perdeaua aia la o parte și vine coana Mia. Parcă ce, eu eram așa prost, să nu o cunosc? Să creadă ei, care nu o cunoșteau pe coana Mia, că ea e regina, nu eu, care o servesc colo, la masă. M-am sculat și am plecat."

Tot așa și eu spun. A fost frumos, bine jucat, dar parcă nu simți farmecul, pe care îl are o piesă jucată cu artiști de la Teatrul Național. Scopul prezentării, de către amatori, s-a atins. Pentru public e o destindere, piesa e bună și cred că se câștigă și bani buni.

A doua duminică, a fost Lăsata Secului, de carne. Doar cu numele ce se mai pomenește și o vedem scrisă în calendarele bisericești, căci lumea n-o mai celebrează. Seara la ora 22, am cununat pe finul Nicolae. Ne-am făcut o datorie creștinească, căci erau căsătoriți de 9 ani, dar necununați la biserică.

În noaptea de întâi spre 2 martie, s-a procedat la naționalizarea pământurilor. I-au luat întâi pe cei cu 50-60 ha, care au mai rămas după exproprierile făcute în primăvara anului 1946. S-a produs foarte mare tulburare și panică, dar nu interesează pe nimeni. "Câinii latră, ursul umblă."

În ziua de 6 martie am avut la masă pe copii și pe noii fini. Cu această ocazie, am sărbătorit-o și pe Lilica, care a împlinit 28 ani. Și e mamă și ea acum. Ce curios! Eu, la 28 ani, terminasem de născut toți copiii, iar ea, abia acum începe, că văd că nu vrea să rămână doar cu fetița asta.

Azi, 9 martie, am fost la ele; a fost o zi geroasă, deși s-au terminat Babele (1-9 martie). Le-am dus și lor mucenici. Când am trecut prin piața Ovidiu, mai, mai, să mă dea vântul jos, cu toată greutatea mea. Marea era întunecată, iar pe ici, pe colo, avea luciri. Semăna cu o imensă placă de plumb, bătută. E interesantă prin diferitele aspecte, ce le prezintă. Se aseamănă cu sufletul nostru, tot așa negru și bătut ca și plumbul și cu sclipiri slabe de nădejde. Când am venit acasă, Costică m-a certat din nou, că am plecat. Am primit o scrisoare de la Elvira, care ne îndeamna insistent să vină unul din noi, la ea. Probabil că a ajuns-o dorul și pe ea, cum m-a ajuns și pe mine. Tare aș mai vrea să mai zbor, mai ales că îmi scrie de Adinuța ei, cum o ajută să facă curățenie și să pună masa. Doresc mult să mă duc să le mai strâng în brațe, mânca-le-ar mama de străine! Nespusă bucurie aș avea! Poate îl conving pe Costică, să plec puțin la ele. E ora 22, dar mă culc, ca să-mi găsesc liniștea.

Duminică, 13 martie, ora 20. Aproape nimic special, în timpul săptămânii, cu excepția unui viscol, cum n-am mai văzut de multă vreme, în ziua de 11 martie. Curgea zăpada din cer, ca o ploaie deasă și bătăioasă. În 4-5 ore s-au așternut 30-40 cm de zăpadă. Către seară s-a oprit, dar peisajul era, ca în toiul iernii, iar eu nu pot suferi iarna. Este anotimpul ce-l trec cel mai greu. Nu mă atrage cu nimic, nici măcar cu poveștile de la gura sobei, nici cu nesfârșitele nopți, în care poți sta la cald, să scrii, să citești și să gândești. Mă lipsesc de acest farmec, când aud vântul cum șuieră, parcă-l simt cum mă pătrunde în oase. Mă gândesc, că multă lume nu o fi având nici găteje (vreascuri) și nici hrană, așa că-ți trece cheful de a face poezie.

Noi n-am simțit lipsa de hrană sau căldură, iar dimineața am văzut flori de gheață, care ne-au oblonit fereastra. Realitatea însă e prea aspră, ca să vezi poezie în șuieratul crivățului prin hornuri și în desenul florilor de gheață din ferestre.

Tot mai bine-i, că azi, 13 martie, ciocârlia se înalță în albastrul cerului și-i îndeamnă pe plugari: "la plug, la plug!" Simți dezmorțirea, căldura binefăcătoare a soarelui te pătrunde până în adâncul sufletului și parcă întinerești, cu primăvara ce vine și capeți noi puteri de muncă... numai să ai la ce. Mă uit la cutioara de la fereastră, cu răsaduri de roșii, vinete, ardei și altele, pe care le-am semănat de la 7 februarie. Acum sunt mari și așteaptă și ele să fie puse afară, în libertate, ca și mine, că doar nu ni le-o naționaliza și pe ele!

Azi am venit din oraș după ora 18, căci Tatiana a făcut sfeștanie la casa unde stă. Am trebăluit pe afară, cu nepoțelul Bucuchii, am pus tot în ordine, după care ne-am astâmpărat în casă toți trei. La noi în casă e uneori o atmosferă caldă și binevoitoare, ca astă seară. În cameră ardea candela, era o căldură plăcută și Costică ședea lungit în pat, cu Dănuț și cânta cântece de postul Paștelui. Era în adevăr înălțător și simțeai duhul creștinătății, plutind în atmosfera casei noastre. N-aș da chilioara noastră de aici, nici pe un palat!

Noi suntem oameni înțelegători și nu ne văicărim, ce vom face dacă ne ia grădina și unde ne vom duce...Tatăl Ceresc, are grijă de păsările cerului să nu piară și de albeața imaculată a crinului, să fie tot așa strălucitoare, când răsare primăvara următoare din nămol, nu ne va lăsa să pierim, căci tot creaturile Lui suntem și noi. Nu mă tem de nimic, afară de război și bombardamente. Acestea mi-ar zgudui toată ființa din temelii și mi-ar face nervii să zbârnâie ca firele telefonice lovite de furtună. Să-i aducă Dumnezeu pe cale pașnică, să ne scutească de grozăviile războiului. Spun asta, căci eu am credința că războiul nu liniștește neamurile; lumea este aceeași și se vor ridica alți nemulțumiți și nepotoliți. Îmi aștern și eu gândurile, așa cum simt, fără influența nimănui. Natural, că lucrurile o să-și urmeze cursul lor, fără să țină seama de observațiile mele. Deci, pe altă duminică!

***

Ce de duminici au trecut! Bietul meu caiet a fost refugiat politic. L-am condamnat la domiciliu forțat la Lilica, căci ei i se cuvine această moștenire. Ea e cea care l-a strâns, l-a dat la legat și m-a îndemnat să continui a scrie. După ce nu voi mai fi sau nu voi mai putea scrie, i-l dăruiesc ei. Să-l citească și fetița ei, Alexandra Janette, când va fi mare.

Duminica Floriilor, 17 aprilie. N-am mai scris nimic de la 13 martie, căci n-am avut caietul. De la oameni binevoitori, care se mai gândesc și la noi, am aflat că vom fi din nou percheziționați pentru îmbrăcăminte, lenjerie, ce-și închipuie ei că avem... Suntem suspectați că suntem reacționari! M-am gândit și la caietul meu scump, să nu-l pierd, că-mi este tovarăș și prieten bun. Am eu, cu cine să-mi împart necazurile, mulțumesc lui Dumnezeu, dar nu și credințele. Costică e veșnic în dezacord cu mine, în ceeace privește politica. Pe copii nu vreau să-i forțez să-mi spună părerile lor, pentrucă s-ar putea să nu vrea și mie mi-ar veni greu. Și apoi n-aș vrea să primesc nici o influență din afară. Chiar dacă întreb câte ceva, o fac ca să mă edific asupra unor lucruri și apoi îmi aștern credințele mele pe hârtie. Mă simt mai bine așa. Caietul e indiferent și rece, dar eu îmi ușurez sufletul pentru moment și în timp, văd dacă am avut dreptate sau nu. Până acum, realitatea a confirmat multe din părerile mele. Ferească Dumnezeu. Să nu se creadă că-mi dau aere de profeție sau mândrie! Ochii sufletului și ai trupului nu m-au prea înșelat până acuma și de aceea caut să nu las prea mult timp să treacă, fără să notez aici. L-am luat aseară de la Lilica, fiindcă am simțit nevoia să scriu. În sufletul meu, parcă s-a așternut deznădejdea.

Caut să nu uit acest citat, din cele nouă Fericiri: "Fericiți cei prigoniți pentru dreptate..." Totuși noi suntem pământeni și-i așa de omenesc, să nu vrei să suporți prigoana, chiar dacă e pentru dreptate. Dumnezeu ne-a dăruit viața, pământul cu toate bogățiile, care din porunca Lui trebuie să-l lucrăm și să-l stăpânim și ne-a dăruit și ne-a luminat mintea, să putem învăța legile Lui. Aceste daruri nu trebuie ținute sub obroc (a feri ceva de văzul lumii). Trebuie să poți munci, să poți dărui știința și lumina altora, dar cum, dacă tu ești mereu prigonit?

Costică, săracul, este un apostol vrednic al lui Hristos, dar fiecare cuvânt trebuie să și-l îngrădească de teamă și mai mult de grija noastră, ca să nu fie aruncat în întuneric. Poate nu te-ai teme, dacă ai ști, că făcând asemenea sacrificiu, schimbi cursul lucrurilor și faci ca inimile oamenilor să se plămădească din alt aluat, iar glasul tău n-ar răsuna în pustie.

Dar știm și vedem câte valori se pierd în închisori, iar pe alții nici capul nu-i doare! Iisus Hristos a fost în stare să sădească creștinismul, prin sacrificiul ce L-a făcut, dar asta pentru că a avut putere dumnezeiască. Cu puținele mele cunoștințe, am observat, că oamenii nu au reușit să clădească, cu toată cultura și priceperea lor, ceva, care să nu dispară. Vorbesc de religie și politică. Deci, după aproape 2000 ani, creștinismul nu a dispărut și va trăi mereu, fiind opera lui Hristos. Se luptă și s-au luptat oamenii să-l înăbușe, dar se pare că se înrădăcinează și mai mult, acolo unde caută să-l suprime.

Cum de ne lasă Dumnezeu să ne zbatem pe acest pământ fără nici un succes, unde răii și răul tronează? Ai dorința și tăria sufletească să poți munci, așa cum ai fost învățat și crescut, să împrăștii lumina și adevărul, dar cum, dacă nu poți deschide gura?! Mai vine să-ți facă și percheziție, să-ți ia și ce n-ai! Eu aș vrea să vină, să-și satisfacă această curiozitate, să numere peticele de pe izmenele lui Costică și cămășile mele și alte accesorii, care ziua-s pe mine, iar noaptea, spălate și uscate pe sobă. Cui se datorește această stare de lucruri? Veșnicei prigoane a soartei și răutății omenești. După toate necazurile, mai vin în fiecare an și ne pradă munca noastră, că ne-a lasat "din goi, cu pielea".

Ca vârf la grămadă, de pe 15 februarie, biserica e scoasă din stat, deci și Costică. Suntem informați, că nu e scos și din preoție, dar pe aceasta nu putem conta, este egal cu zero. Cum să poți trăi de pe spinarea religiei, când niciodată n-ai speculat-o, ci ai divinizat-o numai și ai luptat din răsputeri la nivel înalt. Cum să îndrăznești să aștepți banul nenorocitului, care n-are nici el mai mult ca tine? Mi se rupe și mie inima, care nu-s mereu de față la astfel de scene, când aud și văd ce se petrece. Să dau un exemplu: la întâi aprilie, Costică a umblat cu botezul, fiind la mijlocul postului mare, când casele trebuiesc sfințite și curățite cu apă sfințită. Oamenii știu că trebuie să-i dea popii un ban sau doi și ei nu-l au. La multe case, i-au spus: "Să ne ierți părinte, n-avem niciun ban." La celelalte case a primit 4-5 lei. El a slujit la toate casele, indiferent dacă a primit ceva sau nu. Cu toată spiritualitatea lui, a venit acasă tare mâhnit. S-a simțit ca un cerșetor și foarte umilit. A văzut mizeria rânjindu-și colții, peste tot, și la casa lui, la fel. E și el om și nici pingelele la ghete nu și le scoate! Cum vor fi primiți preoții, care se duc la fiecare întâi ale lunii...

Ar trebui să meargă să muncească în afară de preoție, dar unde? Se uită la tine urât, nu ești înscris pe nicăieri și apoi ești reacționar, cum e considerat orice preot! Să muncim acest blagoslovit pământ, pe care l-am iubit și prețuit atâta și de la care, parcă și Dumnezeu și-a întors fața, ne mai voind să-l dăruiască cu dulceața căldurii și a ploilor, deci nici cu roade. Dar nici aici nu te lasă să-ți vezi de bârlogul tău, să muncești cum trebuie și să scoți ce ai nevoie. Îți vin cu plan de cultură și îți trimit oameni, care n-au avut de-a face cu agricultura și sunt total nepricepuți. La culegerea roadelor amărâtei de munci pe care ai făcut-o, vin iarăși și-ți iau, nelăsându-ți nici cât îți trebuie pentru semănat anul următor, necum să se gândească ce vei mai mânca și tu! Cotele ni le-au ridicat, fiindcă avem pământ; să vedem în toamnă cu ce ne vom alege de pe urma pământului!

Eu aș lucra în preajma acestei gospodării, multe și de toate, că aș avea ce și m-aș pricepe. Am putea scoate hrana vieții, cu sudoarea frunții, așa cum ne-a lăsat de la începutul lumii, Cel de Sus, fără să plângem prea mult după leafă. Am munci, așa cum n-am muncit niciodată, că așa sunt vremurile, dar ai curaj și îndrăzneală să faci ceva? Ba că o să fie război și ne-or evacua de aici, ba că, dacă crești păsări sau vite, trebuie să dai tribut mai mult decât scoți și iarăși nu te alegi cu nimic. Nu știm ce vom mai face. Costică însămânțează de zor, parcă nu l-am văzut niciodată muncind cu atâta râvnă sau s-a obișnuit cu munca asta și a luat și el hamul și praștia!

Toți așteptăm schimbarea lucrurilor în bine. De peste tot auzim să avem răbdare și speranță. Dar cât și de la cine vom primi ajutor, ca să fie mai bine? De la domnii americani și englezi, ăștia care nu mai isprăvesc cu pacte și iar pacte.

M-am săturat, nici nu-mi mai vine să ascult! Să vezi după alegerile din Italia! Au trecut și alea. Acum să vezi, după alegerile din America! Acum, pare-se că lumea s-a mai resemnat, până și după alegerile din Anglia! Și tot așa vin și trec toate și noi trăim necăjiți și cu... speranța.

Dar să-i auzi pe C.F.R.-iștii noștri din Palas, unde locuim, vorbind de Wallace, de Gaule, Tito... Și aici îmi vine în minte unul din citatele Fericirilor: "Fericiți cei săraci cu duhul." Adevărat, că-s mai fericiți și asta îi mai ține!

Mi-am adus aminte de intelectualii noștri. Acum au început cu pacte: mediteranean, al Atlanticului, al Pacificului... După cum văd eu, pare-se că vor să-i aplice Rusiei un fel de pedeapsă, s-o izoleze, s-o usuce acolo în granițele ei. Planul o fi el bun. Foarte des, câte un avion pleacă să aprovizioneze Germania Apuseană. Ar putea cred, să lucreze și aici mai rapid, să limpezească odată situația asta, să știm și noi, e "laie sau bălaie"? Am putea și noi să ne vedem de treburi liniștiți, nu cu frica în sân și nesiguranța zilei de mâine!

De asta sunt așa deznădăjduită. Nu e creștinesc, dar e omenesc. La asta contribuie și nenorocita asta de vreme, friguroasă și secetoasă. Dimineața găsim apa la păsări, înghețată. A trecut de prima jumătate a lui aprilie și frigul nu cedează. În alți ani erau și scuturate florile pomilor, acum parcă e la sfârșitul lui februarie. Caișii noștri nu mișcă deloc. Parcă așteaptă și ei, să se încheie toate pactele din lume. În fine, ce a fost, am văzut, ce va fi, vom vedea! Seara am gânduri și mai rele, că afară e frig și vânt. Ba a început și să ningă cu fulgi mari, cât oul.

Sunt toți la utrenie și eu sunt singură. M-aș fi dus și eu, cu tot frigul, dar nu-i nimeni în curte și mă tem să las casa singură.

Luni, 18 aprilie. Eram hotărâtă să nu mai scriu nimic, săptămâna aceasta, căci e o săptămână plină de reculegere și multe ocupații. Așa suntem noi, gospodinele și asta nu-i rău. Să nu ajungi cu ocupațiile la istovire, însă, că atunci pierzi din farmecul ce trebuie să-ți împodobească sufletul, acum, cu patimile, răstignirea și apoi Învierea Domnului. Parcă și primăvara ar vrea să mijească. E un pic de geruleț, dar e o zi frumoasă. Poate s-o îndura Dumnezeu să scăpăm de teroarea iernii!

Cum ne mângâie razele soarelui, parcă mă simt altfel. Azi noapte am avut un vis, pe care vreau să-l povestesc, că nu vreau să-l uit. M-am sculat voioasă și cu nădejde în viitor. Parcă mi-a venit visul, de la Dumnezeu, ca să mă îndemne să cred și să nădăjduiesc în ajutorul Său. Se făcea că eram în casele părintești, la Iazu, unde ne-am născut și am crescut. Stăteam culcați de-a curmezișul patului, eu, Costică, Lilica și Tăchiță. Cu fața la fereastra dinspre Est, vedeam și simțeam luna, cum îmi mângâia obrajii. Asta se întâmpla în realitate, chiar, căci luna îmi bătea drept în ochi, în timpul somnului. Revin la vis acuma. În lumina, care înconjura luna, s-a conturat un triunghi, iar în mijlocul lui, ochiul lui Dumnezeu, așa cum îl vedem în biserici sau în cărți. Eu eram surprinsă, că ochiul era închis, dar s-a deschis apoi, radiind lumină. Entuziasmată și mirată, am exclamat: "Fraților, uitați-vă în lumina lunii și vedeți ochiul lui Dumnezeu!" Toți spuneau că nu-l văd, iar eu mă sileam să le arăt direcția exactă. Tăchiță mi-a spus, ironic: "Uca, ai vedenii." Eu m-am simțit ofensată, dar n-am vrut să le arăt și am rămas cu ochii ficși, unde persista imaginea.

La un moment dat, lângă curtea noastră, spre N-E, se zbăteau valurile mării. Nu mă mira deloc asta, în vis. Din direcția aceea apare o namilă, cu înfățișare de vapor, cu multe catarge, frânghii, lanțuri, cum n-am mai văzut decât la cinematograf, în filmele nemțești. Acostează la mal, chiar la curtea noastră și observ că are în vârf steagul american. L-am întrebat pe Tăchiță, dacă consideră și acum, că am vedenii și ce este nămiloiul acesta. El mi-a răspuns că este un bastiment, cel mai mare vas de război al lor. În jurul lui se învârtea cu zgomot un avion, care arunca gaze adormitoare și m-am gândit, că trebuie să fugim în casă, să nu ne prindă afară. Umblau zvonuri că americanii vor arunca astfel de gaze, să ne adoarmă pe toți, ca să dezarmeze pe ruși și toată armata, iar noi, la trezire să ne pomenim cu americanii. Se părea că visul meu confirmă cele auzite. Fugim cu toții în casă, iar în ușă, stătea tatăl meu, îmbrăcat într-o cămașă albă și curată, confirmând natura adormitoare a gazelor și îndemnându-ne să ne adăpostim în casă.

M-am trezit și ceasul bătu ora 3. Eram așa de bucuroasă, de parcă era realitate. Ce bine ar fi, să nu mai fie război, care să ne distrugă țara și să ne ia și copilașii de pe lângă noi, căci tremur de grija lor. Americanii au inventat bomba atomică, care pustiește și distruge. N-ar putea să inventeze și lucruri bune, să scape lumea de prăpăd, iar energia atomică s-o întrebuințeze pentru scopuri bune, nu de distrugere?

De veselă ce am fost, n-am mai adormit până la ziuă.

Mi-am făcut toate treburile săptămâna trecută, ca să mă pot reculege săptămâna asta, să fiu vrednică să primesc Sf. Taină (împărtășania). M-a învrednicit Dumnezeu. E Paștele Domnului, zi de bucurie. Puțini oameni se bucură acum; sunt fericiți numai să mănânce și să petreacă. Dar cei nevoiași și lipsiți, cinstesc această sărbătoare.

Intâi mai. Duminica Tomei. Am și eu puțin timp liber și revin la caietul meu. Lumea e în fierbere. E sărbătoarea muncii. Nu prea-i înțeleg bine rostul. Când eram noi copii, sărbătoream 10 mai și ne bucuram de această zi. Nu știu ce simt copiii acum și ce i-or fi învățând părinții lor. L-am avut pe Nicu Sandulache, soțul sorei mele Agripina, la masă, dar fără soață. A plecat de dimineață și a reușit să ajungă la noi. M-am bucurat totuși, că el e un băiat bun și-l iubim ca pe un frate. Am petrecut restul zilei cu nepoțelul meu.

8 mai. Nimic nou.

15 mai. S-a ridicat blocada în Germania, în noaptea de 10 mai. Au circulat o mie de versiuni și milioane de nădejdi s-au născut. Gloata, de câte ori aude ceva, începe comentariile înflorite. Lumea se duce la lucru cu speranța că va veni și la noi ziua, să lucrăm în liniște, cu tragere de inimă și spor. Blocada n-a avut nici o legătură cu țara noastră. Americanii au uimit lumea. Au aprovizionat Germania, pe calea aerului, timp de 7-8 luni. Sunt dați naibii, ce mai?!

12 mai. Aș fi avut ce scrie, dar am fost prea indispusă.

La **18 mai** a venit Elvira cu drăgălașa ei Adinuța. Cam așa vine ea, în jur de 21 mai, ziua de nume a tatălui ei. De obicei vine pentru 2-3 zile, dar acum a stat 10 zile. Am fost foarte bucuroasă și timpul a trecut foarte repede. Mulțumirea mea n-a fost însă deplină. Elvira e bolnavă, a slăbit îngrozitor, iar eu sunt tare îngrijorată. Eu pun o mulțime de carne pe mine și tare-mi face rău. Inima mea a rămas tot tânără și cu plăcere de a munci și alerga, dar nu mai pot și tare-mi pare rău. Se vede că-i un blestem căzut pe capul familiei noastre, că aproape toți suntem așa.

21 mai. Sf. Constantin și Elena, onomastica lui Costică. Au venit 2-3 familii către seară, aproape nimeni, în comparație cu alți ani. Nu ne neliniștește acest fapt. Nu mai sunt timpurile care au fost și nu mai are nimeni chef de vizite. Copilașii noștri au fost aici și nici nu ne dorim mai mult. Nu mai poți să faci nici pregătirile de odinioară, care aveau și ele farmecul lor.

Iarăși n-am mai scris. Au trecut multe duminici. Mă achit mai ușor de obligațiile pe care le am față de alții, decât de cele pe care le am față de mine însămi.

18 septembrie. Am cam pierdut firul întâmplărilor și nu-mi mai aduc aminte de toate. Vara, ziua e mai lungă, soarele e așa de dulce și aerul e așa de plăcut, că aș fi putut să mă refugiez în fundul grădinii, sub nuci și să scriu. N-am putut face asta în prima jumătate a lunii iulie, m-am îmbolnăvit. M-am tot ținut eu tare, dar boala n-a ținut socoteală de mândria mea și m-a pus la pat vreo 20 zile. Am avut congestie pulmonară, dar în urma tratamentului cu injecții, am reusit să mă pun pe picioare pe la 15 august. Of, Doamne! Parcă m-a lovit damblaua. Ce harababură era și eu trebuia să stau în pat!

În acest timp, s-au copt caisele. Unii strângeau pentru predare, alții cumpărau la kilogram, iar eu ședeam în pat. Să nu-ți vie să mori? Noroc mare am avut cu biata Tatiana, care a stat aici la noi și le-a rânduit ea pe toate. Cu bancurile ei, timpul trecea mai ușor, iar eu știam că am pe cineva de nădejde în gospodărie.

Pe 15 august (Sf. Maria), am fost și eu la biserică, după mult timp. De acasă până la biserică și înapoi, am făcut 2-3 popasuri. Mi-a slăbit puterea în timpul bolii, dar din greutate n-am dat jos. Voi fi condamnată să port această greutate pe bietele mele picioare, cât voi trăi!

In ziua de 5 august au venit la noi, Elvira cu Ion cu cei doi copii și Mihăiță, fratele lui Tăchiță, iar la Lilica, fetele lui Nicu, fratele meu. Centrul de interes a fost aici la noi, că pe Lilica a trântit-o la pat, tot o congestie pulmonară. La ea e și mai periculos, din cauza plămânilor ei șubrezi. Acum, a dat Dumnezeu și a scăpat, dar mare grijă-i port! Copilița ei ne umple sufletele de bucurie, că tare mai e drăguță și scumpică!

De la copiii lui Nicu am aflat că i-a luat farmacia și el a rămas șomer. Bietul de el, care nu-i mai ajungea locul umblând și muncind în toate părțile, să ajungă acum să simtă, că nu mai are ce face! E groaznic, lucrul acesta. Mă gândesc la mine, cum m-aș simți, ca după o viață întreagă de muncă, să mă trezesc peste noapte, că mi s-au luat toate sursele de muncă și activitate. M-aș îmbolnăvi de nervi!

Gândindu-mă la el, i-am ticluit o scrisoare, în care l-am invitat să vină să se mai recreeze, la noi. M-am gândit să-l mai întorc, pe cât posibil, în fericitul trecut al copilăriei și vieții noastre de la țară. Aici, la mine, te poți substitui ușor, în viața pe care o duceam noi acum 40 ani, la Iazu. Eu urmez pas cu pas viața pe care o duceau părinții mei, având la bază exemplul primit de la ei. Am socotit că va fi o recreere pentru el, dar și o primenire sufletească. Cred că am reușit, deși uneori era plictisit. El, care a muncit din zori și până în noapte, să stea acum doar să citească și să se plimbe! Poate l-am transportat cu 40-50 ani în urmă, dar oboseala trupului ne aduce aminte, că nu mai suntem cei de atunci. Am mulțumirea, că i-am procurat, în limita posibilităților de acum, câteva zile lipsite de griji și necazuri. A stat cu noi între 1-11 septembrie. Cu el, am încheiat seria musafirilor. A mai rămas Mihăiță, dar el e al nostru, nu e musafir.

Mi-am reluat cursul obișnuit al treburilor. Muncesc din zori până în noapte, că n-am niciun ajutor. Am pripășit eu, pe aici, o zurlie de femeie, al cărei bărbat era turc, Amet Mecmadof. A trecut la religia noastră ortodoxă, iar nașa am fost eu. În ziua de 3 iulie, sub caișii din grădina noastră, a primit taina botezului și numele de Vasile Constantin. După botez, ei au pregătit o masă, la care căposul de Costică nu vroia să meargă. I-am spus că tocmai el, care a săvârșit botezul, trebuia să spună: "Zahee coboară, că azi în casa ta se cuvine să prânzim!" L-am încuiat afară cu cheia Yale și n-a mai avut ce zice. Am stat o oră, că nu ne-am dus să ne ghiftuim. Am venit acasă și ne-am odihnit, în pace și onor.

Eram mulțumiți, mai ales eu; mi se părea că am avut o victorie sufletească, să mai câștig o oaie în turma lui Hristos. Acum nu știu dacă oaia nu e cam capie și eu îmi dau silința, pe cât pot, să-l aduc la preceptele noastre creștine. El tot îi mai ridică câte o cruce sau un Hristos nevestei sale. Eu i-am spus că trebuie să-l cinstească acum pe Hristos, că e creștin. Nenorocirea este că el a învățat de la unii creștini, doar cu numele, să folosească astfel de stimulente în fața femeilor sau chiar a subalternilor lor. De altfel, ea e cam zurlie sau "căzută din dric", cum spune ea, așa că nu știu ce ar trebui să întrebuințeze, ca să o stimuleze și să o stăpânească chiar.

Mare ispravă n-am făcut cu ei, dar eram prea singură și sunt lucruri, pe care eu nu mai pot să le fac, cum ar fi mulsul vacii și ingrijirea grădinii. Degeaba m-am străduit eu să pun răsaduri de timpuriu și m-am canonit cu ele pe la geam. Dacă n-am fost în stare să lucrez și să supraveghez eu grădina, n-am cules mai nimic. Am avut o vară rece și zarzavaturile nu-s gata de cules. Roșiile nu s-au copt încă în septembrie. În 40 ani de când sunt gospodină, nu mi s-a întâmplat să rămân fără bulion, ca anul ăsta. Toate gospodinele din jur sunt în aceeași situație.

Deci, azi 18 septembrie, n-am avut prea multe de spus.

25 septembrie. Nici nu știu când a trecut timpul. E seara, patul e făcut și nepoțelul Bucuchii s-a culcat. Până să adoarmă am luat fiecare o carte să citim. Eu citesc "Cei trei mușchetari", iar el, să nu se lase mai prejos, a găsit un volumaș din colecția de 15 lei. Foarte grav, mi-a spus, că l-a apucat somnul și să-i dau un semn de carte să pună la pagina 1, unde a ajuns, ca să nu uite până mâine, unde a rămas!!! I-am spus, că mă duc afară să-i aduc un cocean de porumb, să-i servească ca semn, dar el a fost cam ofensat. Mi-a zis că râd de el! A adormit cu căpșorul aplecat, ca un îngeraș, mai ales că era obosit. L-am luat azi în vizită, la familia dr. Timan, directorul oieriei de aici, unde s-a purtat frumos și cuviincios și i-am promis că-l mai iau și altă dată. Directorul are o fetiță mai măricică decât el, dar s-au jucat frumos împreună. Lui, de altfel, îi place mai mult tovărășia fetelor decât a băieților. Îl trage ața, probabil, către fiicele Evei!

În cursul săptămânii acesteia, ca și în celelalte, am muncit o mulțime. Muncesc mai mult decât pot și-mi spun mereu că a doua zi nu voi mai avea așa multă treabă, ca, de exemplu, am mâncarea făcută. Mâine însă, se ivesc alte treburi în gospodărie și numai când le lași, ai scăpat. Să mă țină Dumnezeu sănătoasă, fiindcă aici e nădejdea, tinerețea a zburat.

Azi am primit o carte poștală de la frățiorul meu cel mare, Davidică. E internat în spital, cu o boală de piele, aparent nepericuloasă, dar care trebuie supravegheată de aproape. M-a impresionat. El păstrează din nota caldă și grijulie a părinților noștri și ne comunică și nouă totdeauna, ca să știm ce e cu el. Azi îi voi răspunde, dacă-mi pot procura o carte poștală. Merită, săracul!

După masă, am întors vizita soacrei doctorului Timan. Ea și fiica ei, soția doctorului, sunt crescute și trăite în aceleași principii ca și noi și pe mine mă atrag astfel de oameni.

Mi-am propus să evit societatea și să stau numai în bârlogul meu, crezând că voi fi mai liniștită aici. Eu sunt însă o ființă sociabilă și simt destindere și mulțumire, când mai ies din bârlog. Cred că este bine, doar abuz să nu facă omul, de nimic.

Duminică, 2 octombrie, ziua internațională a păcii. Ce de vorbărie despre pace! Dar cine o fi vrând război? Cei pe care îi numesc ei ațâțători, par mai pacifiști decât oricare alții și-și văd de treburile lor. Nu-i doare nici în tocuri, de suferința altora! Așa că, nu prea înțeleg, care sunt ațâțătorii. Au fost o mulțime de mitinguri în timpul săptămânii, în vederea acestei zile... dar nu s-a văzut nimic deosebit.

La noi în casă și în curte, tot nimic. Eu am mai troncănit picioarele pe la fete și pe la Obor (piața cu țărani). La piață nu găsești nimic, decât praf și sărăcie și am venit acasă moartă de oboseală. Aici, orătăniile toate îmi ies înainte, să vadă ce le-am adus din târg, că pare-se că știu că am plecat la Obor.

Duminică, 9 octombrie. Aproape tot timpul am fost singură. Costică a fost dus la București, iar eu am dat casa cu fundul în sus și am făcut curățenie de toamnă. A fost un bine pentru mine, că el e mai ciudat. Se zice că la toți bărbații le place curățenia, dar să nu vadă când se face. Mi se pare cam curios, că bietul meu tată era așa de bun și înțelept, că nu numai nu făcea gălăgie, dar ne îndemna pe noi s-o ajutăm pe mămica și o ajuta și el. Nu prea îi permitea timpul, că era preot și învățător. Când venea de la școală și găsea totul răscolit și scos pe afară, nimic nu zicea. Mânca unde se putea atunci, se odihnea puțin, unde și cum putea și apoi pleca să-și vadă de treburi. Doamne, cum să nu-l doresc și să-l venerez! Am profitat, deci, de ocazie și mi-am terminat curățenia.

Un C.F.R.-ist, care făcea serviciu la șeful de gară și era trimis uneori și la noi, mi-a spus cu multă admirație, că el așa cucoană combustibilă (plină de energie) ca mine, nu a mai văzut. La orice oră vine el pe aici, pe mine numai în picioare mă găsește, iar el tare se miră că pot să fiu așa combustibilă. "E și părintele, nu-i vorbă, v-ați cam potrivit amândoi, dar dânsul e ceva mai confortabil, dar dvs... e minune!"

Azi au venit copiii de la oraș (Lilica), cu odorașul lor. I-am avut la masă și au stat până seara. Țânca asta de fetiță, ne ocupă tot timpul. Vorbim noi secrete, ne împungem și ea se uită țintă în ochii mei, cu ochişorii aceia frumoşi şi mă întreabă foarte semnificativ: "Da?" Iar pleacă urechea la mine să-i mai spun un secret şi iar întreabă, de zici, că ea a înţeles tot. Cel puţin, seara la masă, era delicioasă. Am luat-o eu în braţe, ca să poată şi maică-sa să mănânce. I-am dat şi ei o coajă de pâine, pe care o mozolea în guriţă. Întindeam şi eu mâna să-i cer papă, iar ea ascundea pâinea la spate şi ţopăia. Doamne, e aşa drăguţă şi nu mai pot după ea. Abia aştept, poate o să vină şi duminica următoare. Au plecat seara, cu maşina, iar eu am rămas aici, să mănânc cu Dănuţ. El e nedezlipit de mine şi n-a vrut să mănânce cu ceilalţi, ca să n-o lase pe bunica să mănânce singură! Mânca-i-ar bunica de nepoţei, cum îmi mai umplu ei sufletul de bucurie şi mă fac să uit necazurile! El acum e mare şi se jenează să-mi mai spună Bucuca şi e foarte hotărât. Când şi-a propus să-mi spună Bunica, n-a mai zis niciodată Bucuca. Mie-mi place că-i aşa. Dovedeşte voinţă şi asta îi ajută în viaţă, că-i bărbăţel şi el!

Duminică, 16 octombrie. Mi-au venit iar odoraşele. M-am jucat cu Cuca (Anda) cea drăguţă şi iubită a Bunicii. Abia aştept să treacă zilele, să o văd şi pe ea. Hoţoaica face mereu câte ceva nou. N-o mai lasă pe maică-sa să stea lângă taică-său, febleţea ei. O trage de păr şi o dă la o parte, să stea numai ea cu el. Egoista!

În timpul săptămânii, n-am avut decât treburile obişnuite

Duminică, 23 octombrie. O zi tristă şi dureroasă. S-au scurs 6 ani, de când fratele meu Mitică a murit, săracul şi 38 ani (1911), de când prima mea fetiţă, Elisabeta s-a dus.

De ce nu văd şi nu trăiesc decât în trecut? Tot pe ei îi doresc, mereu mă gândesc, că era mai bine atunci. Viitorul nu-l putem prevedea, că n-am mai fi oameni. Sunt oameni extraordinari şi pe pământul acesta, dar noi nu facem parte dintre ei.

Prezentul mă înfioară. Bâiguim, nu trăim. Nu ştim nici ceasul ce vine, ce ne aduce, dar ziua de mâine! Doamne, ne vei mai face şi nouă parte de linişte, sau vom afla-o când vom merge, "unde nu-i durere, nici întristare?" Totuşi, noi dorim să mai trăim, să vedem limpede starea asta de lucruri, să mai muncim cu râvna cu care munceam înainte.

Zic încă o dată "Veşnică odihnă fă Doamne sufletelor adormiţilor robilor Tăi şi aşează-i pe ei în corturile sfinţilor!" precum este scris, iar nouă dă-ne putere şi tărie, să putem înfrunta valurile acestei vieţi.

Duminică, 30 octombrie. În timpul săptămânii trecute, pe 26 octombrie, am avut sărbătoarea Sf. Dumitru. Potrivit timpurilor de acum, am fost numai noi, la copiii noștri Lilica și Tăchiță, spre a celebra întreita sărbătoare. Sf. Dumitru este ziua de naștere și nume a lui Tăchiță, iar pe 27 octombrie a fost ziua lor de logodnă și noi le-am prăznuit pe toate, odată.

N-am fost prea bucuroși, că li se întâmplase un necaz. O nemernică de servitoare, pe care au avut-o în casă, chiar în noaptea aceea a fugit, furându-le 1000 lei și mai multe lucruri. Pe mine mă mâhnesc grozav lucrurile astea. Tăchiță a dat-o în urmărire și am aflat azi, că a prins-o la concubinul ei, tocmai în Stâlpu, județul Buzău. Sunt o păcătoasă fără pereche! Am auzit că o aduce pe jos, din post în post, până aici. Sunt tristă și nu știu unde m-aș băga, să nu mai aud de lucruri din astea, care au devenit așa frecvente. Lumea s-a făcut rea, fără rușine și fără scrupule! De ce nu m-o fi lăsat Dumnezeu să mă fi născut și să fi trăit în pustie, în codrii, numai în această lume dornică de răzbunare și crudă, să nu mă fi lăsat sau să-mi fi dat și mie o fire asemănătoare. Căci aceasta, de la natură este, nu poate omul, Doamne ferește, ceea ce vrea, din firea și conștiința lui. Dar ce să fac? N-o s-o mai duc așa mult, simt asta!

Tot azi, am mai făcut o ispravă nereușită. Am vrut să-mi ajut bietul meu fin, pe care l-am botezat, să-și scoată toate actele, spre a se cununa și el civil. Când colo, analiza Waserman i-a ieșit pozitivă și trebuie să aștepte, până îi iese negativă. Măsura o fi ea bună, dar cum e cazul lor și al multora, nu face decât să încurajeze concubinajul, căci ei vor trăi înainte, cum au trăit și până acum, de 3 ani încoace. Am venit acasă fără izbândă, numai cu cuvinte de încurajare pentru ei, să-i determin să-și facă injecțiile necesare, ca să fie și ei oameni, între oameni.

Am oprit pe Dănuț la noi și ne-am astâmpărat seara în odăița noastră, unde-i căldișor și bine. Afară a început frigul, dar nu e ploaie și va fi secetă, ca anul trecut. Când umbli, te îngropi în praf. N-a mai plouat din august. Bietul grâu a răsărit rar, subțire și firav.

Duminică, 6 noiembrie. Am stat toată ziua acasă, nici la biserică nu m-am putut duce, că gospodăria noastră nu se poate să rămână singură, nici un pic. Haimanalele astea de găini, cu toată dragostea ce o am pentru ele, sunt foarte vitrege cu noi. Se cocoață și râcâie paiele bietelor vite, de nu se mai alege nimic de ele. Proastele, eu le-am adus și doctorul, să le facă injecții, să le scap de boală și moarte și ele, scârboasele, mă necăjesc mereu!

Duminică, 13 noiembrie. Mă ia amețeala, când mă gândesc, cum în fiecare zi, mă scol dis de dimineață, dau mâncare la porc, dau drumul la păsări, vin în casă, fac curat, mâncare și vine imediat seara, iar cu hrănit porcul și păsările...

Repeziciunea cu care trec zilele, cu aceleași treburi, chiar mă amețește și aștept seara cu dorința să mă culc și să mă odihnesc, trupește și sufletește.

N-adorm curând, dar în întunericul nopții, găsesc multă liniște. Ochii gândului meu privesc în depărtări, iar urechile mele aud multe zgomote, pe care, în lumina zilei nu le disting. Am și o mulțime de treburi, care se cer imperios făcute și n-am timp decât pentru ce-i în imediata mea apropiere. Nopțile de iarnă au început să fie cu adevărat odihnitoare pentru mine și nu le mai urăsc, ca înainte.

Azi am avut plăcerea să-mi primesc iar copiii. A venit Lilica cu țânculica aia a ei, care s-a făcut foarte drăgălașă și am mers la biserică, unde au venit și Tatiana cu Dănuț. Am venit acasă, înconjurată de fete și nepoței și mi-am petrecut ziua împreună cu ei. Mai am ce dori, Doamne? Da, mai am: stabilitatea vremurilor, să știi pe unde pui piciorul.

Acum, după ce Dănuț a adormit și Lilica cu ai ei au plecat, m-am apucat să scriu rândurile de mai sus.

20 noiembrie. Ce duminică frumoasă și odihnitoare! Ce mulțumită și odihnită sufletește mă simt, când am câte o zi ca azi! Mi-au venit frații, întâi Agripina, mai pe urmă Jeni cu Petrică și micuțul lor "Tatalu", cum își spune el. Numele lui e Cătălin. Am fost veselă și mi-a făcut bine, că asemenea bucurii te scot din monotonia obișnuită. Pentru mine, astea sunt lucruri duioase și dorite. Noi am fost frați buni și legați sufletește, așa cum suntem legați și prin sânge. Seara au plecat toți, iar eu am făcut puțină ordine în chilioara noastră aci. E tare mică și ordinea, dar mai ales dezordinea, se fac ușor.

Zilele, ca și nopțile sunt minunat de frumoase, parcă n-am fi în noiembrie. Eu nu știu cum s-au sucit anotimpurile așa. Oare răsturnările astea, care se petrec acum, natura le face, de se aplică și la anotimpuri? Pare-se, că așa e.

Am mai ieșit și eu prin oraș, nu mă duc în altă parte, că nu simt nevoia și nici nu mă distrează. Mă duc pe la fetițele mele, să mă destind și să mă joc cu nepoții. Sanda Lilicăi se silește, pe zi ce trece, să ne ofere mai multe drăgălășenii, mereu altele și mai nostime.

Ieri am fost cu fratele Valerian, să ne preschimbăm buletinele. A fost obligatoriu, dar m-am distrat totuși. Domnișoara de acolo se uita cu un ochi la slănină și cu altul la făină. M-a întrebat, foarte gravă, dacă știu carte, dacă știu carte multă. I-am spus și eu că știu destulă, cât să mă iscălesc. Dacă mi s-ar fi pus întrebarea asta acum câțiva ani, m-aș fi simțit foarte jignită. Cum, așa aparență am eu, ca să nu știu să mă iscălesc? Dar, poate funcționara de atunci, nici nu mi-ar fi adresat asemenea întrebare!

Tot așa de gravă, s-a apucat să mă înregistreze acolo. Scria încet, măsurat, cu litere de tipar, cum scrie Dănuț: PALAS MAȘINA NR 4. Am înțeles atunci, de ce i-am făcut domnișoarei impresia că n-aș ști carte. Și eu care am pretenția să-mi scriu jurnalul meu!

În ziua de 29 noiembrie mă voi duce să-mi iau noul buletin.

27 noiembrie. E tot o zi minunată. Lilica și codița ei au venit la biserică, la fel ca Tatiana și Dănuț. El a rămas la "Bunicica", ca de obicei. Mânca-i-ar Bunica de nepoței, că tare-mi mai sunt dragi! Lilica cu fetița și Tăchiță au stat până seara. M-am jucat mult cu fetița lor. Mi-am amintit, că acum un an, ea a plecat la București, că i se apropia nașterea. Ce repede a trecut timpul, te ia amețeala, când realizezi asta.

Ca în fiecare an, pe 21 noiembrie am fost la biserică, fiind Intrarea în Biserică a Maicii Domnului. Acasă, am mutat pe finul Vasile cu Ileana, în curte aici la noi, ca să fie mai aproape. Noi nu mai suntem tineri și eram singuri aici, cu o gospodărie închegată.

Duminică, 4 decembrie. În cursul săptămânii, care a trecut, a fost Sf. Andrei, cel dintâi chemat. Era onomastica lui tăticu. Am făcut colivă și am fost la biserică. Am observat, cu mulțumire, că glasul lui Costică, nu strigă chiar în pustie! A fost lume, mai multă ca duminică. Au venit, fie să asculte cuvântarea lui despre viața Sf. Andrei, pe care an de an le-o istorisește, fie din curiozitate, că erau mai multe femei, să vadă dacă am făcut o colivă mare și frumoasă. Noroc că eu nu mă sinchisesc de opinia cucoanelor de pe aici. Fac ce știu, cât pot și cum pot. Vreau să-mi împac conștiința mea și reușesc, fără să-mi pese de altceva. Părintele meu a fost un preot de țară, modest și cu sentimente frumoase creștinești. Nu făcea nimic din fală sau mândrie, iar eu mă silesc să-i calc pe urme. Probabil că sunt croită după asemănarea lui.

A venit și sora mea Agripina la slujbă și a stat până după masă. A venit și soacra doctorului de la oierie, care habar nu avea, că eu fac parastas pentru Sf. Andrei. Seara au venit Lilica cu Tăchiță, să mănânce colivă.

Azi, 4 decembrie, am fost cu Dănuț, la Lilica. Drăgălașa ei fetiță s-a îmbolnăvit. E cam țeapănă la gâtișor, dar un specialist de nas, gât și urechi, a spus că ar fi din cauza caninilor. Ei produc așa tulburări mari și temperatură. Destul că ea, mititica, e indispusă și strâmbă. Am venit seara acasă și așa am încheiat săptămâna.

Duminică, 11 decembrie Au venit fetele, cu Dănuț. El rămâne aici, la Bunica și luni dimineață îl conduc la mașină și-l dau în grijă la taxatoare și se duce singur acasă. El e mare acum. Are 6 ani. În cursul săptămânii (6 decembrie), am fost la Nicu, soțul Agripinei, de ziua lui și la alți doi fini ai mei, tot Nicu, după nume. Miercuri, am fost la oierie, la soacra doctorului.

Duminică stau cu ochii pe fereastră, să văd dacă nu-mi vin copiii...

Partea 6 (1950)

Ce de duminici au trecut! N-au fost evenimente deosebite și n-am vrut să repet aceleași nimicuri.

5 februarie 1950. Sistematic, în fiecare an, pe vreme aceasta Costică se îmbolnăvește. Sunt multe servicii, unele după altele, e frig și el s-a șubrezit de tot și e foarte sensibil la răceală. Când se duce la doctor, nu-i găsește nimic, contrar mie, care n-am nici un organ sănătos, dar arăt bine, grasă și frumoasă.

El zace toată săptămâna în pat și duminică pleacă la slujbă, ca după ce iese din biserică, să-l apuce clănțăneala. Parcă-mi vine să-mi iau lumea în cap, să nu mai văd atâta boală! Acum a început să se simtă mai bine și eu mi-am reluat firul povestirii. Îmi vine să râd acum.

După ce am scris atâtea lucruri rele, închei și eu, cum a încheiat un biet învățător, dintr-o comună de pe malul Ialomiței. Făcea un raport către revizorul școlar, ca acesta să dispună să nu se mai țină clasele în școala lui, căci a inundat-o Ialomița și apa a ajuns până la ferestre. Nu exista nici o locuință pe aproape, unde ar fi putut să țină clasa, fiind inundat tot satul. După ce și-a spus și el toată amărăciunea și a arătat starea de lucruri, în raportul lui, a încheiat, spunând că apele sunt în scădere. După ce am spus atâtea despre boala lui, închei, că acum, e de fapt mai bine.

12 februarie. Săptămâna aceasta, pe 5 februarie a plecat din rândurile noastre, în ceata drepților, cumnata mea, Sandi, soția lui Nicu. M-am zbătut și eu mult, să mă duc, dar n-am reușit. Aș fi vrut să mă duc pentru ea săraca, deși ea nu mai știe nimic și pentru bietul și bunul meu frate, să-l mângâi cu un cuvânt, cel puțin, dacă se poate, în asemenea împrejurări. Eu am trecut prin dureri de astea și pe mine, prezența tăcută și resemnată a cuiva, mă mângâie mai mult decât vorbele și condoleanțele. Ce să faci? Sunt lucruri care fac parte din lume și în lume trăiești. N-am făcut altceva, decât să-i telefonez și a rămas hotărât, să mă duc la parastasul de 40 zile.

În timpul care s-a scurs, de pe la 11 ianuarie la 6 februarie, am avut niște geruri cumplite. A scăzut temperatura la -30 °C și chiar -32 °C. N-am mai avut așa geruri de nu știu când și să se țină lanț, ca acum, nici n-am apucat.

19 februarie. Lăsata Secului pentru postul mare. Fără fast mare. Doar copilașii noștri au venit și părintele Chiril cu soața și copilul. Noi îl considerăm și pe el ca un copil spiritual al nostru. Costică s-a dus să doarmă la Lilica, Tăchiță nefiind acasă, iar eu am rămas acasă cu nepoțelul meu, straja Bunicii.

Duminică, 26 februarie. În cursul săptămânii, pe 23 februarie au avut loc alegerile din Anglia. Ce nerăbdare pe lume, să vadă cine iese în alegeri. Opinia publică era că iese Partidul Conservator, cu "Curcilă" (Churchill). Îl știe lumea, că ar fi mai dinamic și mai hotărât.

Toți sunt nerăbdători să vadă ce schimbări vor fi, după atâtea pregătiri, armament și baze navale ce se mai fac! Probabil că n-a sunat încă ceasul, de se tărăgănează lucrurile. Laburiștii au 8 scaune mai mult decât ceilalți. E vorba să facă din nou alegeri. Mie mi-a ieșit în cărți, că nu ies Conservatorii, ba mai mult, o să fie balotaj, deși Costică spune, că la englezi, nu se admite așa ceva. O să mă apuc să dau în cărți, că doar mi se și cuvine, acum, că merg spre bătrânețe!

Duminica, 5 martie. E o zi minunată, o zi de primăvară, mi se pare că n-o să mai fie vreodată vreme rea! Au venit Lilica cu fetița. Umbla și ea, ghemul, în piciorușe. Se foia în biserică, printre lume, dusă de mânușită de verișorul ei mai mare, Dănuț. Făcea gălăgie și întindea mânușitele la Tata Moșu, să o ia în brațe, când îl vedea în ușa altarului. Tare s-a mai făcut drăguță și ștrengăroaică!

Cum trece timpul de repede! Parcă a început să nu mă mai impresioneze nimic. Când eram copilă și mai tânără, mă bucuram de sosirea zilei de întâi martie. De abia așteptam să port mărțișorul, cu care se împodobea orice fetiță; era vestitorul primăverii, cea mult dorită de mine! Este anotimpul pe care-l așteptam cu cea mai mare bucurie. Acum am mai pierdut din entuziasmul meu și sunt mâhnită că nu mai pot munci așa cum îmi cere inima și firea mea. Primăvara mă scol la ora 5 și deși nu se luminează bine până la ora 6, îmi dă inima brânci, să mă scol mai repede. Liberez viețățile curții din captivitatea unde le ținem noaptea, din cauza dușmanilor cu 2 și 4 picioare, număr ouăle de la găinușe, pe care îmi place să le aud cântând și scot văcuțele la soare.

Ei, uite! Asta-i viața care-mi place! Nu sunt însă și voioasă, deși îmi fac toate treburile, dar mai încet. Mi s-au umflat rău de tot picioarele, mă dor încheieturile de la mâini și picioare, iar mijlocul nu m-a mai slăbit de astă vară, când am avut congestia pulmonară. Deabia aștept să plec la București, să-l mai consult pe Sandu, să văd dacă e reumatism sau altă boală, să știu ce măsuri să iau. Nu mă pot suferi bolnavă și prefer să mor, decât să trăiesc așa, să nu mai fiu bună de nimic!

Duminică, 12 martie. E a treia duminică din post. Am fost la biserică, cu aceeași cucernicie, ca și altă dată. Ce înălțare sufletească e pentru mine, când biserica noastră sărbătorește aceste zile deosebite. Azi se scoate Sf. Cruce. Preotul explică frumos și pe înțelesul tuturor însemnătatea acestor zile. Ce bine ar fi fost pentru Costică să fie numai preot! După amiază ne-am petrecut ziua amândoi, singurei. Către seară, a venit familia Marcu, cu micul lor nepoțel. Sunt oameni buni. El e simpatic prin optimismul lui, iar Florica, prin prezența și cumpătarea ei la vorbă și la fapte. Eu o iubesc mult și regret că ne întâlnim rar. Mi-a promis că va veni cu o prietenă a ei, care vrea să mă cunoască. Eu sunt bucuroasă de oaspeți!

După ce au plecat ei, pe la ora 20, m-am plimbat mult pe afară. E o noapte splendidă. Nu e frig deloc, nu e lună, dar cerul e spuzit de stele, deși întunecat. Se potrivește cu sufletele noastre lipsite de lumină, care nu așteaptă nimic bun. Cocorii au început să vină. Nu-i văd în noapte, dar le aud glasul. Ascultându-le salutul, până ce nu s-au mai auzit, m-am gândit că vine primăvara. Am intrat apoi în casă și m-am culcat.

Duminică, 19 martie. M-a ajutat Dumnezeu și m-am dus la București, la parastasul de 40 zile, al cumnatei mele Sandi. M-am ținut de promisiunea față de conștiința mea și față de bietul meu frate Nicu. L-am găsit atât de deprimat, cum nu m-am așteptat, ba încă își mai făcea și procese de conștiință, că nu s-a purtat așa cum trebuie. Soția lui a avut mereu ultimul cuvânt, chiar dacă el a cedat uneori cu greutate. Ce-ar fi pe bietul Costică, dacă voi muri eu întâi, când o viață întreagă am fost numai în opoziție! Am stat între 17-22 martie și nu mi-au ajuns picioarele, ducându-mă să-i văd pe toți, că toți voiau să mă aibă în mijlocul lor.

Duminică, după parastas, am promis sorei mele mai mari, Voichița, că mă duc s-o vizitez. Acolo au venit toți frații aflați în București, cu fii și nepoți, ca să mă vadă și să stăm de vorbă. Situația asta nu-i deloc potrivită firei mele, mă simțeam jenată. Nu-s deloc obișnuită să se facă atâta caz de persoana mea. Mă bucură acest fapt, dar mă și jenează. Când văd că pe acest pământ atrag numai iubire, îmi vin în gând cuvintele din scriptură: "Dacă ar fi fost din lume, lumea l-ar fi iubit pe El!"

Probabil că eu sunt prea din lume, dar cine m-a coborât printre oameni și mi-a dăruit din plin această iubire, pe care o primesc, dar o și dăruiesc, va ști să mă judece și va vedea, că în dar am luat, în dar dau și eu.

Miercuri seara am venit acasă. La gară mă aștepta Costică. Era ploaie și urât, dar el era voios că am venit! Și mie mi se părea că sunt așa de apărată de intemperiile nopții și de oamenii răi, care mișună peste tot. La vreo 200 m de gară, se apropie de noi, o femeie cu un fular alb, care aproape ne cade în genunchi, făcându-ne o temenea. Întâi m-am speriat, că noaptea mi-e frică de oameni și de câini. Când colo, era Lilica, mânca-o-ar mama! Tăchiță era la serviciu și ea nu mai avea răbdare până a doua zi. A lăsat fetița cu o femeie bună, pe care o avea și a venit să doarmă aici. Eu am istorisit până la ora 23, din fir a păr, de când m-am urcat în tren și până am coborât. Mulțumiți, am adormit, reluându-ne a doua zi treburile obișnuite. Așa-i la noi și mi se pare, că nicăieri nu-i bine și frumos, ca în căsuța noastră!

Duminică, 26 martie. Am botezat azi copilul Anei, luându-mi răspunderea încă a unui suflet. Deși devenim responsabili de sufletele și educația finilor noștri, în viață nu prea facem așa. Uneori botezăm, că nu are pe altcineva, sau unii botează ca să capete ceva daruri și să mai petreacă. Noroc că eu n-am și aceste păcate. Sunt tare mâhnită însă, că am greșit Crezul. Eu nu sunt obișnuită să spun rugăciunile tare și m-am trezit că nu știu rândul următor. Mi-a părut așa de rău pentru Costică, că el nu admite să nu știe cineva Crezul și tocmai eu, soția lui, să greșesc în fața enoriașilor! Cred că n-am să mai botez niciodată!

Duminică 2 aprilie. Floriile. Am fost la biserică și am primit în sufletul meu, pe Iisus Hristos, cu ramuri de răchită în mână. Sunt cam tristă, deși primăvara aceasta promite să fie frumoasă și dulce. Sunt ploi abundente și e călduț. Bietul Costică, însă, e tare necăjit și muncit! A venit de la Minister o comisie, care i-a făcut o mulțime de mizerii. Că nu-i grădina îngrijită, că nu știu ce nu i-a mai găsit, ba ne-a mai reclamat și la Miliție pentru sabotaj, că din rea voință, nu ne-am ocupat de ea. Parcă de 17-18 ani, de când o avem, numai îmboldiți de alții am lucrat-o și îngrijit-o! Pricopseală după urma ei n-am avut, căci în atâta timp, am avut vreo 3-4 ani recolte bune de caise, încolo, am făcut umbră pământului degeaba. Noi însă, care am fost oameni muncitori și ne-am ținut de ea mereu, ne-am scos hrana zilei, pentru noi și animale. Dacă n-am fi avut-o, cred că am fi murit de foame! Acum probabil, de aia au pus ochii pe noi și ne pisează cu amenințările, ca să ne facă să ne lipsim de ea de voie, sau dacă nu, să ne lipsim de nevoie. Ne-au dat termen până la 25 aprilie, s-o curățim de omizi și să văruim pomii, că dacă nu, ne aplică sancțiunile cuvenite după lege.

Duminică, 9 aprilie. Învierea Domnului, Paștele. Ca-n toți anii am făcut pregătirile de Paște, dar cu mai puțin entuziasm. Parcă mă-ndeamnă inima să fac mai multe pregătiri sufletești, unde și înaintez în vârstă, iar timpurile se îngreunează din ce în ce mai mult.

Acum ne lipsește dispoziția sufletească, privim cu groază fiecare zi ce vine. Azi e frig și ploaie, iar eu sunt obosită, că am dormit puțin ca să merg la biserică la miezul nopții. Am vrut să primesc lumina de la preot, ca în fiecare an și credeam că lumina Domnului o să-mi lumineze sufletul! S-a bucurat săracul Costică, de lumina Mântuitorului, atât cât a primit-o și am stat în biserică.

Acum mi-au plecat copiii. Voi mânca un oușor roșu, voi bea un păhăruț de lapte și mă voi culca să-mi odihnesc trupul și să-mi liniștesc sufletul!

16 aprilie, Duminica Tomei. Toma este apostolul iubit al Domnului, care din dragostea lui cea mare pentru Hristos, a fost și necredincios. El a vrut să pipăie coasta și semnele cuielor, ce le-a avut Hristos, ca să se încredințeze că El este, când L-a văzut. Apoi a exclamat: "Domnul și Dumnezeul meu!" Pentru noi cei de acum și din totdeauna, Iisus a spus "Fericiți cei ce nu vor vedea și vor crede!"

Săptămâna aceasta mi-au venit mai des copiii, că e mai cald și ziua e mai lungă. Astăzi am dat cloșcuța jos, prima pe anul ăsta, cu 17 puișori. Ce drăguți și mititei sunt! Dacă ar da Dumnezeu vremuri bune de pace, să pot să-i cresc și să-mi văd și de gospodărioară.

23 aprilie, Sf. Mare Mucenic Gheorghe. N-am avut mare lucru de scris, dar aseară am avut iarăși momente de transportare sufletească. Îmi terminasem treburile, neobișnuit de devreme. Am făcut candela și stăteam liniștită în pat și mă gândeam și eu la multe, când mi-a venit în minte un tablou de acum 4 ani, în 1946. Erau încartiruiți la noi doi ruși, soț și soție. Dimitri era locotenent, iar Raisa, maior. Erau oameni cumsecade. El avea marele cusur, după noi și marele dar, după ei, de a bea, așa cum numai rușii știu să bea. Nu erau nici proști, nici nesimțiți. Făcusem candela și ardea frumos sub icoana Sf. Gheorghe și eu meditam. N-aveam pe nimeni cu noi. Copiii erau plecați. Tatiana se mutase la oraș, iar Lilica era dusă la Tăchiță la Breaza, unde era dus să facă o școală de instruire a ostașului și omului de tip nou.

Locuiam în casele bisericii, la Palas. Era o primăvară frumoasă. La noi în casă, e totdeauna o atmosferă mistică și curată, mai ales în ajun de sărbători. Deodată, intră în cameră Dimitri, furtunos și gălăgios, cum avea obiceiul și se oprește în ușă, fascinat. Și-a scos chipiul de pe cap și a spus "Framos, mama, framos! Ce crezi tu, mama, că Ghiorghi e sfânt?" I-am spus, că nu e numai sfânt, dar și martir. "Nu, mama, Ghiorghi e Ghiorghi, ostaș ca și Dimitri și Sașa și Ivan. El nu e sfânt." A zis așa, pentru că așa era obișnuit să zică, cum au început să fie învățați și copiii și nepoții noștri. Dar a rămas mult timp cu chipiul în mână. Se trezise în el misticismul rusului, al slavului sentimental și duios.

După câtva timp, mi-a zis: "Să nu crezi, mama, în sfinți că n-au existat și nu există, dar tu, mama, să aprinzi așa candela la Ghiorghi, că-i tare frumos!" În aceeași poziție respectuoasă a dat un pas înapoi și a ieșit din cameră. Tabloul era minunat, iar efectul lui a avut atâta putere asupra mea, că în loc să mă facă Dimitri să cred ceea ce voia să spună el, eu am rămas cu convingerea că Sf. Gheorghe avusese atâta putere asupra lui, ca oștean vrednic și martir ce a fost, că îi clătinase în suflet, tot ce clădiseră învățătorii lui, timp de 30 ani. El era un comunist convins și bine documentat.

Au trecut de atunci 4 ani și noi mergem cu pași mari, către aceleași credințe, ca și Dimitri. Mă uit la Dănuț, care crește și se dezvoltă, ca o floricică. Dacă timpurile rămân astfel, copiii sunt în perioada de prefacere; în suflet, cred că tot o să mai aibă ceva din creșterea și obiceiurile Bunicii, în special, dar în societate vor fi și ei ca Dimitri!! Ce să zic? Cum va voi Dumnezeu. Dacă Dumnezeu va voi ca turma lui Hristos să dispară, poate s-au rătăcit prea mult oile Lui sau mai multe au căpiat și atunci, sigur, își întoarce fața de la noi și ne lasă pe calea pe care ne-am ales-o, până la venirea înfricoșatei Lui judecăți.

30 aprilie, o duminică obișnuită. Mie parcă îmi vine să închid ochii și să mă trezesc peste 10-11 zile, ca să nu mai văd lumea asta cum se duce de râpă. Ce de risipă de bani, de materiale, de forțe, ca să se facă pregătiri pentru sărbătorirea zilei de întâi mai! Parcă n-ar putea să sărbătorească și fără atâta risipă de toate și chin!

7 mai. Nici nu s-au astâmpărat bine cu 1 Mai și acum au început cu 9 mai. Să le fie de bine!

14 mai. Tare mă tem, că n-am să mai pot să scriu. Sunt așa mâhnită și descurajată, parcă n-aș vrea să se vadă că viermele descurajării, acest dușman, mă roade încet și mă sapă.

Dumnezeu nu ne mai dă ploi, e o secetă pustietoare. Se pârlește tot și ce frumos era grăulețul, săracul și ovăzul, hrana bietelor animale! Ce ne-om mai face, Doamne, dacă ni le iei așa din mână? Ba în cursul săptămânii acesteia, am mai dat de un necaz. Fetița, văcuța cea tânără ne-a făcut un boulet, însă l-a făcut înainte de vreme, numai la 7 luni. Nu știu ce accident să fi avut, săraca, de l-a fătat mort. Ea e un animal bun și mă lasă să o mulg, cel puțin să nu-i pierd și laptele! Toată săptămâna am fost necăjită cu ea, că unde a născut așa devreme, n-a eliminat și casa (placenta), vreo 3 zile și am avut-o sub îngrijirea medicului veterinar. Vai de capul nostru!

Frumoșii ăia de la București au început să-și arate iarăși colții. Săracul Costică a muncit ca un nenorocit. A cărat, numai cu spinarea lui 6-800 kg de soluții diferite, ca să stropească pomii, dar cum zic, parcă și natura ne stă contra. Din cauza acestei secete posomorâte, ce se întinde fără de hotare, pomii au fost năpădiți de o plagă. Sunt omizi atât de multe, că umblă și pe jos, calci pe ele. Bieții pomi, i-au tocat, nu alta. Parcă te prinde jalea, când vezi că stau bietele fructe singure, pe crăcile golite de omizi. Să vedem ce o mai fi. Ne așteptăm la orice!

21 mai, ziua numelui lui Costică, al mamei mele, săraca și al fetei Lilica. Foarte puține pregătiri am făcut. Îți trebuie o stare sufletească mai bună și voioșie, ca să le faci. Nouă ne lipsesc acum, așa că ne mulțumim cu ce ne dă Dumnezeu! Am avut mare bucurie aseară, pe la ora 20. A venit frățiorul meu Nicu, de la București. Eu mi-am așteptat și copiii, pe Elvira și Adinuța, cel puțin. N-au venit nici ele, mititelele, deși devenise aproape o tradiție, să vină la onomastica lui Costică. Lipsesc banii ăștia, din ce în ce se simte mai mult lipsa lor!

Am petrecut săptămâna cu cloșcuțele mele și cu necazurile, că acum s-au învățat niște caragațe-cotofene, să-mi care puișorii. De la o cloșcă, pe care am dat-o jos cu 16 puișori, mi-a luat 10 și de la alta, 3, așa că toată ziua mă țin după ei și tot nu pot să-i scap, săracii!

Ziua de 21 mai am petrecut-o cu copilașii noștri. Dimineața de la ora 10-13, am fost la o serbare școlară, a grădiniței de copii, unde funcționează Tatiana. A fost foarte reușită. A avut mititica niște numere minunate și o piesă de teatru pentru copii, Capra cu Trei Iezi. Nepoțelul Bunicii s-a achitat și el foarte bine de rolurile ce le-a avut. Cu toată greutatea de a mă duce și a mă ține pe picioare, din cauza nenorocitei de gute, ce-mi dă niște dureri atroce și cu toată supărarea lui Costică, când plec eu, nu regret că m-am dus. Îmi terminasem și treburile acasă, după cum mi-am calculat. Mândria mea de mamă a fost satisfăcută, iar nepoțelul meu s-a simțit foarte mulțumit, că a venit cel puțin, Bunica. Spusese, că dacă nu vine Bunica să-l vadă, nici nu mai spune poezia.

După masă, ne-au mai venit rude și prieteni, cei ce ne iubesc și nu ne uită. Ne-am astâmpărat pe la culcușurile noastre deabia pe la ora 22.

28 mai, duminica cinzecimii, a Rusaliilor, cum i se zice în popor. În cursul acestei săptămâni am mai dat jos de pe cuibar o cloșcă cu 41 puișori, care sunt de fapt, de la 3 cloști. Datorită îndemânării și bunăvoinței lui Mihăiță, am acum 4 gratii sistematice, pentru uscat fructe. Le-am prins una de alta și am făcut o cușcă, în care am băgat puii și cloșca. Pe lângă că am un dublu serviciu de la ele, pot să-mi bat joc și de caragațe, care mereu dau târcoale și fac zâmbre, când văd atâta clădăraie de puișori și ele nu pot să se mai ospăteze din ei.

Marți am fost cu Nicu pe la Lilica, să-și ia rămas bun. Sunt foarte descurajată. Sunt bolnavă, mai mult decât cred și par. Aproape nu mă mai pot încălța și merge. Umflăturile sunt pronunțate la mâini și la genunchi. Dacă merg așa, curând n-am să mă mai pot da jos din pat, iar cu mâinile nu voi mai putea face nimic. Imi vine să urlu, nu altceva. Cu greu le duc pe toate la capăt: să mă pieptăn, să mă închei la pantofi... Doamne, Doamne mai bine să mă iei, decât să ajung așa nevolnică!

O să ajung să nu mai pot scrie, tocmai acum, când am un caiet, pe care l-am dorit așa mult, să-mi aștern gândurile și simțirile. L-am rugat pe Nicu, la plecare, să vorbească cu ginerele lui, Sandu, doctorul, să vedem ce-i de făcut. Sunt profund îngrijortă, că noi ăștia, care nu avem sindicate (al preoților s-a desființat), nu avem cartele, suntem considerați burjui (burghezi) și nu se mai poate să beneficiem de absolut nimc. Nici la băi nu suntem primiți, nici o îngrijire de nicăieri! La gunoi cu noi, nu mai suntem buni de nimic! Și nici măcar nu se gândesc, că tot oameni suntem și noi și nu facem rău nimănui; să ne lase să trăim acolo, omenește, nu să ne lase ca pe câini. Și eu nici câinii nu-i las fără îngrijire și fără hrană, deși îi țin toată ziua în lanț!

Ieri a fost sâmbăta morților. Am făcut și eu colivă și am împărțit ce și cum m-a ajutat puterea, că cine știe cum mai e și anul care vine. Azi am fost iar la biserică. Ni s-a împărțit de către preot foi de nuc și am plecat acasă. Mi-a fost rău, n-am mai putut să iau parte și la vecernie. S-au făcut rugăciuni de ploaie, norii s-au adunat de la toate marginile pământului, s-au ridicat pe cer și a plouat în multe părți, dar nu aici, la noi.

Dumnezeu continuă să ne pedepsească. Acum e seară și după ce mi-am astâmpărat orătăniile, am scris cele de mai sus.

Duminică, 4 iunie. Cald, praf, secetă și plictiseală. N-am ce scrie.

Duminică, 11 iunie. La fel.

Duminică, 18 iunie 1950. Dănuț a împlinit 7 ani. A venit drăguțul să mă întrebe ce i-a făcut Bunica de ziua lui, că mămica lui e mereu ocupată. Regretă Bunica, dar n-a putut să-i facă nimic cu ciomegele astea de mâini și cu căldura asta nesuferită și apoi nici cuptor la mașină nu are. L-a ținut Bunica la masă aici și Tata Moșu i-a dat 100 lei, să-și ia prăjituri și înghețată, fiindcă Bunica n-a putut face nimic.

Duminică, 25 iunie. Copiii și nepoții vin în fiecare duminică și asta ne bucură mult. Altceva, nu am de scris, deși timp am mai mult. Dar să mai răscolesc prin sacul cu amintiri și fapte, poate mai găsesc ceva.

S-a răspândit vestea, că într-o peninsulă Coreea (doar ce am auzit de ea, că bine nu-mi dau seama pe unde este) a început o păruială. Până și Dănuț știe! Când învățam eu, nu-mi amintesc să fi auzit de ea. Cred că n-aș fi uitat-o, cum n-am uitat nimic din ce am învățat. Pot chiar să desenez hărțile continentelor, a statelor cu capitalele lor, așa cum era împărțirea geografică acum 47 ani. Coreea trebuie să fi existat și atunci, dar nu o fi prezentat nicio însemnătate. Tot așa există și insula Formose (Taiwan), de care acum aud, căci generalul Cian Kai Șec cu naționaliștii lui chinezi, i-au făcut onoarea să se retragă acolo. Situația acolo e ca și la Berlin: jumătate din țară e ocupată de americani, cealaltă jumătate de ruși. Pe ce chestie s-au luat la păruială, nu prea știu și nu mă interesează, lasă-i să se păruiască până i-oi despărți eu, dar s-a produs vâlvă, fiindcă popoarele între ele se bat. Americanii debarcă trupe, material de război, iar rușii îi ajută pe comuniștii coreeni. Ce se poate afla de pe la radio și de prin zvonuri, comuniștii bat pe naționaliști, până în prezent. O fi vreo strategie la mijloc, dar eu, ca și mulți alții, aș vrea să-i bată pe americani, să vadă și ei cum e o chelfăneală bună!

Lumea se așteaptă la evenimente noi și mari, circulă tot felul de zvonuri, dar eu mă tem că la noi nu se va schimba nimic. Ba parcă-mi face impresia că vor să despartă Europa cu sufletele și interesele ei, cum e despărțită și prin mări și oceane. Europa e prea bătrână și coclită, ca să mai aibă ei nevoie de tovărășia ei. Ei locuiesc un continent nou, civilizat, cu concepții și obiceiuri absolut diferite de zahariseala europeană. Mă tem că o vor lăsa pe mâna rușilor, care sunt obișnuiți și aclimatizați cu toate apucăturile și obiceiurile europenești și vor croi o viață așa cum o înțeleg și cum le convine lor. Iar peste ocean vor proceda și aceia la fel, însă după concepția lor de viață.

Ei sunt pregătiți până în dinți, dar nu ca să elibereze popoarele de sub călcâiul comunismului, cum se laudă, ci ca să știe rușii, că de ei nu se pot apropia. Așa cred eu în simplitatea mea, căci altfel, de ce stau și ce așteaptă? Eu nu ascult la oamenii porniți, care văd în ruși, pe rușii dinainte de 1917. Rușii sunt o putere de temut, că altfel nu ar aștepta americanii să-și cântărească fiecare pas. Așa că eu nu mă aștept la vreo schimbare la noi, cu toata încăierarea coreenilor. Poate Dumnezeu ne-o mai avea în paza Lui și printr-o minune, să îndemne pe careva să scape mica turmă, ce a mai rămas, din gura lupului. Dacă nu vom merita și ne va lăsa în prada celor care s-au depărtat de cărarea indicată de El, pe puținii care i-au rămas credincioși îi va întări să se prezinte cu talantul în fata judecății Lui.

Tot gândind așa, îmi văd și de gospodărie. Am uscat caise, mai multe ca anul trecut, am făcut și compot. Mă tem numai de vreo naționalizare, să mă pomenesc într-o noapte, că ne spune: "Cărați-vă!", că cineva știe la ce se întrebuințează și grădina noastră. Mi-am spus și eu părerile. Să dea Dumnezeu să fie ale unei neștiutoare, care judecă lucrurile pe dinafară! Cine știe care vor fi dedesubturile acestor fapte! Viitorul ne va arăta, dacă-l vom mai apuca. Deci, răbdare și încredere în Dumnezeu!

2 iulie. E o zi înăbușitoare. Mi-au venit copiii toți. Sunt așa de obosită, că am avut și alți musafiri. Mă bucur totuși, când îi văd pe toți.

9 iulie. A dat Dumnezeu și a dezlegat forțele cerului și a început ploaia de cu noaptea. A plouat toată ziua, mărunt și răzbit. Pe noi ne-a păgubit însă, ne-a trântit toate caisele, că n-am mai putut face nimic cu ele și am fost nevoiți să le punem la butoi. Am rămas numai cu cele pe care le-am uscat până acum, deși speram să usuc cel puțin 100 kg. Mă mulțumesc și cu asta. Să fim sănătoși și să ne lase pe loc, aici.

16 iulie. Astăzi mi-a ajutat Dumnezeu de am făcut un parastas pentru scumpii mei dispăruți. Aș fi vrut să împart și caise, dar au căzut în timpul ploii. Sunt hotărâtă să fac un parastas în fiecare an, la vremea asta, fiindcă toți au dispărut în jur de această dată. Vreau să dau și eu un fel de jertfă din rodul grâului, al pomilor, al păsărilor și tot ce am putut agonisi din această bucată de pământ.

M-a învrednicit Dumnezeu și sunt foarte mulțumită.

23 iulie. E o căldură nesuferită, haos și zăpăceală. Am treierat grâul, parcă cine știe cât am avut! Îmi pare bine că mă țin pe picioare, cu toată hodorogeala mea. Am făcut singură mâncare pentru vreo 10 oameni și am pus toate la punct bine și repede. Mă mir și eu, cum pot să mă dau peste cap! Uneori îmi vine să zic: "Ține-mă Doamne și așa, că tot nu-i chiar rău!" Azi pe la ora 14 au venit Elvira și fetița ei. Vai ce bucuroasă sunt când îi văd! Mânca-i-ar Bunica de nepoței! Cred că o să vie și Lizeta, fetița Agripinei. Și pe ea a poftit-o Bunica, să se bucure de libertatea de aici!

30 iulie. Toată săptămâna, fetele s-au dus cu copiii la plajă. La ora 12-13 vin acasă. Măicuța-i așteaptă plină de transpirație, roșie ca o ridiche de lună, dar plină de voioșie. Îmi crește inima și nu mai pot de bucurie, când îi văd apărând la capătul aleii, copiii sărind și zburdând ca mielușeii, iar mamele mai turtite de căldura și oboseala de la plajă (sunt 4 km de la Palas la Constanța la plajă, la Marea Neagră). Se circulă cu un autobuz neacoperit. Parcă mă văd când veneam eu cu ele, cârduleț, după mine.

La ora 13 a venit și Lilica de la Slănicul Modovei, unde și-au petrecut o lună de odihnă. A venit însoțită și de Lizeta, fetița Agripinichii. Dorința, idealul meu s-a împlinit, să-mi văd nepoții toți grămadă, aici, cu mine! Am avut și eu și Costică, o zguduitoare emoție, de care încă sunt cuprinsă, când am văzut-o pe Lizeta. Cum de n-a lăsat-o Dumnezeu și pe maică-sa să se fi bucurat de ea, s-o vadă mare, frumoasă aproape cum era și ea, cuminte și înțeleaptă. Doamne, Doamne, mari sunt judecățile Tale și nepătrunse de noi, oamenii! Costică s-a dus în casă și a plâns.

20 august. Am pierdut câteva duminici. Așa se întâmplă vara. Ziua-i mare, oboseala deasemenea. Nu prea am nimic special de scris și nu-mi plac banalitățile.

Acum a început o ploaie măruntică; recolta s-a dus, aproape nu ar mai fi nevoie de ploaie, dar tot e bună, astâmpără prăfăria asta, liniștește și răcorește oleacă atmosfera. S-au astâmpărat toți, dar eu nu pot, fiind prea obosită. Azi am avut aici soborul preoțesc (cercul pastoral, cum i se spunea înainte).

De când au venit comuniștii, vor să rupă absolut cu trecutul și au creat un limbaj specific. Noroc că nu mai suntem tineri, că ar trebui să ne obișnuim cu toate expresiile astea noi. Era vorba să vină vreo 30 de preoți la sobor. Dimineața n-au venit decât opt, care au participat la liturghie. La vecernie, au mai venit câțiva, cu cântăreții lor. Dacă nu era în apropierea zilei de 23 August, cred că veneau mai mulți. Mai erau împărțiți și prin alte locuri, să vorbească poporului despre însemnătatea acestei zile, ziua eliberarii României de sub jugul fascist. Nici nu prea era permis să se adune în număr mare, în preajma acestor zile.

La noi aici e un punct de atracție, că țuica lui Costică e foarte bună pentru frații preoți și cântăreți! Am auzit, că unii au regretat că n-au putut veni, or fi înghițit în sec! Slujba, în sobor, a fost foarte impresionantă, cu toate că în preceptele Partidului este să desființeze misticismul religios. Liturghia, ținută cu seriozitate, de mai multi preoți îmbrăcați în veșminte de sărbătoare, a fost cu adevărat mistică și impunătoare. La cuvântări, însă, au cam feștelit iofcaua! Preotul care a fost programat să cuvânteze era politician, iar la noi în biserică, nici nu se pomenește de politică.

La ora 13 au venit cu toții la masă, la noi în grădină, sub caiși. Făcuse Costică apel mai înainte către femeile din comunitatea bisericii de aici și ele au strâns pui, ouă, făină și chiar ceva bănuți, cu care am cumpărat varză, fructe și vin. Am făcut și pâine de casă. Câteva femei au venit de au stropolit (trebăluit) pe aici, așa că n-am muncit singură.

După masă, la ora 15, am mers iarăși la biserică, la vecernie. Au mai vorbit doi preoți, unul foarte bine, altul, mai slăbuț. Ambii cam jucau teatru. M-am gândit atunci la Dimitri, rusul, care era la noi, că în Rusia, preoții sunt și ei niște actori, n-au dar, nici har. Oare nu s-or fi contaminat și preoții noștri de acum? Preoții noștri, chiar dacă au dar, uită de el și se înfățișează mai mult, ca actori.

Pe la ora 17, am venit acasă, unde am întins din nou masa și i-am servit iar cu fripturi și cu țuică . Ploaia a început a roura din ceruri și i-a trimis pe fiecare într'u ale sale.

Eu am rămas de am rânduit totul prin curte, am adăpostit mesele și scaunele, ce ne erau trimise de la gară, ca să fie de ajuns, când se vor aranja mesele. A pierit un scaun și trebuie să-l dăm înapoi la stație. De grija asta și din cauza oboselii, n-am putut să mă odihnesc și m-am apucat de scris.

Scopul ținerii soborului, în fiecare parohie, e bun și frumos. Poporul câștigă cel mai mult; ajung și oamenii să vadă în preot și misiunea lui, nu numai darul de a strânge cu căldărușa sau sub alte forme.

Duminică, întâi octombrie. Păstrez obiceiul de a scrie tot duminica, deși au trecut atâtea săptămâni, fără să aștern vreun rând.

Între 6-27 septembrie, am fost lipsă de acasă. Am fost la Techirghiol și am făcut 18 băi calde, după prescripția doctorului. Acolo se afla un sanatoriu-cămin al preoților, înființat de răposatul Patriarh Miron Cristea. Să-i fie țărâna ușoară, săracul, că bine s-a mai gândit! Numai preoții noștri nu aveau și ei un adăpost al lor, unde să aibă posibilitatea de a-și căuta și sănătatea, ca să nu mai fie expuși speculei ordinare, ce se face în stațiunile astea, când cineva e nevoit să vină. Acum se numește Casa de odihnă a preoților, sub ocrotirea și grija actualului Prea Sfânt Patriarh Justinian Marina. Administratoare și supraveghetoare acolo, este maica stareță Nectaria Antonescu.

În această casă de odihnă și alături de această monahă, am trăit 20 zile. Am făcut băile calde, cu nămolul prescris de medic. Le-am suportat foarte bine, ceeace m-a bucurat mult de tot, că astfel am putut să fac băi adevărate, confom prescripției. Pe urmă sudația (baia de aburi), în acelaș local, pe care o făceam timp de 20-30 minute, scotea toată vlaga din mine. Când ieșeam din împachetarea, pe care mi-o făcea, curgea apa șiroaie după mușama. Veneam acasă, mă așezam în pat, făceam altă sudație. Mai ședeam 1-2 ore și apoi mă îmbrăcam, făceam ceva de mâncare și iarăși mă odihneam. Așa că, pe lângă băile pe care le-am făcut, în condiții excelente, m-am și odihnit, timp de 3 săptămâni, cum nu m-am odihnit în 41 ani, de când m-am măritat. M-am reconfortat admirabil și am venit acasă cu o poftă de muncă și o vioiciune, de parcă m-a întors cu 10 ani înapoi!

Primele zile, când m-am dus la băi, mă apucase descurajarea. Erau vreo 2-3 țoape de preotese, care mă enervau cu limba lor ascuțită și iscoditoare. Nu-mi pasă mie de oricine, așa, dar mă vedeam suspectată mereu și vizitată la orice oră din zi și seară. Cel puțin, când o auzeam pe una din ele vorbind despre Băile Herculane, la care a fost în toți anii și ce grozav era, mă enerva groaznic. N-au stat însă prea mult.

La o săptămână după venirea mea, căminul s-a golit complet. Am rămas doar eu și un călugăr, părintele Paisie. Împreună cu maica Nectaria, formasem noi o mică familie a noastră. După plecarea părintelui Paisie, am rămas doar eu și Măicuța. Ne-am împăcat foarte bine, că ea nu-i fariseu, cum sunt majoritatea călugărițelor. Ea e naturală și bună, așa că am legat o frumoasă prietenie și abia așteptăm să fim împreună și anul viitor, dacă o vor mai lăsa-o pe aici, căci multe instituții se tot luptă să pună mâna pe această vilă. Patriarhul susține, că nu o va lăsa, ba încă, mai mult, vrea să înființeze un schit de maici, cu numele "Schitul Marina", după numele său. Starețea ar trebui să fie maica Nectaria.

Am auzit asta chiar cu urechile mele, pe 25 septembrie, când l-am văzut pe părintele Ioan Popescu, alergând pe coridoarele căminului, în căutarea maicii Nectaria. Ea era plecată cu preotul satului să facă o sfeștanie, la niște cunoștințe ale lor. I-am spus unde e și el a plecat fuga, să o cheme, spunându-mi că a venit Înaltul. Mirată, am ieșit pe terasă să văd cine și cât de înalt o fi. Am văzut 2 mașini, iar pe terasă, niște fețe bisericești și câțiva civili. După camilafca pe care o avea și culionul cu o cruce bătută în pietre (nu știu cât or fi fost de scumpe), mi-am dat seama, că trebuie să fie Înalt Prea Sfințitul Patriarh al Republicii Populare Române. Le-am deschis ușa, le-am sărutat dreapta, cerându-le blagoslovenia, că era împreună cu P.S. (Prea Sfântul) Chesarie al Constanței și i-am invitat înăuntru, că era deschis. Au vizitat micul paraclis, care era la capătul vilei și au rămas mulțumiți cât era de curat și bine întreținut. În timpul ăsta, a venit și maica foarte emoționată și fâstâcită, săraca. Eu le-am explicat că măicuța se bucură de multă simpatie în localitate. În plus, ea cântă frumos și este adesea invitată pentru diverse servicii.

Le-am așezat masa, împreună cu maica, în sufrageria căminului, au mâncat, iar după masă, au plecat să viziteze niște mânăstiri aflate în sudul județului. Seara, au venit cu vreo 3 calcani, 10-12 kg de stavrizi și vreo sută de raci, pe care i-am pregătit împreună cu măicuța și i-am servit la masă. Î.P.S. (Înalt Prea Sfântul) a invitat să participe la masă și toți cei ce s-au ostenit. Am luat masa împreună cu șoferii, cu civilii, care am aflat, că erau și ei tot așa înalți prin Minister și cu fiica patriarhului.

N-a fost o masă cu fast, așa că după ce Înalții Prelați au dat binecuvântarea, ne-am săturat toți și au mai rămas, cred, încă vreo cinci coșuri de "fărâmituri". Aici, însă, nu fusese mulțime multă și numai 5 pâini și 2 pești, ci fusese mulțime mare de pește și pâine și lume puțină, așa că avusese de unde să rămână. Înainte de a pleca la culcare, am auzit pe patriarh, că va aduce o mânăstire din Predeal, veche de 2-300 ani, care va fi demontată acolo și remontată pe pământul Dobrogei, la Techirghiol. Va purta numele de Schitul Marina, întru pomenirea lui. Marți dimineața au plecat, după ce au luat măsuri să se înzestreze căminul cu de toate și să se mai facă și alte clădiri și chilii pentru măicuțe.

Miercuri, 27 septembrie a venit Costică și m-a luat și pe mine acasă. M-am simțit reconfortată, dar să vedem cât mă ține, dacă încep iar cu munca, cu vasele de spălat, cu alergătura...

Duminică, 3 decembrie. Sunt într-adevăr, mult ocupată, dar nici nu s-a întâmplat ceva special. Ce să scriu? În fiecare duminică îmi vin copiii din Constanța, dar ăsta e un lucru prea obișnuit și se întâmplă săptămânal. Același și același lucru...

Cât despre situația internațională, se bat acolo, în Coreea, pe capete. Lasă-i să se bată, dacă-i mănâncă ceafa! De aici, de la așa mare depărtare, îți face impresia, că se joacă de-a războiul. Tot așa li s-o fi părut și domnilor americani, când ne pisau pe noi și pe nemți cu bombe. De bieții coreeni și chinezi, ce să mai spun? Ei nici n-or fi știind că există o țară românească, după cum nici mulți dintre noi n-am știut de Coreea lor. Despre China știam, că este o țară mare, mare.

Revenind la Coreea, ne uităm pe atlas, ascultăm pe cei care au radio, mai citim în ziare despre mersul luptelor și ne dăm seama că au trecut cu tăvălugul distrugerii de 2-3 ori peste țărișoara aia. I-au dat înapoi pe americani, adică pe coreenii naționaliști, apoi când li se părea că o să-i arunce în mare, hop cu parașute, cu aviație și i-a luat iar la răfuială. Au sărit chinezii puzderie, în ajutorul lor și au reușit să-i dea iar înapoi. Și iar și iar și vai de biata populație de acolo și de peticelul acela de pământ hărtănit (zdrențuit) de obuze și pustiit de bombe! Cred că n-o fi rămas metru pătrat nescormonit și nepârlit de urgia războiului! Astea sunt isprăvi de război. Păi, de ce nu-l mai vrem? Că nu se mai sfârșește! Deghizat, intră unii în ajutorul altora, zic că-i ajută și, când colo, își fac toți interesele pe spinarea celui mai slab.

Să ne ferească Dumnezeu țărișoara noastră de război, că-i păcat să se distrugă atâta bogăție și frumusețe, cu care-i înzestrată, să ne scape copilașii de foc și pieire!

La noi în țară, azi sunt alegeri. Cu câteva zile înainte, am văzut anunțat pe străzi: "Votați candidații F.D.P.(Frontul Democrației Populare)". S-au făcut ședințe, în care s-au dat instrucțiuni. Noi n-am fost fiindcă suntem pe lângă 60 ani și peste. În alte părți scrie: "Trăiască victoria în alegeri!" De unde știu ei asta, înainte de a fi victorie în alegeri? Zice să votăm numai candidații F.D.P. Dar pe care alții, dacă nu mai există altă listă? Ar fi putut spune, cel mult, ca poporul român să confirme candidații F.D.P.

Pe ăștia îi consideră țara vrednici de a ține frânele în mâinile lor, iar cu mintea lor să croiască drumul nou, pe care-l tot trâmbițează de vreo 4-6 ani de zile. Ne-am dus și noi la votare. M-am dus și eu, nu că n-ar fi fost făcute alegerile și fără votul meu! M-am gândit, de ce să nu mă folosesc de dreptul ce mi se dă! Apoi, fițuica pe care mi-a dat-o și pe care spune că am votat, poate fi un act la mână, mai târziu. Ideologia lor e bună. Sunt multe lucruri bune, pe care le-au făcut. Nenorocirea e însă, că ne țin mereu sub scutul rușilor, care ne înfometează și ne lipsesc de multe daruri, care le-am putea avea cu prisosință, din țărișoara asta a noastră. Ar fi de ajuns, dacă n-am avea de hrănit și îmbrăcat atâția și atâția. Noi, personal, suntem destul de loviți, dar recunosc că ideologia lor e bună. Răul vine din proasta aplicare de către oameni și partidele politice. Partidele sunt constituite tot din oameni și chiar din aceiași oameni, care au trecut de la un partid la altul. Să vedem ce va fi mai târziu. Deocamdată s-au făcut alegerile, care se vor termina cu tobe, surle și retragere cu torțe, mai ales că n-a existat opoziție.

Am votat și eu. Nu știu pe cine, pe cel care era scris pe hârtie. M-a învățat unul de acolo, să intru în cușca aia de scânduri, să împăturesc buletinul (nu pe el) în patru, cu ștampila deasupra și să-l dau altcuiva să-l bage în urnă. Mă cam fâstâcisem eu, când am intrat acolo în sală și am văzut masa aceea mare cu dantela ruptă și atârnată. Erau acolo un șir de oameni, printre care nea Ioniță, care stăteau foarte gravi și se uitau, cu oarecare îngăduință la noi, neștiutorii și nelămuriții... Pe urmă mi-am venit în fire și am înțeles, de ce cu 3-4 zile înainte, ne ura să trăiască victoria în alegeri!

Duminică, 31 decembrie. E prima zăpadă care a căzut cu viscol și crivăț, cum erau iernile altă dată. E greu pentru noi, că am început să îmbătrânim și n-avem mână de ajutor și trebuie să ne luptăm singuri cu furia viscolului, ca și cu toate celelalte intemperii, dar unde-i suflet, tot suflet rămâne! Parcă nu mai suntem bătrâni! Înotăm pe afară prin zăpadă și venim veseli în casă lângă soba caldă. Cu toată lipsa ce o avem în casă, că trăim numai din pensioara lui Costică, suntem fericiți. El a împărțit venitul ce-l avea din popor, sau mai bine zis l-a dăruit unui confrate, ca să nu stea fără leafă. Dar el răstoarnă regula bunului simț și trece peste ceea ce se numește delicatețe și îi ia, fără a ține seama de nimic, toate serviciile de sub nas. Am auzit că Prea Sfințitul Episcop s-ar fi gândit și l-ar fi transferat la altă parohie. Mie mi-e teamă că n-o să plece și-i face numai sânge rău lui Costică.

Azi e o zi minunată, deși sunt (-11) grade Celsius. Zăpada sclipește în razele soarelui, care văzând că altă putere n-are, mângâie cu dulceața lui și privește de acolo de sus, omenirea și tot ce-i la picioarele lui. Azi n-am treabă, fiind sfârșit de an. Mâine e iar sărbătoare, începutul noului an 1951. Diseară îngropăm anul în care suntem. Eu țin, cu tot dinadinsul, să-l îngrop, fiindcă trece cu multe necazuri. Moartea și-a arătat colții, în familia noastră. Pe 2 decembrie, a murit un nepot al lui Costică, fiul surorii lui, Marioara, iar pe 20 decembrie, un cumnat al lui, a murit într-un accident, chiar aici, în gară la Palas.

De s-ar îngropa și necazurile, cu anul care trece, să scăpăm de ele!

Partea 7 (1951)

Anul 1951. Luni, întâi ianuarie. Anul nou împarte la toți câte un dar. Darul cel mai rar, este de a ști carte!

Așa începea fiecare lună, afară de septembrie și octombrie, în cărțile noastre de citire din clasa a 3-a, adică, nici mai mult, nici mai puțin, cu 51 ani în urmă. Versulețele acestea simpatice vreau să le notez, să mi le amintesc mereu. Era un dar foarte frumos, să știi carte, pe atunci. Era atâta libertate, că nu știau cum să-i mai stimuleze pe copii, să învețe carte, iar pe părinți, să nu-i lase pe copii, fără să-i dea la școală. Era învățământul obligatoriu și pe atunci, dar mulți munceau de mici și rămâneau analfabeți.

Mai trimiteau bieții învățători amenzi de câte 10 lei/lună... Atunci auzeai pe alde țața Măriuța că se alarma, de ce să-i dea părintele (tatăl meu era și învățător) amendă fetei ei, când pe fata lui Cutare a lăsat-o acasă fără amendă? Tăticu îi explica, că n-avea rost s-o aducă pe aceea la școală, că stă în aceeași clasă câte 2-3 ani, pe când fata ei era premiantă și trebuia să vină la școală, să aibe o viață mai bună. Mama, în loc să fie mândră, îi răspundea lui tăticu: "Pe asta dracu o pune să învețe, doar îi spun mereu că n-o s-o fac profesoară! Ei îi trebuie să știe să cosească, să sape, să țeasă, nu să știe carte, să facă bilete de dragoste la băieți!"

Multe dintre femeile românce, de la țară, erau îndărătnice în ce privește luminarea copiilor prin școală și asta nu era dovadă de civilizație. Un neam nu poate înainta și trăi prin el însuși, dacă are atâția analfabeți.

Mă mir și eu însă, de libertatea de atunci, când puteai ușor să scapi, dacă nu vroiai să faci ceva. Vezi, însuși poporul tindea spre deosebirea asta între straturile sociale. Lor li se părea că-i bine așa: școală să-nvețe cei ce pot și au chemare, iar cei ce sunt la brazda plugului, acolo să stea, să știe să-l conducă. Poate de aceea și ieșeau din școală oameni mari și luminați, căci aveau chemare și se țineau cu dinții de carte. Așa au fost Iorga, Delavrancea, Maiorescu, politicienii și câți alții.

Când eram copil, îmi plăceau mult versurile și viața mi se părea așa ușoară și frumoasă. Să fi auzit biata țața Măriuța, că peste o jumătate de secol, femeile nu vor fi numai "profisoare", ci chiar miniștrii și vor avea și dreptul de vot (lasă, că nu cred că țața ar fi știut ce-i votul), ar fi lăsat-o pe Ioana ei să vie regulat la școală și poate ea ar fi mers și mai departe și nu s-ar mai fi pierdut atâtea valori. Dar ce să mai zic? Și eu poate sunt o Ioană și pentru mine ar fi fost altceva, dacă nu rămâneam aproape analfabetă. Dar nu din vina mea... asta a fost soarta mea!

Astă noapte am avut aici ambii nepoței. Părinții lor au fost pe la diferiți cunoscuți, să facă revelionul, dar ei nu știu că adevăratul revelion, aici, la noi a fost. Ce zbenguiri, ce nebunii, se întreceau unul pe altul. Într-un târziu, i-am astâmpărat. Noul an trimetea pe aripile lui, somnul dulce și plin de liniște, ce numai copiii pot să-l aibă. Venirea noului an a fost vestită cu bubuit de tun, puști și sirene. L-am primit tăcuți, întrebându-ne din ochi, ce ne va mai aduce și anul ăsta?

15 februarie.
Nu mai e frig tare, oile nasc miei,
Uite februarie, uite ghiocei!

Nu-i așa că-s frumoase versurile astea? Parcă văd și acum, cum venea primăvara și servitorul aducea mielușeii în odăița destinată lor. Eu îi luam în brațe, le puneam lăbuțele din față după gâtul meu și mă jucam cu ei.

În februarie și martie, mămica punea războiul de țesut și noi, fetele, țeseam pânză și tot ce trebuia pentru casă și zestrea noastră. Ieșeam fuga, seara, din război și mă jucam cu mieii și vițeii, aceste animale blânde și nevinovate. Ce bine era Doamne, atunci!

Revenind la caietul meu, n-am scris nimic de la întâi ianuarie. Sunt foarte ocupată cu gospodăria, dar am reușit, cu toată lipsa de bani, să cumpăr nițică lână și acum împletesc de zor lucruri călduroase, necesare pentru iarnă. Meteorologul anuntase, că la sfârșitul lui ianuarie, o să fie ger mare. Speriată de gerul de anul trecut, m-am și apucat să-l echipez întâi pe Costică, el fiind mai plăpând la răceală și mai hărțuit. El muncește mai mult pe afară, fiind singur și e și el bătrânel, săracul! Pe mine m-am lăsat pe planul al doilea, căci eu, ca și pisica, sunt pe lângă sobă. Mi-am făcut și eu un batic pentru cap, așa cum poartă acum cucoanele și chiar fetele. Nu-i zic modern, căci în stil comunist, trebuie să ne lipsim de modă. Chiar aseară, când l-am terminat, Ana mi-a spus: "Să știți cucoană, că ați bătut "recolta" cu baticul ăsta. Au făcut și pe la noi pe acolo, toate femeile, dar nu-i nici unul frumos ca ăsta".

Partea 7 (1951)

Acum am terminat o parte din lucruri și apoi, azi am am implinit 59 ani. Am pus mâna pe toc, căci nu vreau să pierd legătura nici cu caietul meu. Credeam că numai eu și Titu Maiorescu ne-am născut pe 15 februarie. Azi, când am rupt foaia la calendar, am văzut că și Galileo Galilei, mare astronom din timpul renașterii, e născut tot azi, dar cu 328 ani înaintea mea. El a susținut că pământul se învârtește în jurul soarelui, a fost acuzat de erezie și condamnat la moarte prin ardere pe rug. Inchiziția a vrut să-l silească să renunțe la părerea lui, dar el a susținut, că pământul se mișcă (*Eppur si muove!*). Dacă o fi adevărată chestiunea reîncarnării, deși el a fost bărbat, oare n-o fi pus și la mine o bucățică din sufletul său, că prea mă pasionează mult astronomia, chiar dacă nu cunosc decât foarte puțini din aștrii cerești. Am fost atrasă de astronomie, ca și de geografie. Cât despre perseverența lui, în a susține ceva de care era sigur, o recunosc. Și eu sunt la fel. Sunt o ființă prea mică și m-a mai pedepsit Dumnezeu să fiu și femeie. De multe ori trebuie să renunț la lucruri, despre care eu știu precis, că-s adevărate și în taină, îmi spun, ca și Galilei, că ăsta e adevărul.

Nu știu dacă n-am trecut peste limita de modestie și nu m-am suit cu gândul prea sus, dar am făcut și eu legătura, după teoria spiritualiștilor, că în decurs de câteva secole, unele suflete, indiferent de gen, se reîncarnează.

Nu știu de ce am alunecat pe panta asta, poate fiindcă afară este o zi minunată, ca de primăvară. Soarele îmi mângâie mâna prin fereastră, cu razele lui calde și lumina lui clară îmi luminează mintea și-mi trimite gândurile de mai sus. S-au pornit zile calde. Plouă câte puțin și iese imediat soarele. Iarba a început să mijească, colo și colo vezi câte o gâză, care vrea să scape de amorțeala iernii, mătasea broaștei e țesută în fire lungi; parcă și aburul se conturează pe crestele gardurilor. În sfârșit, o adevărată zi de dulce primăvară. Mă țin după găini, pe afară, să văd cum coboară de pe cuib, după ce și-au plătit tributul; ele, lelițele, cu scandal mare-l plătesc.

Nu-mi prea fac iluzii de venirea timpurie a primăverii. Odată te pomenești cu brumă, frig și poate chiar și zăpadă prin martie, ca să strice tot ce a desferecat Faur-februarie. Ar fi păcat să strice peisajul, dar te pomenești că pălește colțul ierbii, ce a început a miji și mugurii pomilor și atunci ar fi dezastru pentru noi, dar și pentru bietele animale, care așteaptă iarba crudă, că li s-a chircit stomacul, de atâtea paie de grâu și coceni, cu care le-am hrănit toată iarna!

Mai am doar un an să mă pot numi o femeie semibătrână și

nu-mi vine să cred. Mai ales, după băile ce le-am făcut astă vară la Techirghiol, mi se pare chiar, că-s mai tânără ca acum un an. Să vedem, anul viitor, dacă vom trăi, voi putea zice tot așa?

25 februarie. Azi a venit la mine o femeie, cu un inginer, care e numit șef al stațiunii zootehnice de aici. Ar vrea să închirieze la Valerian Petrescu și m-a rugat pe mine să vorbesc cu el, că lui îi face impresia că se ascunde de el. Am căutat să-l întâlnesc și să-i vorbesc, căci inginerul mi-a făcut impresia unui om de ispravă. Care nu-mi este mirarea, că de vreo 3 zile nu mai dăm cu ochii de el. Toți spun că nu-l văd, a dispărut fără urmă și pace! Acei care locuiesc cu el acolo spun că pe subușe vine miros de cadavru. Doamne, ce s-o fi întâmplat? Să fie arestat, n-aș crede, că el era un om prudent, se părea că-i era frică și de umbra lui, când vorbea câte ceva. Azi, Costică a anunțat autorităților lipsa lui.

1 martie 1951.
Către casă, seara, trec semănătorii.
Se întorc cocorii, vine primăvara!

Chiar așa este. Plugurile scârțâie, ca și al nostru, de altfel, dar plugarii nu mai vin hăulind pe lângă ele, voioși. Vin tăcuți, că sunt obosiți din cauza hranei proaste și a lipsei de ajutoare. Dă-ne Doamne putere la toți, ca să putem duce greul vieții!

Duminică, 11 martie. Am plecat la București, că m-a ajuns așa un dor și o neliniște de copiii ăștia. Știu că Ion nu mai e în Barou. Ce or mai fi făcând ei, că au obiceiul să nu scrie deloc. Elvira, de ciudă că se țin necazurile de ei, ca de toată lumea, s-a hotărât să mai trântească un moștenitor. Mi se pare riscant în timpurile astea, dar, dacă așa a hotărât ea, Maica Domnului s-o aibă în a ei pază! Fiecare cu norocul lui! Pe toți i-am găsit bine, sănătoși și bucuroși că m-am dus să-i văd, cum am fost și eu, că i-am văzut pe ei. Cu toate greutățile timpurilor și a gospodăriei mele, tot pentru mine a fost mai ușor să mă reped. Lor le trebuie autorizație să vină, fiindcă noi locuim în zonă de frontieră.

Aș fi lăsat să plec săptămâna ce vine, să treacă prima săptămână din postul mare, dar atunci îmi scoate cloșcuța puișori. Și așa mi-e cam grijă, fiindcă mi-a spus Costică, că a ieșit cloșca într-o zi și el deabia a putut s-o bage la loc, dânsa ne mai vroind să intre. Și eu deabia aștept să scot puișori de martie! Treburi și iar treburi, dar nimic interesant.

Cu toate că primăvara e în toi, plouă și-i cald și frumos. Iarba a crescut mare și mănâncă biata Florica, pe săturate. Drept recunoștință își dă și ea obolul; a înmulțit lăptișorul, de ne îndestulează casa și mai dau și la alții, ca să mai scot câte un bănuț, doi, că avem multe cerințe, deși suntem numai noi doi. Toate s-au stricat și s-au rupt și le-am cârpit, le-am răscârpit, dar n-am ce mai cârpi de ele. N-am mai făcut nimic nou, că tot e cartelat și ca să cumperi la liber, trebuie bani mulți și la noi nu se prea prăsesc! Până acum 1-2 ani nu găseai nimic, dar acum se găsesc la magazinele de stat, însă e scump. De aceea m-am hotărât să mă ajut cu lăptișorul Floricăi, mititica și văd că-i bine.

Costică a văzut că licențele lui (titlurile academice) în Teologie și Istorie, nu prea-i mai servesc la altceva, le ia în buzunar și pleacă cu ele să pască vaca! Nu e ca atunci când preda Istorie și Religie la Liceul din Constanța. Când el este ocupat cu diferite servicii, îndeplinesc eu și această funcție, cu toate că n-am nici o licență! Când cade necazul pe mine, mă simt așa de mulțumită și o păzesc cu drag, pe Florica, mai ales că-i sporește lăptișorul mereu, iar câmpul e frumos. Păsările caută pupezeii, care au cuib aici, la noi, în pietre, de vreo 4-5 ani și anul acesta au venit acasă mai devreme, căci primăvara este timpurie.

Se potrivesc de minune, versurile pentru luna aprilie:
Natura-n verde s-a îmbrăcat.
E primăvară, se cunoaște.
Că de la Domnul ne e dat,
Să fim bucuroși, că e Paște.
Hristos a înviat!

6 septembrie. Techirghiol. Sunt aici de trei zile la sanatoriul preoților, ca să fac iarăși o cură de 20-21 băi. Bine că mi-a ajutat Dumnezeu să ajung iar, că în iarna trecută tare bine m-am simțit! Dacă a venit primăvara, cu sâcâielile ei, iar au început să mă doară mâinile, dar mai ales picioarele. Alte părți sunt bântuite, nu cele ce mă dureau până anul trecut. Schimbarea sucită a timpului a început anul ăsta pe la sfârșitul lui aprilie, începutul lui mai. Au fost friguri, de ne făceau să aprindem focul în sobă. De asta nici n-am mai scris nimic.

După cum căldura soarelui, dulceața vremii, o primăvară frumoasă cu tot decorul ei, mă înviorează și mă transportă în sfere înalte, așa mă indispune și mă enervează, când văd secetă, vânturi, frig, într-un timp când nu-și mai au rostul. Nu-i vorbă, că pe mine frigul și gerul niciodată nu mă predispun decât la indispoziție, chiar dacă sunt la timpul lor. Așa a fost în primăvara asta: n-am mai văzut ploi de pe la începutul lui aprile până la 15 august.

Eu mă și mir cum s-a făcut bietul grâu! Probabil că-și păstra umiditatea la rădăcină, având paiele mari și stufoase, căci din cauza ploilor și a timpului bun de la sfârșitul lui februarie până la începutul lui aprilie, el a crescut înalt și stufos. Spicele s-au făcut mai mici în raport cu paiul, boabele mai mici și mai șiștave (seci), totuși a fost o recoltă acceptabilă. În unele părți am auzit că a dat bine de tot (recolta), probabil pe acolo pe unde a lovit câte o ploicică, dar Constanța asta parcă e bătută de Dumnezeu.

Și de asta n-am mai scris nimic: veșnic încordare, veșnic muncă, alte vești nu mai am, că nu mai aud de nicăieri nimic. Radio n-am, și chiar dac-aș avea, n-aș mai asculta minciunile nimănui. Ceea ce ne dau legiuitorii noștri voie să ascultăm, aud, fără să ascult, la toate megafoanele. Am ajuns la convingerea, că e mai bine să nu mai auzi de nicăieri nimic; nu mai ai voie să asculți comunicări străine, iar dacă le auzi, dai creierului mai mult de lucru, și sufletului zbucium. Ce-a fost am văzut, ce va fi vom mai vedea!

Dacă mi-am adus caietul aici, o să am timp mai mult și dispoziție, să mai însemn câte ceva. Anul acesta suport băile mai greu. Îmi provoacă dureri și junghiuri, în timpul băilor și după. De va fi așa, nu știu cum voi fi în stare să le fac pe toate. Le voi face. Trebuie. E spre binele și sănătatea mea. Eu sunt dârză și când e vorba de mine,trebuie să pot!

Văd câte unii, veniți aici să se facă bine și numai ce-i auzi pe sală, cât stăm până să ne vină rândul, cum drăcuiesc și plănuiesc să plece, că s-au plictisit. Alții consideră, că mai rău s-au îmbolnăvit, de când au venit aici. Sunt cam neserioși, mi se pare, sau nu i-a răzbit încă, cuțitul la os.

Nici eu nu o duc bine. Uneori, mă apucă dureri, de sar din pat noaptea și am senzația, că-mi umblă ceva pe sub piele. Mai iau o carte, mai citesc, mă mai gândesc acasă și noaptea trece. Mi-a spus doctorul, că acest blestemat de reumatism, când apucă să se încuibe, nimic nu-ți cruță; articulațiile, oasele, mușchii și chiar nervii sunt pradă capriciilor lui. Am să-l bag în sac și am să-i dau la cap!

Azi e 6 septembrie. Numărăm 42 ani, de când Dumnezeu ne-a unit, ca amândoi să luptăm și să înfruntăm viața. Până acum, îi mulțumim Lui, că ne-a dat putere și tărie, de am cârmuit bine corabia acestei vieți, cu toate valurile, care, de multe ori s-au transformat în talazuri. De multe ori, ni se părea că nu ne vede și ne lasă să ne afundăm sau să treacă alții peste noi. Acum am văzut, că mâna Lui ne-a condus și nu ne-a lăsat să ne afundăm, ca și pe Petru, când era pe mare. Acum știm, că ne-a avut în paza Sa și dacă cererile noastre neștiutoare nu au fost ascultate, asta tocmai fiindcă ne-a avut de grijă și ne-a păzit. Dacă am fi putut face o casă frumoasă și confortabilă, cum năzuiam și cum meritam, poate n-ar mai fi fost a noastră acum și noi eram aruncați de aici. Chiar dacă am fi rămas pe loc, cine știe cine s-ar fi bucurat de munca noastră, iar noi am fi fost înghesuiți în cea din urmă cameră și mereu enervați și sâcâiți. Acum, Costică e fără răbdare și de multe ori, fără tactică.

Avem numai pământul acesta și ce de greutăți ni se mai pun! Văd, că ne-a avut Dumnezeu de grijă, de n-am făcut altceva decât chiliuța asta, pe care o iubim și noi și copiii noștri atâta și ne simțim toți, așa de bine în ea. Să dea Dumnezeu să trăim toți, să fim sănătoși și să ne bucurăm când ne adunăm, acolo, cu toții!

La băi, am venit tot în camera unde am stat anul trecut și mă simt foarte bine. Sunt tot singură și când mi-a dat Maica cheia și am intrat în odaie, mi se părea că sunt acasă. Imediat am deschis ferestrele și am aerisit. Umblu așa liberă aici, mi-am rânduit lucrurile și am plecat după treburi, ca să nu pierd prima zi de baie. Am reușit și am făcut-o și am venit la culcușul meu aici. Urmez programul regulat.

Aici am mai găsit ceva din vizitatori, vreo 3-4 familii de preoți, cu preotesele lor și Prea Sfințitul Episcop Antim Nica, venit și el întru căutarea sănătății. Ca el ar trebui să fie toți episcopii. El e demn, blând, fără mândrie de sine; din contră, caută să facă pe maici să-și vadă de treburi, nu face deloc caz de persoana lui. Am auzit chiar, că-l plictisea servilismul acesta, care la noi nu se mai dezrădăcinează.

Cât despre preotese, parcă a tunat și le-a adunat! Nu știu cum se-nsoară preoții ăștia, tot cu țațe. Femei tinere, fără nici un pic de demnitate și spiritualitate. Nu mai vorbesc de noblețe, aceasta poate au luat-o timpurile. Nu știu, așa or fi toate sau numai astea care rămân mai târziu, că și anul trecut, tot așa erau. Am auzit că au fost unele și mai tinere, când era sezonul în floare, dar acelea au fost așa lipsite de prejudecăți, că au trecut chiar peste marginile bunei cuviințe. Asta e rău, parcă te apucă mâhnirea, când auzi... Bine fac eu, de vin târziu, la terminarea sezonului, când sunt singură și liniștită, ca să-mi caut de sănătate. Să nu mai văd lumea asta, în toata goliciunea ei! Așa cred că voi veni mereu.

Duminică, 16 septembrie. Au venit Tatiana și Dănuț să mă vadă și acum i-am condus la gară. Ei au venit și duminica trecută, pe 9 septembrie, Sf. Ana, ziua mea de nume. Au venit încărcați cu de toate, lăsând o frumoasă impresie maicilor. Maicile nu mai tac, vorbind despre Dănuț, nepoțelul meu cel drăguț și Bunica nu mai poate, îi crește inima!

Ce bucurie mi-au făcut, Doamne! Tatiana, cu comparațiile și glumele ei, m-a făcut să-mi treacă zilele acestea două, așa ușor. Apoi am hoinărit cu ei peste tot, căci acest Techirghiol, deși sat, are o așezare pitorească. Casele sunt așezate, unele mai la deal, altele pe vale, iar pe drumurile de țară vezi seara coborând vitele, cu talăngile lor, într-un nor de praf. În apusul auriu al soarelui, toate au farmecul lor. Nu-i lipsit nici de tradiționala statuie din mijlocul pieței, ridicată în amintirea eroilor. Ea reprezintă entuziasmul și curajul soldatului român.

Am petrecut foarte bine cu ei. Nici nu știu ce aș fi făcut, că în zilele acestea n-am program obișnuit și m-aș fi prăpădit de urât! De duminica trecută și până azi, ziua s-a micșorat așa de mult! Duminica trecută a plecat trenul din gara la ora 19 și era lumină. Astă seară nici nu m-am dus chiar până la gară, căci seara a început să-și lase umbrele, deși ceasul arată ora 18. M-am înapoiat singură către casă.

E liniște și frumos. În depărtare aud zgomotul hodorogit și troncănit al vagoanelor, care se apropie de gară. Le-am auzit cum s-au oprit. Am stat pe loc, până au pornit din nou. În ele sunt puișorii mei, care-i duc vești de aici lui tăticu, care nu mai poate de nerăbdare. Parcă-l și văd, cum iese mâine dimineață înaintea Tatianei, să o întrebe ce face maică-sa. Oricât de amănunțit îi istorisește Tatiana, el tot o mai întreabă odată ce fac eu. Săracul, mi-e așa milă de el, că-i singur. Cât e el de mare, atât e de copilăros și simte nevoia tovărășiei mele, chiar că ne mai sborșim noi, câteodată, unul la altul. Suntem doi tovarăși nedespărțiți și nu putem trăi unul fără celălalt.

M-am sculat de pe bancă și mi-am urmat drumul, cu gândurile mele. Când am ajuns în piață, se înserase. Luna plină răsărise și se ridicase deasupra lacului, ca de vreo două picioare. Se reflecta în lac și din cauza încrețiturilor, pe care le făcea lacul, căci era așa de liniștit, se formase un sul de aur (de 14 carate, a cărui culoare e galben-roșiatic). Se părea că ține luna legată de oglinda lacului. M-am așezat din nou pe o bancă și am stat mult.

Clopotele de la mânăstirea noastră băteau, să anunțe credincioșilor, că acolo e deschis și oricine poate să intre, să-și plece inima și capul celui ce a făcut toate frumusețile astea și le ține cu mâna Lui. Am venit și eu la biserică, am mulțumit lui Dumnezeu, că mă face să văd și să simt puterea Lui și m-am rugat, ca de obicei, pentru toți și toate.

E ora 21. Să mă culc de acum? Ce să fac, dacă mai stau? Mi-s sufletul și gândurile răscolite. Nu sunt în stare să citesc, deși mi-am adus o carte "Învierea" de Tolstoi, pe care am mai citit-o acum vreo 20 ani și mi-a plăcut mult. Atunci am citit-o editată de Biblioteca pentru toți. Mi-o dăduse în dar bietul Ion Fățoi, din modestele lui economii, făcute din vânzarea lumânărilor, în biserica noastră. Asta e o ediție nouă, revizuită și tipărită în spiritul socialist și democrat al vremii. Deși n-am citit prea multe scrieri ale acestui autor, după câte știu, el făcea parte din aristocrația rusă și avea titlu de conte. Ideile și sentimentele lui erau însă, social democrate și mai era și un bun și adevărat creștin. Or mai fi acum oameni din ăștia în Rusia?

Mă culc, mai bine, să stau în pat, căci mă înjunghie toate oasele și m-am și obosit. Dacă văd că nu pot dormi, mă scol la noapte și citesc. Anul acesta i s-au făcut căminului renovări serioase. S-a introdus apă curentă și lumină. E o plăcere să stai să citești, să scrii, să lucrezi chiar. Noapte bună, deci! Am spus cam lungă "Noapte bună".

Partea 8 (1952)

De la 16 septembrie 1951 la 15 februarie 1952. N-am mai scris niciun rând. Dacă altcineva, care ar citi caietul, ar vedea câte promisiuni am făcut să nu-l neglijez, să scriu în fiecare duminică, și-ar închipui că sunt o individă, căreia nu-i place să se țină de cuvânt. Dar nu-i deloc așa. Eu sunt o persoană de cuvânt și nu am dat caietul uitării. L-am luat de atâtea ori în mână, l-am deschis, am răsfoit prin el, am oftat de multe ori și l-am închis, punându-l la loc. L-am mai ținut și ascuns, căci liniștea noastră iarăși a fost tulburată și m-am temut de vreo percheziție și l-am ascuns, săracul... În el e mult suflet rupt din mine, căci pe el îl am la îndemână, sunt liberă și fără teamă, când mă destăinui lui. Chiar de aceea nici nu mă îndur să-l las, cu restul de foi albe. Nu-i vorbă, nu o să trăiesc eu, ca să-l completez, dar cel puțin așa, cât s-o putea.

De unde să o iau acum? Cam de unde am rămas, pe cât posibil, că nu am uitat nimic. Ce mult mă bucură, că deși am împlinit 60 ani azi, memoria și celelalte facultăți mintale se țin bine, nu mă lasă pe jos.

Am venit de la Techirghiol în ziua de 27 septembrie. Cu trei zile înainte de a pleca a dat un nenorocit de frig, dar știi, de cel de toamnă așa, ce m-a răzbit, cu toate hainele, ce le puneam pe mine. M-a răzbit prin toate mădularele, stricând efectul celor 21 băi, făcute în condiții excelente. Când am venit acasă, n-am voit să admit că mi-e mai rău, cum nu-mi place să admit niciodată. Ziceam că am o stare generală proastă, din cauza slăbiciunii ce-mi pricinuiesc băile, a oboselii și a emoțiilor chiar.

In gară m-au așteptat copiii, cu nepoți, cu tot. Eu nu prea sunt învățată să fiu așteptată și când i-am vazut pe toți în jurul meu, care mai de care să spuie câte ceva, m-am emoționat cu adevărat. Acasă, Costică nu mă aștepta deloc, îi scrisesem eu, că vin a doua zi. Când am văzut, că pot face baia de dimineață și am posibilitatea să apuc trenul de ora 14, n-am mai stat la gânduri și întinde-o băiete, am și alergat la căsuța mea... El dormea, cuibărit acolo în pat, singur, singurel în toată casa. Mi-a fost așa milă de el, l-am sărutat și am început să plâng. El cu niște ochi mari la mine: "Dar ce-i cu tine, fato?" Nici el n-are tărie mai multă decât mine... Ne-am prostit amândoi, acum la bătrânețe!

Înainte, însă, de a intra în casă, găinile mi-au ieșit cârd înainte. M-au văzut cu coșul în mână și credeau că le-am adus hrană de la piață. Ursu, câinele meu iubit, a început să latre și să se întindă în lanț, chelălăind de bucurie... Și sigur că ai emoții!

După ce m-am odihnit ceva, așteptam să mă simt din ce în ce mai bine. Care însă, nu mi-a fost dezamăgirea, când am văzut contrariul. Și rău și tot rău mi-a fost toată toamna. Mi s-au umflat încheieturile și mai rău și m-au durut în chip barbar și mă dor și acuma.

Chiar din cauza asta n-am mai scris. Să spun mereu că mă simt rău?! Nu pot să sufăr lucrul ăsta! Și nici cel puțin să ai o boală, să zaci în pat, să știi, că dacă te cauți sau te îngrijești, te faci bine. Dar cum e asta, e cum e mai rău! Mă duc, mă îngrijesc, fac băi, mă odihnesc și vin acasă după 23 zile, mai bolnavă decât am plecat. Nu mai ai niciun crezământ. Gospodăria cere, Costică știind că am fost la băi, nu vrea să admită că n-am venit de acolo cel puțin față mare, ca putere și rezistență, iar eu doresc să pot munci. Nu pot să las treburile nefăcute și cum alt ajutor n-am, mă târăsc așa cum pot și le fac. Îl mai văd și pe Costică, că se-ntinde singur cu aratul. Pot eu să nu mă duc, să-i duc, cel puțin măgării de nas și să-i ajut să brăzdeze măcar? Parcă simt că-mi scot mâinile de sus!

Și așa mi-am petrecut toată toamna.

S-au mai adăugat și alte griji și necazuri. La 29 noiembrie a fost programat cercul pastoral, conferințe protopopești, cum se spune acum. Am spus eu, că în timpul conducerii de către partidul actual, lucrurile sunt tot cam aceleași, dar le schimbă firma!

Costică a fost delegat să facă liturghia, din păcate, iar după săvârșirea liturghiei, să țină o conferință. Destul că s-a hotărât să vorbească, că până acum mereu refuza, pretextând că-i prea bătrân. Nu știu, dacă i-a fost indicat subiectul sau și l-a ales el. El a vorbit despre viața și apostolatul Sf. Andrei, cel întâi chemat. El are o venerație pentru acest vrednic apostol și biserica, pe care el o înființase aici, îi poartă numele. I-a întocmit și un imn de slavă foarte reușit.

În fine, după atâta muncă și entuziasm, se trezește criticat cu patimă și fără rațiune, de vreo două lichele de preoți, care fac rușine tagmei lor, dar sunt bine înfipți în partid! Nu s-au mulțumit numai cu critica, dar au făcut cunoscut și Episcopiei, iar cei în drept, au trimis un preot aici să facă anchetă. S-a făcut o inspecție, ba mai mult, s-a făcut și o percheziție a tuturor scriptelor și cărților bisericești și i s-a spus, că trebuie să se ducă la București, să facă cursurile de pregătire, conform timpurilor.

I-a venit ordinul să se prezinte la 22 ianuarie. Nu s-a dus, nu atât din nesupunere, cât simțea, că era o pedeapsă corecțională, ca să știe cum trebuie să predice și să vorbească. Data era nepotrivită și pentru că începea campania de lucru în grădină. Cei de la București și de aici, de la Camera Agricolă, sunt foarte neîndurători și nu vor să știe de cursurile lui Costică. Dacă se desprimăvărează și nu începe lucrul pentru curățirea mușchiului de pe pomi, a omizilor, aratul și semănatul, ei te amendează, te sancționează și poate să te și bage în închisoare. Brațe să ai acum, să lucrezi în grădină. A cerut amânarea cursurilor de la Episcopie, fiindcă are acest drept, dacă motivele sunt temeinice și eu cred că erau. Episcopia s-a arătat neîndurătoare, lasă că nu-i ceruse nimeni îndurare, ci doar drepturi. I-au comunicat, că dacă nu se supune i se aplică un articol de lege, care sună cam așa: "Cei ce nu se supun, vor fi dați afară sau suspendați din preoție pe un termen nedefinit, după cum e cazul."
A urmat o întreagă corespondență între el și Episcopie și deși Costică își arăta cu tărie părerile și ce credea, în fiecare raport ce trimetea, încheia totuși cu "Sunt prea plecat", cum era formula. Nu știu, fiindcă l-o fi văzut Episcopul că-i "prea plecat" sau lectorilor de la București le-o fi închis Dumnezeu ochii, n-au mai răspuns nimic nici unii, nici alții.

Deocamdată, Costică a rămas să-și păstorească turma, cât o mai fi, iar când nu se va mai putea, ne vom pleca soartei, căci ea ne dirijează și ne pune căpăstrul în cap, să ne mâne cum vrea ea! Toată iarna, eu am trăit terorizată din această cauză. Costică părea calm; spunea că i-ar părea foarte bine să-l scoată din preoția aceasta, care nu-i așa cum o gândește el și cum trebuie să fie. Eu m-am alăturat de el și i-am făgăduit solemn, că n-am să mă vait și n-am să sufăr. N-am putut să nu sufăr, mă durea că nu mai putea profesa. Nu o să mai fie preot, dar darul nu i-l putea lua nimeni. Mă durea că l-au forțat să vorbească și el, să nu mai facă opinie separată; în fapt, asta a fost doar un motiv, au căutat înadins să-l prindă în cuvânt, așa cum căutau fariseii să-l prindă pe Hristos. Iisus Hristos avea putere dumnezeiască, însă, și putea să le dea răspunsuri, ca să-i facă să plece rușinați. El însă e om bătrân, deci, cam fără răbdare și tact; prin urmare, căutătorilor lui le-a fost ușor să-și ascută colții, să-i amărască bătrânețea, să-l neliniștească pe el și casa lui.

Eu sufăr însă, grozav. El a lucrat sârguincios 42 ani în via Domnului, a pus suflet în cariera lui, a fost preot adevărat și apostol, chiar dacă, ca om și gospodar mai lăsa de dorit. N-a cruțat nimic ce nu cadrează cu preceptele noastre creștine, a tăiat în carne vie, nu s-a sfiit de nimic și de nimeni și acum să fie aruncat ca o cârpă netrebuincioasă, după 42 ani! Acesta e faptul, care mă doare și nu m-am putut ține de făgăduiala ce i-am făcut. De plâns, nu m-aș plânge, că n-am cui și n-aș rezolva nimic. Apoi, am și eu mândrie și pentru demnitatea lui, pe care am ținut să i-o respect și să i-o păstrez, n-aș face asta.

Azi am împlinit 60 ani, mă pot numi cu adevărat o femeie bătrână. Mă uit și nu-mi vine a crede, nu mi se pare deosebirea prea mare, de anul trecut. Mulțumesc lui Dumnezeu, că am încă putere să spăl rufe, să calc, fără prea mare efort. Dacă mi-ar mai da Dumnezeu putere, că tare-mi mai place să am gospodărie și să lucrez pentru ea.

Întâi martie. Iată frumoasa și mult așteptata lună a mărțișorului!

Mie, ce mărțișor mi-a adus? Azi, când să plece la biserică, i-a adus Popescu, cântărețul, așteptata veste, că onorata Episcopie îi dă ordin de suspendare din servicii și, natural, și din biserică. Am fost amândoi la biserică, fiindcă era parastasul bunilor și drept credincioșilor Marițica și Zamfir Constantin, vlădeni de ai noștri, mutați cu serviciul aici, la Palas. În casa lor am descins, când am venit noi pentru prima oară, aici, în Palas.

Am venit apoi acasă de la pomană. Eu mă țin tare pe poziție, cât despre Costică, nu prea pot să-i citesc bine în suflet. Nu pare prea mâhnit și trist. Grădina, gospodăria toată, care-i numai pe umerii lui, săracul, îl preocupă și probabil că-l distrage în mare parte de la gândurile lui.

Reforma monetară, aplicată în mod sistematic și tactic de către conducerea noastră, ne-a izbit bine de tot. Ne-a apucat și pe noi cu vreo 35000 lei în casă, strânși cu mari sacrificii, ca să cumpărăm o văcuță. Florica a îmbătrânit săraca și trebuie să ne despărțim de ea, deși nu m-aș fi îndurat niciodată de așa blagoslovit animal.

Acum ce să facem, cu reforma asta? Ăsta e merticul (măsură veche pentru cereale) nostru; ne zbatem să facem câte ceva și când aproape aducem la îndeplinire, trebuie să se puie un obstacol în cale! Așa suntem rânduiți! Nu mai cer vieții nimic din ce poate să-mi ofere. Aștept să se desfășoare, până într-o zi. Ca biata Jana Popescu, prietena cu care am împărțit multe din necazurile vieții mele aici la Palas, că bucurii nu prea am avut. Am rămas înmărmurită de moartea ei fulgerătoare. Domnul Popescu era invidios și sărăcuț cu duhul și de când am venit, nu s-a putut suferi cu Costică. Era o aversiune reciprocă, probabil fiindcă unul era antipodul celuilalt. Eu am ținut la Jana și regret mult moartea ei. S-o odihnească Dumnezeu, acolo unde e!

Mă rog la Dumnezeu să ne țină sănătoși, atât cât vom mai fi. Acesta-i cel mai mare dar, sunt conștientă de el și îl prețuiesc, deși cam târziu poate.

6 septembrie 1952. Ce mi-a venit să pun mâna pe caiet, la această dată? Poate faptul că azi se împlinesc 43 ani, de când Dumnezeu ne-a unit să ducem viața împreună?! Nu! Această zi a trecut de multe ori în acest interval, fără ca eu să-mi aduc aminte să însemn în caiet stările mele sufletești. Azi însă, îl deschid cu fața inundată de lacrimi.

De trei săptămâni sunt singură. Chiar la data logodnei noastre, pe 15 august, noaptea, Costică a fost ridicat de autorități (arestat) și dus... Am crezut că ziua de 6 septembrie e ziua de fericită și veșnică unire între noi. Veșnică, așa o credeam. Niciodată n-aș fi crezut, ca valurile acestei vieți să fie așa de spumoase, să mi-l smulgă de lângă mine, acum când așteptam bătrânețea, să ne sprijinim și să ne ajutăm unul pe altul, până când Dumnezeu ne-ar fi despărțit. Doamne, mai am putere să duc și să mai suport încercările pe care Tu mi le dai? Poate e de vină numai răutatea omenească? Eu cred că niciun fir de păr nu se mișcă fără știința Ta!

Partea 9 (1953)

14 ianuarie 1953. Te țin ascuns, biet tovarăș, prin locurile cele mai mizerabile, numai să nu te pierd și pe tine! Am încercat, în decursul acestor 5 luni, de când a plecat Costică, să mai îmi ușurez zbuciumul, vorbind cu tine. Nu mai pot. Nici eu nu mai am puterea de gândire și concentrare dinainte, poate din cauza vârstei sau a necazurilor și durerii...

Primesc zece vești reci, una caldă, îmi vâjâie capul și nu știu ce să mai cred. De două zile, am auzit, că scumpul meu Costică e mort. Sunt disperată și de la copiii ăștia, nu am niciun sprijin moral. Eu nu pot da drumul durerii, lacrimilor și gândurilor mele așa cum mă năpădesc, căci văd că Lilica e într-o stare de plâns. Eu trebuie să mă stăpânesc față de ea, să o încurajez, că așa i-a fost destinul, că poate Dumnezeu vrea așa, încă mai este nevoie de martiri. Mă grăbesc să vin acasă, să mă satur de urlat și de revoltă, împotriva tuturor acelora care amărăsc lumea. Cum adică, să moară Costică, ca un câine flămând și înghețat și să fie aruncat la groapa comună, fără cel puțin să aibă la cap semnul, că acolo e un creștin și preot?! Să nu știi unde să te duci la o zi mare, cu un hârb de tămâie și să-i aprinzi o luminiță și lui la cap? Ei, asta întrece orice putere omenească! Dacă într-adevăr el e mort, sufletește și eu încetez de a mai fi! Simt, că am să fac umbră pământului degeaba și nu voi mai scrie nimic, cred.

16 februarie. Speranța, una din virtuțile creștine, pe care Dumnezeu a lăsat-o, ca mare binefacere pentru omenire! Oare dacă n-ar fi ea, ce ne-am face noi, obidiții și păcătoșii? Cei ce nu o au sau o pierd, se îndepărtează îngerul păzitor de ei și ajung ca nenorocitul de cumnat al meu, Nicu Săndulache, care și-a pus ștreangul de gât. N-a avut curajul și tăria, să-și lase trupul spre canon și și-a dăruit sufletul în mâinile diavolului. Îl plâng și-l regret, că bun om mai era săracul! Eu l-am iubit ca pe un frate! De ce n-a mai avut răbdare nenorocitul, până acum, când a ieșit o decizie ministerială, că toți funcționarii și muncitorii, care au pământ arabil, îl pot dona statului, ca să poată fi dezlegați de orice obligație și să-și poată vedea liniștiți de treburile lor, pământurile fiindu-le o piedică.

El, săracul, ar fi fost printre cei dintâi privilegiat de această lege! Ce să mai zic și aici e amestecat destinul capricios. I-aș spune acestui destin, să facă ce vrea cu felul cum ne conduce în viață, să nu se amestece însă, unde nu-i fierbe oala, că sufletul e al aceluia ce ni l-a dăruit și numai Lui trebuie să i-l dăm, când socoate că a venit timpul să ni-l ia.

Iată de ce spun, că omul trebuie să păstreze această virtute creștină? Ce m-aș fi făcut eu acum, când auzeam de peste tot, că e Costică mort? Ce m-aș fi făcut eu, când vedeam că biata Lilica, Domnul s-o binecuvânteze, nu s-a mai strâns de pe drumuri, umblând aproape zilnic din colonie în colonie de muncă, la canal, pe unde auzeam că ar fi Costică. Avea în spate un sac cu 20-30 kg și poate mai mult, era încălțată cu ciorapi groși, cu bocanci, purta broboadă și haine groase, ca să înfrunte gerul și vântul acestor stepe și venea seara acasă, de peste tot, cu același rezultat. Nu l-a găsit pe taică-său. Unii spuneau că a fost aici, dar a plecat, iar alții nici n-au auzit de el. Cu această nădejde am trăit toți și ce bine mă simt, după atâta zbucium, să știu că pot să mă rog lui Dumnezeu și Sf. Fecioare, ca să ne întărească pe noi și să-l sprijine și apere pe el, pe acolo pe unde e!

Am spus că nu mai scriu; ce mai constituia viața pentru mine, fără el? M-aș târî ca o frunză bătută de vânt, de colo până colo. Dar, din colțișorul inimii, unde stă ascunsă, speranța mă îndeamnă să nu cad în păcatul deznădejdei, să rog într-una pe Dumnezeu, să se îndure de el și de noi, să ne întărească să putem suporta și duce la capăt toate chinurile acestea. Costică a fost un vrednic apostol al lui Hristos și neînfricat, n-a încetat să-și facă datoria, propăvăduind cuvântul Evangheliei. Poate, pentru greșelile lui, că nu e om să nu le aibă, îi dă Dumnezeu această trecere prin purgatoriul pământean, ca să se prezinte mai vrednic, în fața Lui. Nu îndrăznesc să mă gândesc prea mult la lucrul acesta, poate e trimis acolo, chiar ca să-și facă datoria de apostol. În fine, să ne hărăzească Dumnezeu bucuria de a fi din nou împreună, că așa se cam aude...

Ieri am fost la copii, căci am împlinit 61 ani și a fost și lăsata secului. M-am dus și eu cu o găină bună și grasă, cu brânză și ouă, din care am trântit o plăcintă țărănească. Dacă taica lor ar fi fost acasă, sărbătoream lăsata secului la noi și tot asta pregăteam, dar așa... Era și timpul cam rău și nu se puteau deplasa ei, cu copiii, dar spun că nu mai pot veni aici, că ar mânca cu noduri, nefiind tăticu cu ei!

Partea 9 (1953)

Am pus pe tapet și chestiunea cu cedarea pământurilor, care e de actualitate acum. Ei mă sfătuiesc, cu insistență, să-l predau și eu. Chiar dacă vine tăticu acasă, n-are să mai poată munci, fiind bătrân și slab, iar acum trebuie să fie și slăbit. Eu le-am spus, că eu nu vreau să-l predau. Vreau să mă găsească el aici, unde m-a lăsat, să-i fac cel puțin această bucurie, destul am dat, că nu puteam face altfel. Cel puțin să păstrez bârlogutul ăsta aici, că prea îl iubea mult, săracul. Întrucât mă privește, eu sunt dezlipită demult de averile pământești, văd că nu ne-au folosit la nimic și apoi și boi bălțați n-o să mai facem noi de aici încolo.

N-am făcut noi, până acum, că și milițienii, care au venit să-l aresteze, i-au zis: "Astea-ți sunt acareturile, părinte?" "Da, taică, atâta avere am făcut eu în 43 ani!" Așa că, dacă țin să o păstrez, de dragul lui am s-o țin cu dinții, cât voi putea. Nădăjduiesc să pot face și eu ceva, nu ca el, cel puțin să fac și eu față lucrurilor. Din rândul chiaburilor m-au scos, așa că n-o să mai am impozite așa insuportabile, cred.

Singurul lucru, de care eu sunt legată și nu știu cum m-aș putea despărți, ar fi căsuța asta, pe care o iubesc așa de mult. Vin de la copii și nepoți, care nu știu ce să-mi mai facă sau de la Jeni și Petrică, care sunt foarte buni frați și mă îmbie să dorm acolo, că ce fac eu aici singură?! Am dormit doar 3 nopți la Lilica, când umbla ea după taică-său și mi s-a părut un an, până m-am văzut la cuibuțetul meu strânscior și blagoslovit. Mă simt așa de bine, nu aș putea să stau nicăieri, atât cât mă vor lăsa să stau în el. Aici mi-am îngropat necazurile, lacrimile și durerile mele, aici pot să mă scol sau să mă culc, când vreau, aici, mai mult ca oriunde, pot face apropierea între mine și Dumnezeu și mare lucru e ăsta!

Acum, Ana e dusă la spital, cu copilul ei bolnav de scarlatină. Sunt singură în această curte mare și în vremurile astea nesigure, în care trăim și nu mi-e teamă. Dumnezeu și Măicuța Lui veghează asupra mea. Singura dorință, pe care o mai am acum, e să-l văd pe Costică acasă. Nimic nu mai cer și nu mai vreau. Mi-e indiferent totul împrejurul meu, nici chestiunile internaționale nu mă mai interesează. Sănătoși să fim și să ne păzească Dumnezeu de nenorociri, pe noi și copilașii noștri! Ce egoistă sunt, deloc creștină. Ar trebui să mă rog pentru toți.

Nu se poate fără tine, dragul meu caiet! Azi e prima zi din postul Paștelui, dar nu seamănă deloc. Vremea e mizerabilă. A plouat toată noaptea și e o ceață, de-ți dai cu degetele în ochi. De la 16 octombrie, ploaia și noroiul nu s-au mai sfârșit, ne-a răzbit peste tot.

Duminică, 19 aprilie 1953. Demult n-am mai scris. Țin ascuns caietul și nu pot umbla așa lesne la el. E prima duminică, de când l-a luat pe Costică și eu mă aflu acasă. În fiecare duminică m-am dus la altă fată, iar în cursul săptămânii, o zi la Jeni. Și ei sunt foarte drăguți și atenți cu mine. N-a mai venit nimeni la mine la masă, de la plecarea lui Costică. Poate se gândesc și la situația mea, că nu mai am nici o sursă de venit, dar ar sta și cu lacrimile în ochi, că nu-l mai văd pe tăticu. Se cuibărea și el între ele, acolo, ascultându-le glumele și povestirile de tot felul.

Fericită casă mai aveam, Doamne! Cum ai răbdat ca tâlharii să mi-o destrame și pe el să-l canonească prin închisoare? Oare ne vom mai vedea iarăși cu toții? Îi voi mai asculta vreodată glăsciorul lui dulce, îngeresc, voi mai avea fericirea să mă uit în calea lui, când vine de la biserică sau seara de pe câte undeva, să-i aud pasul, pe care-l cunoșteam de la poartă? Mult sunt singură și tristă acum! Cum nu-mi mai deschide nimeni ușa, cum n-am cu cine schimba un cuvânt, seara când mă culc și dimineața când mă scol! Aș putea să schimb cu Ana, care-i în curte cu mine, cu omul pe care l-am angajat ca să pot lucra grădina, dar nu pot, nu mă mulțumește. Ana-i o femeie perversă, a cărei purtare nu pot s-o sufăr, iar omul din curte e sub comanda mea și nu așteaptă decât să-i spun, ce trebuie să facă a doua zi dimineața.

Îmi lipsește tovarășul meu, de aproape 44 ani, cu care m-am sfătuit, cu care mi-am împărțit micile și puținele bucurii sau necazurile, ce le-am avut în viață! De aceea n-am putut, n-am avut tăria să mai stau aici de Sf. Sărbători ale Paștelui. Cu cât se apropiau, cu atât inima mi se strângea de durere.

Sărbătorile Crăciunului le-am făcut aici, umblând așa ca o zăludă (scoasă din minți), pe la toate bisericile, să aud glas asemănător și cuvânt ca al lui Costică, spunând din ușa altarului Evanghelia neamurilor. "Hristos se naște, slăviți-L, Hristos se naște, înălțați-L!" N-am găsit și nici liniște n-am aflat. Am luat hotărârea, ca de săptămâna Patimilor și Sf. Înviere, să fug, să fac cel puțin un Paște creștinesc!

Să aud cântându-se la strană: "Cămașa Ta, Mântuitorul meu!" Să aud marți seara: "Doamne, femeia ceea ce a căzut în păcate multe!"... în biserica noastră, care numai cu sudoarea frunții și truda lui a fost înființată, unde de 28 ani, an de an, l-am auzit făcându-și datoria, învățându-i pe păstoriții lui, programând seară de seară, până-n noaptea Sf. Învieri. Să nu mai primesc lumină de la el, de unde am primit 43 ani, asta întrecea toate puterile mele de rezistență.

Am hotărât să fac Paștele la frățiorii mei, Marioara și Preot Policarp Popescu la Valea Lungă și bine am făcut! N-am avut liniște, că așa sunt eu rânduită, să nu mă bucur prea mult de nimic. Poate o fi fost și starea asta proastă de nervi, dar și o nenorocită de tuse, care m-a chinuit vreo două luni, în iarna asta, plus o cistită rebelă, care mi-a dat dureri mari.

Am trecut peste șerpi și balauri și am plecat din Palas, luni, 30 martie, în Săptămâna Patimilor. Am stat la Elvira trei zile, să fac și pentru ea ceva, mititica, că mult e străină și singură și mai fusese și bolnavă! Ne-am văzut și am mai stat puțin de vorbă doar, căci cum am ajuns în București, m-am îmbolnăvit. Mai plecam cu copilul prin parc, s-o mai dezleg pe ea, la mâini, de el. El e un copil bun, mititelul, dar nu era învățat cu mine și toată ziua îi striga pe ai lui și când vedea că nu vine niciunul, cerea să-l culc în cărucior, unde dormea de obicei și ne întorceam acasă.

Joia mare, 2 aprilie 1953. Am plecat din București, pe la ora 7, dar m-am simțit rău de tot pe drum. În 3 ore am ajuns la Pucioasa, dar căruța încă nu sosise și eu am luat-o agale, agale, spre târg. Peste vreo oră, a venit și căruța, iar pe la ora 14 eram în brațele surioarei mele, pe care nu am mai văzut-o de 9 ani. Puțin mai târziu, a venit și Policarp de la biserică. Amândoi erau îmbătrâniți mult. Au avut și ei necazuri multe și griji cu copiii, dar Dumnezeu i-a răsplătit din plin, că i-a dăruit cu șase copii admirabili, din care unul l-au dat și ei dijmă și se odihnea acum în lumea drepților. Erau cuminți toți, muncitori, cinstiți, cu dragoste și respect deplin pentru părinții lor, așa cum am fost noi acasă, fete și băieți.

Joi seara am fost la denie, la cele 12 Evanghelii. Am asistat și la scoaterea Sf. Cruci. Era deosebit, de cum se slujea și se scotea Crucea la Palas, dar cucernicia lui Policarp și vorbirea lui aleasă și frumoasă, m-a făcut să simt măreția acestei sărbători. A doua zi am căzut mai bine la pat. A adus biata sora mea o doftoroaie a satului, care m-a tras și m-a încins, dar seara la denie, nu m-am mai putut duce. În noaptea Învierii, a vroit Dumnezeu și m-am simțit mai binișor. Tare mă temeam că n-am să pot lua și eu parte, la această măreață și frumoasă slujbă. M-a învrednicit Dumnezeu și am putut să mă duc la biserică.

Nu-mi va mai ieși din minte și din suflet, atâta măreție și înălțare sufletească! Biserica e sus pe un delușor. Te urci pe 10-12 trepte, ca să intri în lăcașul Domnului. După ce am primit toți lumină de la preot, el a ieșit cu Învierea jos, la poalele dealului. Era feeric! Biserica era luminată toată înăuntru și pe afară, de luminițele credincioșilor. Alături, tot în curtea bisericii vechi, era cimitirul. La fiecare mormânt ardea o luminiță, căci vrusese Dumnezeu să fie liniște și să ardă făclia de Paști și la cei ce eram pe pământ și la cei ce erau în sânul Lui. Când a spus preotul: "Hristos a înviat!" am simțit cu adevărat sensul acestor cuvinte. Am intrat apoi, cu toții, în biserică, unde a început sfânta liturghie. Policarp, știindu-mă bolnavă, m-a chemat în fața ușilor împărătești și mi-a dat sfânta cuminecătură, ca să pot pleca acasă, dacă nu mai puteam sta. Nu m-am îndurat însă să plec și cum am putut, am asistat și la Sf. Evanghelie, scrisă cu înțelepciune și tâlc. Cei ce au scris evangheliile au fost cu inspirație Dumnezeiască și toate sunt pline de înțelepciune, dar cea de Paște, îmi place cel mai mult. Am fost înduioșată, când Romulus, băiatul lor cel mai mare a citit apostolul. Taică-său a ieșit în fața ușilor împărătești să-i dea binecuvântarea, spunând: "Pace ție cititorule!" Mi-am adus aminte de tăticu, săracul, când îi făceau băieții cor la biserică, ce bucurie se zugrăvea pe fața lui! Și lui Policarp i se luminase fața, iar eu mă gândeam cât o fi inima de mare în pieptul lui! Să dea Dumnezeu să le trăiască și să trăiască și ei, să se bucure de copii.

Am plecat a treia zi de Paște, că eu așa îmi făcusem programul și eu nu-l depășesc, decât în cazuri de forță majoră. Am venit la București, cu sănătatea ceva mai ameliorată. Aici, m-am dus la Sandu, la spital, să văd ce-i de făcut, că așa n-o mai pot duce! Cam tot așa am rămas, însă. Trebuia să mă internez în spital, să fac operație, dar eu n-am carnet de sănătate și bani, nici atât! Mi-a mai dat Sandu sfaturi, de cum trebuie să fac și niște aparate, care trebuiesc introduse de un doctor sau o moașă și așa să mai înșelăm situația câtva timp, până ce se va putea face ceva. Dacă se va putea, dacă nu, mă voi târî și eu, cum o să pot. Ce să fac?

Mi-am început și eu, de necaz, colindul pe la rude, că nu i-am mai văzut pe toți, demult. Am fost chemată însă acasă prin telefon, de către fete, să mă prezint urgent, că un reprezentant al Ministerului Agriculturii vrea să mă vadă să vorbim serios despre grădină.

Mi-am întrerupt colindul pe la ai mei și am venit imediat acasă. În adevăr am fost chemată, dar nu trebuia să dau, chiar așa, prin foc și prin apă, că amicul de la Minister nu s-a prezentat decât după vreo 3-4 zile. Mi-a spus să contractez cu ei (Ministerul Comerțului

Partea 9 (1953)

Fruct Export), să le dau lor recolta de caise, pentru care ei vin în ajutor cam cu 1000 lei, ca să pot face cheltuieli de îngrijire și întreținere a grădinii. Mă mai scutesc de impozitul pomilor, îmi mai pun la dispoziție materiale de cules, așa că am contractat, judecând că nu e rău. Cine, în definitiv, îți vine în ajutor acum, cu 1000 lei, chiar dacă-mi mai iau și eu obligația să le dau 7-800 kg de caise. În cazul când calamitățile naturii ne strică recolta, sunt datoare, ca în trei zile, să-i anunț în scris, iar banii îi voi da înapoi, până la data de întâi decembrie 1953, cu o dobândă de 5% pe an. Mi s-a părut convenabil și am semnat.

Am și pus în lucru curățirea și văruirea pomilor, ca-n zece zile să fie gata. Și pentru mine e un bine, că în definitiv, pentru grădina mea o fac. Acum sunt trecută și ca muncitoare mijlocașă, așa că o să trec mai ușor greutățile cu impozitele. Nu-l mai aștept decât pe Costică dragul de el, să vadă și el, că pot face și eu ceva, să se bucure și el și să se odihnească acum, că a muncit destul, săracul. Parcă muncesc și eu cu plăcere acum, dacă văd că are cine să mă ajute și pe mine.

Chiar în ziua de 14 aprilie, când am ieșit afară pentru lucru, am văzut oaspeții mei, că au venit și abia atunci, mi-am dat seama, că a venit primăvara cu adevărat. "Salutare, pupezei! Voi și ciocârlia sunteți primii vestitori ai primăverii și-mi spuneți, că trebuie să încep lucrul cu sârguință. Ați venit voi, care de 6-7 ani vă faceți cuib lângă casă, între pietre, aici. Eu vă primesc cu plăcere, dar tristă și nu cu bucuria de altă dată. Sunt singură acum, prieteni dragi, tovarășul meu de viață nu mai e aici. El a plecat, adică mi l-au luat, cam tot odată cu voi. Voi v-ați întors, căutați să vă refaceți vremelnicul vostru cuib, zburând și alergând cu sârguință. El nu a venit, mereu mă uit în calea lui, să vină, că și eu mă străduiesc să mențin bătrânul nostru cuib, ca să ne adăpostim și să ne petrecem bătrânețele noastre. Poate la anul și alți ani încă, să vă primim amândoi, să-l aud spunându-mi: "Aneta, ieși afară, că ți-au venit oaspeții!" Voi ați trecut mări și oceane, ca să veniți la locșorul vechi, să alergați veseli, gungurind puup, puup, printre pietre, prin pomi, pe unde puterea lui Dumnezeu vă conduce, să vă faceți din nou mica voastră familie. Costică nu vine și nici nu aud de el nimic.

În curând, vor veni și ceilalți vestitori ai primăverii și ai verii, mierlele, rândunelele, ba și cucu, cu care eu mă certam în fiecare an. Când îl auzeam spunându-și numele, îl chemam și eu la fel. El își striga mai tare numele și eu îl îngânam din nou, până când el se supăra și zbura pe deasupra capului meu. Eu eram întreagă atunci și deși aveam și necazuri, nu pierdeam nimic din măreția acestui frumos anotimp. Acum mă uit, plină de jale, nici pe cucu nu-l mai îngân, nici nu știu, unde au început pupezeii, să-și construiască cuibușorul. Numai Dumnezeu mă poate mângâia și Măicuța Domnului, pe care o simt aici lângă mine și care-mi poartă de grijă. Pe Ea o rog, să nu-mi mai pună răbdarea la încercare, așa îndelungat! Să nu mă mai lase să mă mistuie această durere, că anii deja mă copleșesc!

Ieri, 27 aprilie, am fost la bunul nostru prieten, Eugen Stoiceanu, copilul meu spiritual, cum zice el. Am petrecut o zi frumoasă și creștinească. Am mâncat amândoi. Eu i-am dus niște ouă roșii și am ciocnit, el fiind singurul copil, cu care nu am ciocnit ouă roșii anul acesta. După masă, m-a delectat cântându-mi la pian un înălțător Hristos a înviat, după care mi-a cântat din Faust. La urmă am făcut obișnuita lectură religioasă, citindu-mi și o parte din însemnările făcute de el, acum vreo 12 ani, când el a fost la Ierusalim, să celebreze Paștele. A reușit, cu toate greutățile prin care a trecut atunci, când războiul bătea la poarta tuturor statelor și nimeni nu avea voie să plece. A avut fericirea să sărute piatra de pe mormântul Mântuitorului. Data viitoare, dacă am să pot să mă mai duc, o să-mi citească chiar despre slujba Învierii, la Ierusalim. El este artist, actor la teatru, dar este artist și în descrierea pe care a făcut-o, căci numai cel ce a fost acolo și a văzut, poate vorbi așa frumos!

Am venit acasă devreme de tot. Mi-am rânduit gospodăria, căci acum sunt mama și a 34 puișori, pe care printr-un ghinion, mă văd nevoită să-i cresc fără mama cloșcă. Mi-am cumpărat și o căpriță, că mi-e imposibil să trăiesc fără lapte și ca să cumpăr, numai 1 litru pe zi, chiar, nu mai pot, că nu mai am cu ce. Cu câtă blagoslovenie de iarbă a dat Dumnezeu prin grădină, ar fi și păcat să n-am animalul meu. Mă voi mulțumi cu 1,5 litri lapte/zi, pe care mi-l dă ea, fiindcă nu trebuie să mă mai îngrijesc în fiecare lună, de 100 lei, ca să dau pe lapte. Cât privește modesta ei valoare, cred că în 3-4 luni de zile, mi-am scos banii ce i-am dat. Cu iarba asta aș putea hrăni și o vacă, dar nici bani n-am s-o cumpăr și apoi prea sare în ochi la toată lumea și începe cu cota de lapte și altele. Pe urmă, nu m-aș mai încurca cu vaca, că se întreține mai greu. Mai am plăcerea, că pot să o mulg eu pe căpriță, fără să mă mai rog de nimeni.

Aruncându-mi ochii peste cele ce am trecut aici, văd că n-am mai însemnat nimic de la plecarea lui Costică și poate chiar mai demult, privind chestiunile internaționale. Pare-mi-se chiar, că luasem hotărârea să nu mă mai preocupe chestiunile astea, că văd că e o nesfârșită peltea și nu se mai isprăvește.

Am totuși un fapt de relatat. În noaptea de 2 martie, premierul Rusiei, Stalin a căzut bolnav de o boală grea. Toate buletinele oficiale arătau că nu mai are scăpare. Va fi și el chemat în fața Aceluia, unde mergem toți și unde vom da socoteală de tot ce am făcut în această viață. Acolo nu vor mai fi nici premieri, nici Marinică, zis codașul, ci vom fi toți la fel, fără deosebire de rang sau situație, ci numai cei ce au știut să-și adune comori cerești. Acum mă opresc și mă gândesc: de ce acest om, care a semănat teroare și moarte pretutindeni, are parte de o moarte frumoasă, cu capul pe perna lui, înconjurat de glorie și deplină strălucire? Întrucât viața lui pământească a fost mai în conformitate cu preceptele și învățăturile Evangheliei? Poate că el o fi fost, în ultimul ceas, ca și tâlharul răstignit pe cruce, odată cu Mântuitorul. El a spus: "Primește-mă, Doamne, când voi veni întru împărăția Ta!" La care, Iisus i-a spus: "Amin, zic ție, astăzi vei fi cu mine în rai!"

La 9 martie, Stalin a coborât în cripta Kremlinului, alături de Lenin, zeul poporului rus și învățatul genial al timpului. Așa ne îmbrăcăm cu mărire pământească, dar cu ce ne îmbrăcăm în fața Dumnezeului judecător? Numai faptele noastre vor fi chezășia și răsplata noastră!

La o săptămână după Stalin, am văzut anunțat că a murit Președintele Cehoslovaciei, Klement Gottwald. Nu cunosc cauzele și nici nu m-am interesat. Probabil, că el a fost la înmormântarea lui Stalin, a văzut în ce cinste și onoruri a plecat el din această lume și n-a vrut să rămână mai prejos. Eu, însă, i-am spus: "Tovarășe, imitația n-are valoare! Mai bine te lăsai păgubaș, că erai mai tânăr ca el!"

De atunci sunt mereu frământări, comentarii de tot felul, dar nimic nu e schimbat. Nu pot să mai dau crezare la nimic. În Rusia s-au făcut amnistii și grațieri; și la noi s-au făcut, dar fiindcă imitația n-are valoare, nu prea intră în această lege multă lume. Auzisem că legea asta nu-i cuprinde pe politici, așa că nădejde de venirea lui Costică, tot n-aveam. Chiar ieri am aflat, că a dat drumul la un lot de deținuți politici. Nu știu dacă e adevărat. El ar fi trebuit să fie printre ei, nefiind nici politician grozav și având 67 ani, este și peste limita de vârstă, care a fost stabilită la 60 ani. Mă mai pun pe gânduri și enoriașii lui, cu excesul lor de dragoste pentru el. Unul dintre ei a lansat zvonul, la Paște, că a venit acasă. Au început să vină cu duiumul, aici, să-l vadă pe părintele lor. Unele femei, mai habotnice, au venit și cu copiii să-i împărtășească părintele, că-i bătrân și bun lui Dumnezeu și are leac...

Ce să faci? Așa-i omenirea! Dacă ar mai veni înapoi, ar trebui să le spună și el, cuvintele lui Iisus: "Puțin credincioșilor, până când voi mai fi cu voi?" Teama mea este, că nu-i dau drumul, că are atâta popularitate și este așa de mult iubit de popor!

Doamne, Doamne, păzește-l, dă-i tărie și răbdare, ca să-l mai pot vedea acasă odată! Azi, 28 aprilie 1953, a fost o zi posomorâtă, a plouat toată ziua și o ceață groasă a cuprins totul. Am făcut puțin foc la sobă și am stat, cuibărită, în casă. Am mai lucrat și am dat curs liber, gândurilor de tot felul, în caietul meu. Seara, am ieșit să-mi chivernisesc viețuitoarele curții mele. Ce ceață deasă! Doamne, nu mi-o strica fructele?

2 iunie. Chiar mi-a stricat fructele! După o săptămână întreagă de ceață deasă și rece, noaptea de 4-5 mai, a pus capac! A înghețat, iar dimineața gheața acoperea toată iarba. Când a ieșit soarele, cu razele lui de mai, a opărit tot! Se putea altfel? Se putea să trăiesc eu, acum, fără grija banului, care-mi este așa de necesar? Nu mă gândesc la mine sau la plăcerea de a-l avea, ci la greutățile care mă împresoară și la muncile care vor veni și vor trebui executate, fără discuție! Ce am să fac? Noroc cu bietele găinușe; cu oușoarele lor am mai amăgit eu o parte din greutățile mele. Asta e, eu "am rămas din gol, cu pielea!"

Nu mă preocupă mult chestiunea asta. Mai au copiii grijă. Tatiana mi-a luat pantofi, Lilica mi-a dat câte un ban, doi... Azi e o ploaie măruntă și rece, ca nu cumva vreo caisă scăpată să mai rămână și aia pe creangă. Am făcut cunoscut onorabililor de la Fruct Export și de la Sfatul Popular, de dezastrul acesta și calamitățile naturii, cum le-au numit ei. Ei, acum, sări Aneta, în sus și scoate 1000 lei, să le dai până la întâi decembrie! Nu știu de ce, nu-s deloc speriată.

Parcă eram mai speriată, când era Costică acasă, că el tare mai deznădăjduia! Parcă-l aud, pe opt august, acum un an, când ne-a făcut impunerea de 3200 lei: "Să vindem tot ce avem împrejur și pe noi să ne vindem și tot nu putem face această sumă! " Eram și eu încrâncenată, unde-l vedeam pe el așa speriat. Peste o săptămână, când l-au luat, mi-a spus să vând tot, tot ce cred, să plătesc Percepția și din casă să nu ies!

M-am conformat, în adevăr. Am vândut tot, am plătit datoria și din casă n-am ieșit. De ce nu-l aduce Dumnezeu, să vadă, că am plătit Percepția, am lucrat pământul și l-am însămânțat, ca și el și nu m-au mâncat nici câinii, cum îmi prezicea de atâtea ori!

Tare aș mai vrea să-l văd numai, aici, stând în pat și dându-și părerea, nimic nu l-aș mai lăsa să facă. I-aș spune: "Stai în pat, citește și scrie, așa cum ți-a plăcut și ai avut chemare; m-ai ținut tu 43 ani, acum am căpătat puțină experiență și tehnică și te voi ține și eu pe tine ca pe un prinț, de aici încolo!" Când îi spuneam eu, să mă lase să conduc gospodăria așa cum cred, că nu va greși, el îmi răspundea: "Poți să-ți dai părul, fără grijă, pe mâna mea!" Văd că Dumnezeu prelungește suferința și nesiguranța mea și, cred, și pe a lui.

12 iunie 1953. Deși suntem în plină vară, e frig și plouă. Nu-i nimic nou sau schimbat. Numai tristețe și deznădejde! Nu știu, când voi mai deschide caietul.

Partea 10 (1954-1955)

30 ianuarie 1954. Am mai scormonit prin locurile, unde caietul sălășluiește, l-am luat, l-am mai răsfoit și încerc să mai însemnez câte ceva. Știu, că nu prea am ce, dar nici nu mă îndur, să rup așa brusc legătura cu el, deci, cu trecutul meu.

Vara s-a scurs monotonă. Am auzit vești, mai mult rele decât bune. Ba încă, o cetățeancă de aici a venit și mi-a spus, că părintele e mort din 7 februarie 1953. Altul mi-a spus, că nu știe exact ziua, dar, sigur e mort, de la sfârșitul lui noiembrie 1952. Oricât aș umbla eu cu picioarele pe pământ și oricât aș căuta să mă resemnez, să mă obișnuiesc cu ideea, nu pot. Mă gândesc, că e bătrân, slăbit mult de o boală grea, de care am auzit că a zăcut și mai știu, că are o fire războinică, ciudată și dreaptă și că s-ar putea să fie mort, dar tot nu cred!

Vreau să judec drept, dar după ce am auzit vestea, judecata m-a părăsit, durerea și revolta m-au apucat și mi-am înecat toate sentimentele în lacrimi amare. Am blestemat ceasul, când mi l-au luat din casă și pe cei ce-și bat joc, de tot ce-i omenesc și rânduit de Dumnezeu, ca să-și poată ajunge năzuințele (scopul) lor!

Citesc cu atenție "Psalmii", fiind singura cale, în care aflu oarecare liniște, căci ideile psalmistului, ne ajută să-i arătăm lui Dumnezeu, ceeace simțim, deși Dumnezeu ne cunoaște toate tainele. După mine, Psaltirea e o comoară! Citind psalmii 5, 6, 12, 21, 24, 30, 31, 85, m-am simțit ușurată, în special acum, când sunt singură. Eu citeam și înainte acești psalmi, dar acum mi-au ajuns nedespărțiți. Prin cuvântul psalmistului și proorocului David, îmi dau seama de apropierea mea imediată de Dumnezeu. Cerând și ocrotirea și cinstind pomenirea Sf. Mare Mucenic Mina, simt că așa am putut trăi, aruncată în mijlocul acestei pustietăți, unde nu te-ar auzi nimeni și nu ar veni picior de om, în special în aceste nopți de iarnă aspră și ursuză, cum a fost anul ăsta.

E a doua oară în viața mea, când Chiril, fratele lui Costică, m-a sprijinit moral. Prima oară a fost în 1927, când m-a determinat să adun și să reconstitui acest caiet, în care este o parte din viața mea. A doua oară, acum, când mi-a dăruit Psaltirea, să-mi fie sprijin și consolare în rugăciuni. Și-mi este, în adevăr și-i sunt recunoscătoare.

Eu citeam și înainte psalmii, dar din Biblie, ori în Psaltire, sunt mult mai ușor de citit și mai compleți.

M-am mai liniștit prin puterea acestor rugăciuni și i-am scris bietului meu frate, Nicu, rugându-l să se ducă la o primărie, unde am auzit că s-a declarat decesul tuturor deținutilor morți în București. Acolo auzisem, că s-a sfârșit și el. S-a dus Nicu, la care toți alergăm cu veștile rele, trei zile la rând și a căutat toate listele deținutilor morți între noiembrie 1952 și până la 15 decembrie 1953, cum i-am scris eu. Mi-a răspuns, că nu l-a găsit pe listă. Oamenii, care mi-au spus, au vrut să pară interesanți sau să arate că se interesează de noi!?! Am început, din nou, să sper.

Faptul, că oficial, nu mi se comunica nimic, mă face să nădăjduiesc, că undeva, într-un fund de închisoare... este el, chiar dacă e chinuit de foame, de dureri fizice și morale. Vreau să trăiască! Să-l mai văd odată acasă, să mă pot uita la el, tovarășul meu de viață de 43 ani, să-i sprijin eu bătrânețele, nu străinii și el să le sprijine pe ale mele! Atât cer de la Dumnezeu acum. Aceasta nu o zic din lașitate și egoism, dar timpurile de acum, nu merită sacrificii și sacrificați.

Nici omenesc, nici creștinesc nu este sacrificiul care se face acum. Mai întâi de toate, ei nu sunt prigoniți și închiși pentru Iisus Hristos, fiindcă sunt reprezentanții Lui aici, pe pământ; oamenii zilei nu obligă pe nimeni să nu creadă în Hristos, dacă vor. Nu e omenesc, pentru că nu-s închiși pentru o idee, ci din ambiții, ură și răzbunare, tot omenească.

Pentru ce să-și irosească puținii ani, ce-i mai are de trăit, în închisoare, când poate face altceva mai bun și mai plăcut lui Dumnezeu și mai folositor lui și familiei sale? Să ne dea Dumnezeu tărie și să ne sprijine pe toți!

Azi e o zi de iarnă admirabilă. Eu, care nu iubesc deloc acest anotimp capricios și răutăcios, sunt nevoită să recunosc. Ninge de două zile, oblu (încet și uniform) și liniștit. Zăpada s-a așezat pe toată suprafața pământului deopotrivă, cam 25-30 cm. Înaintezi cu mare greutate, dar e așa de plăcut!

Mi-amintește prima zi de Crăciun a anului 1916. Tot așa ningea și atunci, ca și acum și nu era ger. Înaintam prin zăpada plumburie, care-și scutura noianul de fulgi albi, deși și mari, peste oamenii ce mișunau, mânați fiecare de treburile lor. Nu se mai cunoșteau de-s ființe omenești sau închipuiri de oameni, zidiți de copii din zăpadă, îi vedeai doar că se mișcă. Cu ce avânt tineresc înfruntam atunci noroaie, ploi, ninsoare, fără să-mi pese prea mult, căci mergeam așa, către Cârlomănești, locul de refugiu pentru noi și copii. Dar nu mă înspăimânta nici zăpada ce se întețea, din ce în ce, ca și acum, nici pribegia prin păduri, pe marginile prăpastiei. Imediat ce vedeam pericolul de înfruntat, prindeam noi puteri și cântam imnuri de slavă, Celui ce ne purta de grijă și înaintam.

Acum însă, cu ochii pe fereastră, admir peisajul ăsta de iarnă, cuibărită singură, în chilioara mea. E ora 16. Mă duc să-mi satur orătăniile și să mă îmbrac, să mă duc la o cunoștință a mea de aici, ca să ascult la radio, buletinul meteorologic. Să văd ce avânt mai am acum, după 38 ani! Mai pot înfrunta zăpada, ce te orbește și se lipește de tine, făcându-te ca o jucărie de copil?

Ei, dar nu e glumă! La radio anunță zăpadă abundentă, în toată țara. Temperatura va scădea, din nou, între -12 °C până la -30 °C, în diferite părți ale țării. La noi vor fi cam -13 °C. Vântul va începe să bată, nu știu din ce parte... Cam miroase a viscol, după câte înțeleg. Nu spun eu, degeaba, că nu pot suferi iarna! De ce ne-o fi lăsat Dumnezeu să trăim în această parte, unde există iarnă? Muncești din greu, ca să faci bani, să-ți cumperi lemne sau alt combustibil ca pe urmă, să-l arzi! Simți înțepăturile gerului în mâini, în picioare și în toate părțile corpului, unde se vâră ca un netrebnic. Abia scăpasem, de vreo două zile de ger până la -18 °C și acum începe iar. N-am mai venit acasă chiar cu entuziasmul, cu care mergeam la Cârlomănești.

Am venit îngrijorată, că sunt singură! Lemne nu am, bani, nici atât! Mă mai gândesc și la amărâtul ăla de Costică, cine știe pe unde dârdâie de frig, ca să curețe zăpada sau să taie lemne! Doamne întărește-l, o mai putea suporta și viețui?

Noroc, că am avut buna inspirație astă vară, să fac pentru păsări, un coteț bun. Mă simt mulțumită, când văd, că viețățile curții mele sunt bine chivernisite! Găinușile au căldurică și aer suficient, căprița are un adăpost bun, făcut astă toamnă, iar Ursulache are și el un coteț bun, cu paie multe, unde se vâră de asprimea iernii. Numai eu sunt necăjită! De la mine se cere tot, iar eu fac față lucrurilor, cu foarte mare greutate.

Aștept, cu nerăbdare să treacă nenorocita asta de iarnă, să încep lucrul pe afară. Vreau să mă asalteze găinile cu cotcodăceala lor, să le caut dimineața de ou, să le iau în brațe, să le mângâi, să le sărut pe creastă și pe ochișori, pe cele, care au ou și să le cert și să le fac morală, celor ce nu au, să se gândească și ele, să nu mănânce după spinarea celorlate, că apoi le mărit! Să se gândească și la mine, că eu, de pe urma lor voi trăi și trebuie să trăiesc, ca să mă-ngrijesc și de ele... Așa începe viața, aici, la mine. Când e timpul bun, mă mai duc și pe la copii. Nepoțeii mei drăguți, mânca-i-ar Bunica, se silesc, care mai de care, să vină să stea la mine. Fetițele mele scumpe au hotărât să sacrifice o zi pe săptămână, să vină la masă aici și să plece seara. După zdruncinul (șocul), ce l-am suferit cu toții, după plecarea lui taică-său, acum și-au mai luat și ele inima în dinți și vin să-mi facă și mie această plăcere și bucurie mare. Timpul îmi va trece mai ușor, iar ele au plăcerea de a fi cu toți împreună și se mai destind și ele!

Cu toată frumusețea acestui peisaj de iarnă, cum rar se vede aici la noi, vreau să vină primăvara. Cu ea așteptăm dezmorțirea a tot ce-i adormit și pustiu, cu ea așteptăm în fiecare an, pacea, pacea dorită de toată omenirea, dar mai ales de mine, că numai așa mai trag nădejde, să-l văd pe Costică! Să se îndure Dumnezeu, să liniștească lumea și să vină fiecare pe la căscioara lui, căci, dacă lucrurile dăinuiesc așa, nu mai am nădejde să-l mai văd vreodată! E bătrân, săracul și acești doi ani din urmă, i-au mai scurtat încă, vreo câțiva ani din viață. Cei mari, care dispun de soarta omenirii, sunt adunați acum, într-o conferință la Berlin, care va dura 2-3 săptămâni. Le-o da Dumnezeu minte și îmblânzirea inimilor, să se împace, să hotărască odată pacea și liniștea între popoare? Așteptăm...

7 februarie 1954, seara. Azi am avut o emoție puternică, așa cum îi trebuia sufletului meu, ca să fie zguduit! Ninge, ninge, de o săptămână întreagă, așa că mi-a pierit pofta să mai admir peisajul ăsta de iarnă! S-a întrecut cu gluma și a pierdut din pitoresc. Stăteam, totuși, cu ochii pe fereastră și mă uitam la zăpadă, care cădea din abundență, de nu se mai vedea nici până la poartă. Gândurile mele se învălmășeau, ca și fulgii, purtați de vânt. Mă gândeam mai puțin la mine, deși nu mai am decât un braț de lemne tăiate și netăiate, nici atât! Săptămâna asta am mai avut niște cartofi degerați, cu care mi-am mai amăgit foamea. Legătura cu orașul a fost complet întreruptă. Parale la mine, ioc (deloc)!

Gândurile mele zburau îngrijorate la cei ce nu-s pe lângă mine. Când văd asprime de asta, mă gândesc întâi la Costică, el, care e așa plăpând la frig, așa de șubred și așa de slab. Pe unde îl bat vânturile și îl troienesc zăpezile? Închid ochii și parcă vreau să mă așez în dreptul lui, să treacă întâi prin mine, ascuțișul acestui crivăț turbat. Mă gândesc la copiii ăștia, despre care știu, că n-au nici ei lemne; la Elvira, care-i așa de friguroasă și la celelalte două, cu copiii lor.

Mâncare nu se găsește. Ce-or fi făcând ei, mititeii?

Când deodată, în vârful troianului de deasupra porții, văd două siluete feminine, cam tăbărâte și înfășurate, care înaintau cu greutate prin zăpadă și troiene. Cine-or fi? Cine nu și-o fi văzând de treabă, să stea la căsuța lor, pe așa vreme?

Când se apropie, deabia venind, căci un picior îl scoteau din zăpadă și celălalt se scufunda, recunosc pe fetițele mele! Cu sacoșele cu pâine, cu slănină, cu ulei, cu câțiva bănuți, veneau la mămica lor..și ele purtate de grija mea. Au venit pe jos! S-au încălzit aci vreo două ore și au plecat iarăși pe jos! Eu nici nu pot descrie starea sufletului meu și cum am reacționat la atâta dragoste și devotament filial! În brațe le-am strâns, cu lacrimi, care abia puteam să le mai stăpânesc, le-am sărutat și le-am binecuvântat. La fel, să le facă Dumnezeu parte de copilașii lor, cum își cinstesc și-și iubesc ele părinții lor! Îmi venea să le iau în brațe, ca atunci când erau copii și le îngrijeam și ocroteam, cu aripile mele, dacă nu le vedeam și pe ele așa emoționate. Mi-au spus să nu mai plâng, că vor plânge și ele. Am lăsat plânsul, după ce au plecat ele, când m-am rugat Maicii Domnului, să le ocrotească pe ele și casa lor și pe toți copiii, care-și cinstesc și iubesc părinții. Le-am rugat, la plecare, să nu se mai hazardeze să meargă pe jos atâta cale, că mie-mi are Dumnezeu de grijă. Sunt cam 5 km, de unde vin ele.

Cui să spun? Cu cine să vorbesc, drag tovarăș de singurătate și zile grele? Cu tine, doar. Tu nu-mi spui să nu mai plâng, nici sufletul și inima nu te dor, că nu le ai. Mai bine, așa prieten vreau, să nu-i fac niciun rău și să fiu liberă să-mi spun necazurile mele, la care nu poate să ia parte cu nimic.

3 martie 1954. E o zi minunată de primăvară. După o lună nesfârșită de ger cumplit și viscol neîncetat, a dat Dumnezeu și s-a potolit. Au ajuns troienele până la o înălțime de 7-8 m. Când ajungi în vârful lor, că așa s-au croit potecile, te poți apuca de sârmele telefonice. Oamenii se țin de izolatorii de pe stâlpi, că altfel ești în pericol de a te prăbuși de pe crestele de zăpadă. Parcă ar fi dunele de nisip de prin pustiul african, pe care le-am văzut desenate sau fotografiate prin cărți. E o minunăție! Lumea, mai bătrână decât mine, spune, că în zilele noastre nu s-a mai văzut așa ceva!

Am citit într-un ziar, zilele astea, despre conferința de la Berlin și alte titluri, care-mi atrag atenția, că în Franța, de 75 ani n-au mai văzut asemenea temperaturi și răsturnări de climă. Toate, pe tot globul pământesc, sunt răsturnate cu susul în jos. Valori omenești și materiale, nimic nu-și mai urmează cursul normal. Pe toate le vezi prăbușindu-se, ca să vezi, cine știe ce bazaconie, la care nici n-a visat cineva, că apare! Chiar și conferințele, care s-au ținut până acum, vreo mie, cred, nu ajung să dea curs liber omenirii, să meargă pe calea liniștită a păcii. De la ultima conferință, care s-a ținut acum la Berlin și care a durat cam 3 săptămâni, au plecat, așa cum au venit și au pierdut timpul. Mi se pare că s-a anunțat alta, în aprilie. Nici nu mă mai interesează, fiindcă știu, că au același rezultat, iar noi vom suferi înainte de frig și de foame, despărțiți și rătăciți unii de alții.

Când eram la Techirghiol, o profesoară din București, cu care mă împrietenisem eu, m-a găsit odată scriind în acest caiet și m-a întrebat, dacă-l poate citi și ea. Cum n-am cine știe ce de ascuns, i l-am dat. Ei i-a plăcut mult, dar se minuna, că având copii și gineri intelectuali, nu mi-l finisează și nu mi-l tipărește nimeni. Mi-a spus, că partea întâi e foarte bine scrisă, fiind nuanțată și cu chestiuni istorice și politice, iar acum, unde merg către bătrânețe, mă ocup în partea doua, numai de mine și ce-i în jurul meu.

Nici nu l-am dat să-l citească copiii mei și nici lui Costică, chiar, că m-a luat în râs, odată, cu însemnările mele. El nici nu știe, că eu continui să scriu în caiet, încă. La remarca ei despre partea doua, i-am spus, că-mi lipsește materialul. În partea întâi, eram puși la curent, mai mult sau mai puțin, prin comunicate oficiale, cu mersul politicii, cu conducerea oamenilor și a țărilor. Acum, trăim așa: cât vor cei ce ne conduc și cât cred ei, că este necesar, atâta știm. Suntem puși la curent cu descoperiri sovietice, de la care trebuie să luăm exemplu și despre care, eu nu prea aș avea ce scrie.

Eu am reușit, prin munca depusă și observațiile mele, să fac ceea ce cred, că n-a făcut nici Miciurin, cu toate încrucișările lui. Eu am reușit, prin selecționare și îngrijire, să aduc aceeași găină, să-mi facă două ouă pe zi. Aceasta, fără exagerare. De aceea mă ocup acum, a nota doar despre mine și ceeace mă înconjoară. Nu mai pot fi la curent cu cele din afară, cel puțin să nu pierd o parte din cele ce am făcut și am păstrat în decursul vieții mele! Cât mă va mai ajuta capul, mâinile și toată ființa mea, voi mai scrie aici.

Să revin la data actuală. Odată cu venirea acestui an, s-a îndurat bunul Dumnezeu, să mă lase să aflu, că e în viață Costică. Puțină răsplată pentru ceea ce îndur de un an și șapte luni de zile, de când mi l-au luat, dar tot e ceva! Poate Sf. Mina, la care mă rog cu atâta credință și nădejde, s-a îndurat de mine, ca rugăciunea mea să fie dusă la Cel ce le știe pe toate și cu mâna Lui le ține pe toate! Aud, că soțul meu nu s-a potolit nici acolo și nu-și pune ușă de îngrădire în jurul gurii sale. Eu nu cred, ca el să nu se gândească, că-și îngreunează situația lui, acolo și pe a noastră, aici și vorbește, probabil, cum trebuie să vorbească un preot, un creștin și un om demn. Pe aripile vântului, Costică, îți trimit și eu dorul meu și rugămintea să te gândești la mine, care mă topesc de dorul tău, anii mă ajung, mă gârbovesc și simt cum îmi slăbesc puterile din ce în ce și nu vreau să mor, până nu te voi vedea iarăși, lângă noi!

6 iunie 1954. Nimic nou. E o viață grea, amărâtă, monotonă și mașinală. Ar însemna să scriu aici numai despre nopți nedormite și planuri făcute, dar nereușite. Am renunțat să mai deschid caietul.

Deținuții vin mereu, de prin diferite părți ale țării, dar Costică nu-i și nu iese de pe nicăieri! Îmi impun, să nu mai ascult nimic, de la nimeni, să rabd, să aștept și să mă rog lui Dumnezeu. Numai El își poate întoarce mila, să mă mângâie și pe mine.

Astăzi, am umblat pe la locul de ședere al acestui caiet. L-am găsit plin de udeală. Ce ingrată sunt! Nici atâta lucru n-am făcut, să fiu mai atentă cu el, după ce am depus atâta suflet și muncă. Îl pune mama la zvântat și voi urma să-l am prieten și tovarăș, chiar mai rebegit, așa. Viscolul a rămas prin munți. Acum sunt ploi interminabile, întunericul și răceala se țin lanț. M-am apucat să fac niște reparații pe aici, căci ploile mi-au dărâmat chilioara, unde stau. Aș vrea să fac și ceva adăugiri, în limita posibilităților, să fie mai comodă chilioara și mai bună de locuit. Până acum am trăit necăjită și înghesuită aici, dar acum, aș vrea să fac acest cuibușor, o casă de oameni civilizați, cu apă curentă și toaletă (WC) în casă. Vin bătrânețele și poate dă Dumnezeu și vine și Costică și să putem trăi și noi, mai liniștiți. Aud că vin toți din toate părțile, dar el, pe unde-i vârât, de nu se aude nimic de el și pe oricine întreb, nu știe nimic? Dacă aș ști, că nu mai vine, aș da foc la tot!

Revenind la odăi, nu zic precum bogatul din Evanghelie, că "jidnițele mele și mai mari le voi face și atunci suflete al meu, bea și te veselește!" Le fac numai așa, ca să putem trăi mai bine în ele. Domnul să-mi ajute, că n-aș mai avea altceva de făcut, decât să trăiesc o bătrânețe liniștită, natural, dacă se întoarce Costică. Pe urmă, ducând o viață creștinească ajut și eu pe alții, cum m-a ajutat Dumnezeu pe mine.

E ora 11. N-am fost la biserică azi. E o zi mohorâtă, friguroasă și mereu curge de sus. Mi-am făcut cândeluța, rugăciunea- citirea psalmilor- aici în casă. Acum închid caietul, mă îmbrac și plec la Lilica, de la a cărei căsătorie, se împlinesc azi, 11 ani. Să le dea Dumnezeu, lor și la toți, mulți ani înainte!

15 august 1954. Trece timpul și anii se scurg. În această noapte se împlinesc doi ani, de când mi l-au luat. Aceste zile sunt nemaipomenit de greu de trecut! Durerea din sufletul meu nu se șterge, mai ales, când sunt singură aici. În timpul zilei, mă mai iau cu treburile, care sunt aceleași, de la revărsatul zorilor până noaptea, zi după zi. Cât de ușor treceau zilele de 15 și 16 august înainte. Îmi aminteau de logodna noastră, simțeam privirea lui, punerea în deget a inelului și zâmbeam, când mă gândeam, cum mă uitam pe fereastră la trăsură și nu știam, care-mi era logodnicul! Vedeam, cum fiecare an adăuga câte ceva, ne brăzda frunțile, ne împodobea fețele cu ochelari, ne acoperea tâmplele cu ghiocei, nu vestitorii primăverii, ci ai iernii, care venea cu pași înceți și siguri, pe spatele nostru. Zâmbeam, căci vedeam cum legea firii își urmează cursul și așa trebuia să fie. Anul trecut am închis ochii și n-am vrut să mă mai uit înapoi! Anul ăsta însă, bietul meu trup și suflet nu mi-au mai îngăduit să stau amorțită în pat și să vărs șiroaie de lacrimi.

Mi s-au încârceiat mușchii picioarelor, respirația mi s-a tăiat, n-am mai putut să plâng și în niște chinuri grozave, am început să urlu. Mi-era și necaz, că era biata Nina, cu soțul aici și nu vroiam să dau drumul unor asemenea manifestări față de ei, care nu mă cunoșteau decât de puțin timp și-n fața lor nu dădusem decât dovezi de răbdare și înțelepciune. Nu mai eram stăpână pe mine, a răbufnit tot ceeace strânsesem în mine și a explodat în noaptea aceasta, când se împlineau doi ani de jale, înăbușită de multe ori. Bine că a fost ea cu mine, aici, că m-a auzit din sală, de unde dormeau ei și m-a frecționat cu un prosop cu apă rece, durerile au cedat și m-am mai liniștit. Acum 13 ani, după ce am coborât pe fiica noastră Agripina, în mormânt, am avut aceeași stare, dar fiind mai tânără, mi-am revenit mai repede. Acum m-au istovit necazurile, trec anii și nu știu, unde voi mai ajunge. Nu văd nici o nădejde. Unde-o fi, mă-ntreb mereu, ce prăpastie grozavă s-a deschis în calea lui, de nu iese de nicăieri? Mi-e așa de dor de el, că simt sufletul, cum se topește în mine. Doamne, Doamne, îl voi mai vedea vreodată?

Întâi mai 1955. M-am hotărât să nu mai scriu deloc, s-o rup cu trecutul definitiv, că numai așa, am să mă mai pot ține, să mai fac față lucrurilor. Am obligații multe și eu înaintez în vârstă și nu mai am niciun elan.

Partea 11 (1956-1957)

15 februarie 1956. Azi am împlinit 64 ani.

Ziceam să nu mai scriu, dar ce am cu el, săracul, ca să nu-l mai deschid și să mai notez câte ceva?! Că doar el și cărțile sunt tovarășii mei de singurătate! Câte o carte, pe care o mai pot căpăta, mă face să-mi treacă timpul mai ușor, dar am niște ochelari nepotriviți și nu pot citi mult, că mă obosesc. Ar trebui să mă duc la doctor, să-mi dea alți ochelari, dar.....veșnica poveste, nu-s bani. Nu mai scap odată de Percepția asta; nu termin bine ce am de plată, pe anul trecut și, hop, altă plăcintă! Și atunci, ce să fac? Dau și eu curs gândurilor, să alerge, mai ales, la zile care au oarecare însemnătate în viața mea!

Mă transport în trecutul îndepărtat, depănând de atâtea ori firul amintirilor și de multe ori, mi se pare, că-i un vis... Când eram copil, la școală, mi-amintesc de o istorioară, la citire, în care spunea, că un copil, făcându-și odată lecțiile, urmărea pe fereastră zăpada, ce cădea din abundență. La un moment dat, pe fereastra lângă care sta, văzu un mosor de ață albă împletită cu ață neagră. Mosorul era plin. Deodată aude o voce: "N-ai decât să tragi de fir, căci acesta e firul vieții tale și vei vedea!" A tras de fir și s-a văzut deodată mare. Curios, a mai tras firul și s-a văzut bărbat tânăr, căruia viața îi surâdea. Și, mereu mai nerăbdător, trăgea de fir, iar mosorul se învârtea în grabă. S-a văzut om mare, bătrân, gârbov... Ața pe mosor era pe sfârșite și lui îi era frică s-o mai desfășoare, că știa ce va urma. La o mișcare bruscă, s-a trezit, probabil adormise și ce bucuros a fost, că a fost doar un vis! Zăpada încă curgea din cer, dar uitându-se în jur, a văzut că-i tot copil. Mai departe urma morala, probabil.

Copil fiind, m-a impresionat mult și mă gândeam, ce aș face eu, dacă aș vedea un asemenea mosor miraculos? L-am desfășurat și eu, timp de 64 ani, dar acum, dacă l-aș avea în față, aș înfășura ața, din nou, pe el și aș ști mai bine, cât și cum să-l desfășor. Privesc cu tristețe în trecut, trăiesc prezentul crud și aspru și bâigui, căutând să întrezăresc viitorul, care nu poate fi mai strălucit, pentru mine. Sunt timpuri grele acum, pentru toată lumea, nimeni nu mai poate să facă planuri de viitor. Firul vieții mele a fost împestrițat mult cu negru, probabil, iar la bătrânețe e numai negru.

Partea 11 (1956-1957)

Azi, se împlinesc 3 ani 6 luni, de când mi-au luat pe bietul meu soț, din cuibulețul lui și, culmea cruzimii acestui destin, nici până acum, nu știu nimic de el! Cu ce o fi greșit el sau eu, mai mult ca lumea cealaltă, care a trecut prin asemenea împrejurări, ca el să se prăpădească lipsit de orice dragoste și ajutor, iar eu să trăiesc singură, chinuită și terorizată de nesiguranța asta! Dacă aș fi anunțată și eu, ca toată lumea ce-i cu el, m-aș duce nouă mări și nouă țări, numai să știu, că-i dau de urmă. Dacă aș ști, că nu mai există, voi fi toată viața mea îndurerată, că s-a sfârșit astfel.

Ar trebui să iau măsuri, să fac ceva cu pământul ăsta, care a ajuns acum o greutate de nesuportat pentru mine. Nu mai pot scoate, nici cât să pot plăti taxele pentru el, dar să mă mai gândesc, cu ce trăiesc eu! Altădată, așteptam cu nerăbdare ivirea unei noi zile, să încep activitatea în jurul gospodăriei; acum, mă bucur, când vine noaptea și aș vrea să nu se mai sfârșească. Nu mai vreau, să văd dimineața, bătând la ușă, ba Percepția, ba ADAS-ul (Asigurări de Stat), ba cote de dat: carne și câte și mai câte!

Până în august-septembrie, când au venit amnistiile și grațierile acelea, mai trăgeam și eu nădejde, că voi afla ceva. Dar, tot nimic, am pierdut orice nădejde. Sunt în așteptarea unui răspuns, de la Ministerul Afacerilor Interne, unde am făcut mai multe adrese. Dacă nu mă vor lămuri nici aceștia, nu știu încotro s-o mai apuc!

Speriată de singurătatea asta, am mai strâns de pe drumuri, vreo două nenorocite de bătrâne fără căpătâi, formând un fel de colectiv de babe, al cărui președinte, sunt eu. Dar nici cu asta n-am nimerit! Una din ele-i cam trăznită, zice că i-a trecut odată o căruță cu cai peste cap. Văd că are o adâncitură în partea de sus a craniului, dar nu știu dacă e zăpăcită din cauza asta sau așa o fi făcut-o Sf. Ilie pe ea. Cealaltă, mai în putere, am căutat s-o oploșesc (adăpostesc) pe aici, cu o leacă de interes, ca să mă mai ajute și pe mine. Mi-a fost de mare ajutor în timpul acestei ierni urâcioase, dar are un mare cusur, că-i bețivă. Și tocmai la mine să o aduc, când eu nu pun băutură nici pe limbă și nu-i pot suporta mirosul de butoi acrit. Nu știu ce să fac cu ea, îmi fac mie reproșuri, căci firea asta păcătoasă a mea, nu mă lasă să trec pe lângă suferință și să rămân nepăsătoare. De ce îmi scoate Dumnezeu în cale, nenorocite de astea, fără căpătâi? La mine e un rău iremediabil, nu pot să nu vin în ajutorul celor năpăstuiți de soartă!

S-au infiltrat prea mult în sufletul meu, cuvintele Evangheliei: "Să iubești pe semenul tău, ca pe tine însuți!" Acum, chiar ca pe mine însămi, nu-l voi iubi, că m-am gândit și la mine, să am un pic de ajutor! Probabil, că și semenii de acum, nu mai sunt ca cei de la începutul creștinismului, căci nu mai găsești unul, cu care să-ți faci, cel puțin, o pomană! Atunci, cei ce intrau în rândurile creștinilor erau conștienți de această învățătură, acum cred că 95% din ei nu înțeleg tâlcul ei. Confundă religia cu obiceiurile lor, care-s mai mult păgâne decât creștine. Fac din persoana preotului, o unealtă de ajutor, lângă scutul căruia, pot să-și ducă mai departe viața, așa cum le convine. "Am spus preotului, când m-am spovedit" și a scăpat deci, de orice răspundere. Nu-i mai puțin adevărat, că majorității preoților de azi, le convine această stare de lucruri. De unde să le mai iasă și lor, ce brumuliță de venit le mai iese, dacă n-ar ajuta și n-ar lăsa sfânta prostie, să dăruiască mereu!

Cum să nu-i convină babei Veta, una din colectivul meu, femeie de 74 ani, că s-a liberat de păcat, că a tăiat odată un curcan? Ea are pretenția, că e foarte credincioasă și se teme grozav de păcat. Fiindcă n-a trecut niciun om pe drum, să-i taie curcanul și știind că-i păcat mare pentru o femeie s-o facă, a venit repede în bucătărie, a luat un cuțit și un făcăleț de mămăligă și i-a tăiat capul. Am întrebat-o ce a făcut ea cu făcălețul, însă. Eu credeam că l-a luat, ca să-i dea la cap, că nu are destulă putere baba, să-l taie. "L-am pus între picioare, ca să-și închipuie, că sunt bărbat!" Am întrebat-o, dacă a vrut să-l înșele pe Dumnezeu sau pe curcan. "Ce știi, dumneata, eu am spus la preot, când m-am spovedit, iar el mi-a spus, că dacă am pus făcălețul în fustă, nu mai am niciun păcat!" Nu era important să înșir întâmplarea aici, dar am vrut să arăt o stare de lucruri. Sunt și eu de vină, că mă înconjur de ignoranță, dar numai așa, să mai fac și eu o binefacere, o pomană și cu slabele mele puteri să le vin și eu în ajutor.

Când eram mai tânără și mă bizuiam mai mult pe forțele mele, am încercat să mă apropii și de altfel de lume. Am ascultat îndemnuri din afară, să caut să muncesc mai puțin și să câștig mai mult, dar n-am reușit. Nimic nu s-a lipit de mine și am rămas așa cum sunt croită. Am plecat inima și urechea la cei nevoiași, dar n-am reușit să fac ceeace am vrut și crezut și până la urmă, m-am resemnat. "Iartă-le lor, că nu știu ce fac!"

Căutând să mă apropii de oameni din clasa noastră socială, așa zisa burghezie, nu m-am lipit cu nimic de ei. Vedeam că umblă cu dedesubturi, cu viclenie, vedeam speculată sinceritatea mea, de multe ori, așa că m-am retras iarăși în bârlogul meu, unde am trăit până atunci. Aș fi putut trăi foarte liniștită, încă, înfruntând viața cu răbdare, dacă nu m-ar fi despărțit de tovarășul meu de viață. Ne-am fi putut ajuta unul pe altul la bătrânețe, atât cât Dumnezeu ne-ar fi hărăzit viața împreună. Cred că nu ne-ar mai fi păsat de nimic. Ne-am fi văzut amândoi de necazurile noastre. Nu ne-ar mai fi preocupat nici situația internațională. Cei ce ne conduc sunt în drept să se ocupe de ea. Noi ne mulțumim să știm, că Republica noastră este acum destul de cunoscută pe globul pământesc. Pe când profesorul Mureșanu călătorea prin Anglia, spunea că, nici nu se știa pe acolo că există undeva o țară românească. Acum suntem cunoscuți de toate națiile, până și Perinița noastră, a ajuns dans internațional! Ce să mai dorim și de ce să ne mai ocupăm noi de mersul lucrurilor aici și pretutindeni?

N-aș fi crezut niciodată, să fiu singură la anii aceștia, neajutată și cu moralul nesprijinit de nimeni. Cei din jurul meu se silesc să mă ajute, eu însă, nu le dezvălui adevărata mea stare. La ce bun? Sunt și ei destul de împovărați de atâtea greutăți, nu trebuie să mă vadă și pe mine văitându-mă mereu!

Dacă eram amândoi, ne-am fi consultat ce să facem. Ar fi putut aduce, poate, și el un mic venit, căci bine îngrijit de către mine, după cum am învățat, era rezistent. Ne-am mai fi rezolvat și noi, multe din nevoi. Când mă vedea pe mine cu reumatism sau cu nervii slăbiți, spunea: "Eu sunt tare și voi trăi mai mult ca tine, Aneta! Ferească Dumnezeu de vreun accident, să mă suprime de pe fața pământului!" și așa a fost... am rămas eu de 3 ani 7 luni, cu speranțe mereu spulberate, cu veșnice întrebări fără răspuns și cu durere în suflet, că nu știu nimic de el și nici să-i fac cele creștinești, nu pot.

Mă gândesc, că acestea sunt doar obiceiuri; cei mai mulți aleși ai Domnului, n-au avut parte de o luminiță la căpătâiul lor sau să se ducă cineva cu tămâie, la mormântul lor. Așa au fost martirii, așa au fost pustnicii, care și-au dăruit viața lui Hristos, dar conștiința mea ar fi fost mai împăcată și liniștită, dacă aș fi putut să-mi aduc obolul (mica contribuție) ostenelilor mele și prinosul din munculița și strădania lui. Aș putea face și fără să știu ceva precis, dar preoții de aici mi-au spus, că nu au voie să facă niciun fel de slujbe religioase, ca pomeniri sau parastase, pentru cei ce sunt prizonieri, dispăruți sau închiși, care nu au o situație oficial clarificată. Nu-mi rămâne, decât să mă rog pentru sufletul lui bun și cinstit, ceea ce fac întotdeauna. Slujba ar fi pentru mulțumirea mea, că el nu dorea decât rugăciuni.

"Să nu mi se țină cuvântări, la moartea mea, să nu-mi zbiere șapte popi la cap (așa se obișnuiește la preoți), ci unul sau doi să-mi citească liniștit rugăciunile, pe care eu ți le voi lăsa în scris. Să nu-mi aduci dric, coroane, nimic din toate deșertăciunile și formele lumii acesteia, pe care le-am disprețuit toată viața!" Acesta era testamentul lui. Nimic din ce se obișnuiește și nici din ce a dorit el, n-am putut să-i fac. Probabil, așa a fost rânduirea lui!

Iar am alunecat pe panta amintirilor și a tristeții. Sunt o sentimentală, așa cum am fost mereu, de când mă știu. Deci, acest 15 februarie, mă găsește amărâtă.

Mă mai distrag puțin, de la starea asta, copilașii mei. Astăzi, după ce copiii au ieșit de la școală, pe la ora 12, Lilica a venit, cu puiculița ei, să mă felicite și să-mi ureze să trăiesc mult și multe alte dorințe ale lor și le-au exprimat. Numai Dumnezeu să-și mai întoarcă ochii și către noi, să ne mai audă și să ne mai asculte dorințele noastre! Am petrecut ziua, cu ele; ne-am tratat cu un cozonăcel adus de ele și cu gogoși calde, făcute de mine. Când le văd venind la mine, îmi crește inima și mai uit de necazuri. Am simțit că a fost ziua mea, că am petrecut-o în mod diferit de altele. Le-am condus la mașină, pe la ora 17 și am venit acasă.

Pe la ora 18, m-am pomenit și cu Dănuț, nepoțelul Bunicii. Când m-a felicitat, era cam emoționat și mi-a întins un pachețel. "Uite, Bunica, n-am avut mai mult." Din resturile de la pâine și diferite cumpărături, a economisit și el vreo 2 lei și a cumpărat patru napolitane, să-i aducă Bunicii de ziua ei. M-a impresionat foarte mult. Păi, să nu-i mănânce Bunica de copii și nepoței... A dormit noaptea cu mine și am stat de vorbă mult, ca și cu un om bătrân. Așa am încheiat ziua de 15 februarie. O să mai apuc alt 15 februarie? Mi-e indiferent.

Doar copiii și nepoții mei mă mai leagă de viață, altă nădejde și bucurie nu mai am! Îmi sunt așa de dragi și mai am mângâierea, că le mai pot fi și eu de oarecare ajutor; altfel mi s-ar părea, că sunt chiar inutilă!

Mă duc la culcare mulțumită de felul cum mi-am petrecut ziua, fapt care m-a determinat să scriu din nou în caiet.

Duminică, 4 martie. Sunt singură. Nici la fete n-am mai fost azi. Am început să preget. Dacă mă duc la biserică, mă simt obosită. Prefer să vin acasă, să îmbuc ceva, ce dă Dumnezeu, să mă cuibăresc în pat și să stau liniștită. Așa simt și eu, că-i sărbătoare, zi de odihnă. Am făcut focul la sobă, că-i frig și iarna asta-i înverșunată, nu vrea deloc să plece, să ne lase în pace! S-au întors toate pe dos. Altădată în martie, chiar pe la început, auzeai seara plugurile scârțâind și plugarii îndemnând vitele, să ajungă mai repede acasă, să le așeze și pe ele și pe ei, la odihnă și tain (porție de mâncare). Simțeai, că vine primăvara! Mulți spun, că atmosfera și anotimpurile sunt întoarse pe dos, din cauza experiențelor ce se fac, cu bomba atomică. Tare-i neplăcut și plictisitor timpul ăsta!

Când am fost la biserică și de altfel pe toate gardurile, am văzut scris, cu litere kilometrice: "Înscrieți-vă la vot! La 11 martie, cu toți la vot, alegeri generale, în toată țara!" Până acum a fost timpul ăsta păcătos și mi-a fost silă, dar azi, venind de la biserică, am trecut pe la grădinița de copii, unde sunt afișate listele și unde va fi și centru de votare. Am vrut să văd, dacă sunt înscrisă din oficiu, sau trebuie să mă înscriu eu, că în noiembrie 1952, când au mai fost alegeri, am fost exclusă de la vot. Acum sunt înscrisă din oficiu. La 11 martie, deci, mă voi duce, ca orice cetățean al RPR (Republica Populară Română), să votez. De ce să nu mă duc? "Votați, votați!" Dar pe cine? Indiferent! Pe cine cred mai marii noștri să alegem. Noi suntem datori, să ne supunem stăpânirii, că de la Domnul ne e dată! Însuși Iisus Hristos spunea aceste cuvinte, prin urmare e și o datorie creștinească, nu numai cetățenească. Altă dată, când căutau fariseii și cărturarii să-L ispitească, Iisus spunea: "Dați Cezarului, ce-i al Cezarului și lui Dumnezeu, ce-i al lui Dumnezeu!" Așa trebuie să facem, deci.

Intrând în grădiniță, văd pe pereți tablourile învățaților timpului: Lenin, Karl Marx, etc. Tabloul lui Stalin nu era. Stalin preamăritul și gloriosul! N-au trebuit decât 3 ani, ca să se vadă, că el a fost cel care a răspândit teroarea, a chinuit atâta lume și din cauza dictaturii lui nenorocite, mersul lucrurilor a fost dat cu mult înapoi. Oare n-au văzut până acum? Asta-i omenirea! N-au trecut nici 3 ani și încă unul din semnele de întrebare, pe care mi le-am pus până acum, s-a lămurit.

Pentru mine personal, nimic deosebit. Costică zace învăluit în același mister, iar eu mă perpelesc (zvârcolesc) în mizerie și deznădejde, ca și până acum.

20 martie. Am de însemnat ceva trist și dureros. Surioara mea bună și iubită, Voichița, s-a dus dintre noi! Nu a zăcut mult, sărăcuța. I-a avut Dumnezeu de grijă, să nu se chinuie prea mult nici ea, nici cei de pe lângă ea. Pentru sufletul ei bun, Dumnezeu a chemat-o prea repede! Eu, cel puțin, mă simt zdrobită, mi s-a rupt ceva din suflet și nu-mi pot veni în fire! Cum să mă mai duc la București și să nu mai văd ochișorii ei blânzi și figura ei veșnic surâzătoare și bună! Când venea vara, deabia o așteptam să vină la mine. Ce bine și mulțumită se simțea și ea!

Am fost la înmormântarea ei, la 15 martie, când pământul a primit-o în sânul lui, condusă, plânsă și regretată de toți ai noștri și de cine a cunoscut-o, că tare bună și răbdătoare mai era! Cel puțin, copilașii ei, ca o gardă de onoare au străjuit-o, de când a închis ochii, până au coborât-o în mormânt!

Mult ne-am iubit noi, frații, dar pe ea, pare-mi-se, cu deosebire. Parcă era mamă, nu soră, așa ne strângeam cu toții pe lângă ea. Nu știu cum și când mă voi obișnui cu ideea pierderii ei. Am stat în București, până i-au făcut parastas de trei zile și am venit acasă, pe 18 martie. Deși era și lăsata secului pentru postul mare (înaintea Paștelui), am sosit aici pe o vreme mizerabilă. Ningea, ca-n toi de iarnă.

14 septembrie. Iar a trecut o bucată bună de timp, fără să mai scriu nimic. Din ce trece timpul, sunt mai necăjită! De Paște am fost la București. De acolo m-am dus la Brăila și Galați, căci auzisem, că un preot din Galați, s-ar fi eliberat din închisoare și l-ar fi lăsat pe Costică acolo, în urma lui. Am alergat, ca o disperată, împreună cu bunul nostru prieten, Dumitrache, am colindat Galații peste tot, fără însă, a-i da de urmă. Preotul, de care auzisem, nici nu era din Galați, cel puțin. Mi-am mai propus eu, să nu mai plec urechea la nimeni, totuși nu m-a răbdat inima. Acum, chiar că nu mai ascult pe nimeni și nimic. Am venit acasă după 10 zile, interval în care am stat în București, Valea Lungă și Galați.

Acasă lăsasem pe o babă din colectivul meu, care mi-a îngrijit bine gospodăria.

În ziua de 30 mai, m-am pomenit cu doi indivizi, care m-au sâcâit cu întrebări și voiau informații, de tot felul. Am înțeles, că se interesau de Costică, însă căutau să camufleze, întrebându-mă de grădină. Când am văzut, că au cerut relații despre el, Anei și Ștefaniei, am înțeles, că el era punctul principal. Iar am început să sper. Tare-i rău, când întrezărești unele speranțe. Mai bine m-ar lăsa în pace, să nu-mi mai facă inima să sfârâie așa! Nu mai pot suporta soarta asta! Nădăjduiam mereu, căci auzisem că se fac amnistii generale la 23 august, dar tot nimic. Nu știu la cine să mai apelez, cine să mă ajute să dau de urma lui. Tăcere și mister! Starea asta de lucruri, îmi mărește durerea.

Pământul ăsta nu mai produce deloc. Am fost obligată să dau 780 kg grâu și eu n-am făcut decât 346 kg. Au venit de la Sfatul Popular și m-au somat, ca în 5 zile, să le dau cota întreagă de grâu. De unde să iau bani și de unde să iau grâu, când anul acesta, nu s-a făcut! Stau cu groaza în suflet, la fiecare mișcare, mi se pare că trebuie să vie să mă sancționeze, nu știu cu ce, dar nu mă așteaptă în niciun caz. Vorbisem cu un om, să lucrez grădina, în parte cu el. Mă bucuram, că mai scăpam și eu de grijă: arat, semănat și toate angaralele, care m-au înebunit, de când sunt singură. Azi a venit și mi-a spus, că și-a luat seama, că nu iese la nicio socoteală, în tovărășie cu mine. Acum alți bani de sămânță, de arat... dacă nu pun grâu, consideră sabotaj. Doamne, Doamne, ce să mă fac? Unde să mă bag, să nu mai văd lumea asta rea și să scap de necazuri?

Ce fericită e sora mea! Și eu o mai plâng!

Partea 12 (1959-1964)

14 octombrie 1959. Au trecut mai mult de trei ani, de când n-am mai scris, probabil n-am avut nimic deosebit de însemnat. Inima mea e tristă și închisă. Nu pot afla nimic despre el! Caietul este prietenul meu și n-aș vrea să-i umplu foile cu văicăreli.

În ziua de 14 octombrie 1909, adică acum 50 ani, a fost hirotonisit Costică, adică a fost ridicat la rangul de preot. A fost primul pas după cel al căsătoriei, să-și croiască drum în viață! Fără să fie cununat, un tânăr nu poate fi preot ortodox. L-am condus la gara Slobozia, pe o vreme minunată. Parcă a fost ieri, și când te gândești, că-i o jumătate de secol! Am cântat în trăsură, până la Slobozia făcând planuri de viitor. Ce tineri eram, ca doi copii și ne mai dădeam și importanță! "Băiețică, tu vei veni preot, iar eu voi fi maica ta preotesică!" și râdeam și făceam nebunii, în ciuda lui Moș Ion, servitorul lui tăticu, care ne mâna caii. El zicea: "Ce dracu, domnișoară Aneta", că pentru el tot domnișoară rămăsesem, "fiți mai serioasă, că o să vă duceți la satul unde se va face domn Costică priot și nu vă mai sărută lumea nici mâna, când vă vor vedea muierile, că sunteți așa copchilăroasă!"

Acum 31 ani, în aceeași zi, am condus pe Lilica, Licuriciul mamei, care-mi luase locul la zburdălnicii și nebunii. Eu mă înapoiam acasă, o mamă prăpădită de povara anilor, dar și de mâhnire; nu știam ce voi mai face de acum încolo.

După încă 19 ani, stau iară cu caietul deschis în față. Am 67 ani. Dacă aș căuta să recapitulez viața trecută, de atunci și până acum, aș avea ce scrie, dar ce importanță mai are? Am notat totul în caiet, despre mine și familia mea, cât și despre schimbările intervenite în lume.

În cei 3 ani și mai bine, de când n-am mai scris, s-au petrecut lucruri la care nu m-am așteptat, cum ar fi evoluția științei, cu pași repezi, inventarea satelitului, de care nici nu se pomenea. Acum câțiva ani, se vorbea doar de energia atomică și te minunai de descoperirea și punerea în practică a ei. O priveai cu groază, însă, când știai pentru ce o pregătesc și ce dezastru și distrugere ar veni după ea, dacă o vor întrebuința în acest scop. Satelitul, însă, e o invenție minunată, menită să-ți mai liniștească sufletul, vezi că munca nu este pentru distrugere, ci pentru a vedea și auzi, cum se fac descoperirile și poate, pentru a întări credința în zile mai bune.

Se silesc, văd, cu pași repezi, să dea curs altor lucruri mai noi și mai importante. Am văzut în ziare, că niște savanți sovietici au atins cu un satelit, o parte din Lună. Maica Domnului, când zicea cineva că se duce pe Lună, știai că e nerealizabil! Atunci, nu prea am dat atenție, mi se părea că trebuia să fie cineva aventurier, ca să se gândească la lucruri din astea. Acum, după lansarea a 2 sateliți, din care unul, cu Laika, văd că au ajuns și la Lună.

Am văzut, că americanii s-au declarat tăiați în invenții! Bine le face, să-i sature de laude și palavre. Se lăudau mereu cu bazele lor aeronautice, pe care le stabilesc mereu în apropierea unui port inamic. Parcă nu erau aproape și de ruși! În fine, după felul cum decurg lucrurile acum, s-ar părea că le dă Dumnezeu gând bun, să cadă la o înțelegere. Hrusciov ăsta, conducătorul actual al rușilor, pare a fi un om de tip nou, nu ca înaintașii lui, care vroiau totul pentru ei, iar alții să se ducă pe copcă! Să le dea Dumnezeu gânduri bune și să le ajute să se realizeze, ceeace dorește o omenire întreagă. Numai așa va progresa omenirea, fiind pace. Să nu-și mai arate talentele și știința în războaie, ci în liniște și bună înțelegere!

Rămân uimită, când mă gândesc ce progres grozav s-a făcut în domeniul științei și al descoperirilor! În 1909, Costică plecase la 14 octombrie, în mod special, ca să-l vadă pe aviatorul și constructorul francez Louis Bleriot, aterizând pe pământul României la aeroportul Băneasa, cu avionul construit de el însuși. El e primul, care a realizat traversarea Canalului Mânecii, în avion, de la Calais la Dover, în iulie 1909. Ce mare de omenire era la aeroport, să vadă minunea! Să coboare din aeroplan! Li se părea, că vine de pe altă lume. Nu îmi mai aduc aminte, ce a putut să vadă Costică, dar știu, că ne istorisea și bieții mei părinți ziceau: "Le-a ieșit veleatul (termen de realizare a unui lucru) la toate. Cine știe ce vom mai vedea!" Dar să deschidă ei ochii, să vadă ce-i acum! Cred că ar fugi înapoi săracii sau ar sta pe loc și s-ar uimi, mai mult ca noi!

26 iunie 1960. A fost iarăși o tăcere îndelungată! Aproape opt luni! Acum am lucruri multe de spus și de mare importanță! La mine a dispărut entuziasmul, nădejdea în ceva mai bun. Nu-mi mai pot aduna curajul de altădată, sunt singură, neajutorată și năpăstuită de oameni. Văd, că și Dumnezeu și-a întors fața de la mine! Merg din greu în mai greu. Cea mai greșită inspirație am avut, când m-am întovărășit cu licheaua asta de grădinar! Cum nu m-am gândit eu atunci, să nu-l fi adus în casa și curtea mea! Cum nu-mi mai intră în zevzecul ăsta de cap al meu, că lumea e așa cum e și că nimeni nu se gândește, decât cum "să-și tragă spuza pe turta lui!" Eu n-am tăria să pun piciorul în prag și să spun: "Până aici!" Eu tac și înghit și toți iau asta, drept prostie!

Nu-s făcută să mă cert, să mă duc să reclam, caut mereu liniște și de ea n-am parte! La copii nu pot să mă jelui sau să mă consult cu ei. Ei mi-au spus demult, să nu mă chinuiesc așa, să las încolo gospodăria și să mă duc să stau pe la ei. Și tare nu pot, nu mă îndur de acești pereți, între care mi-am petrecut o jumătate de secol de viață.

Ei sunt copii foarte buni, dar viața de acum nu se mai potrivește deloc, cu cea pe care am dus-o noi. Părerile lor sunt diametral opuse cu ale noastre și dacă aș fi în permanență lângă ei, aș suferi mai mult. Misticismul, în care am trăit noi, ne-a intrat în sânge, face parte integrantă din noi. N-aș putea și nu vreau să renunț la el, la vârsta la care mă aflu. Trăind lângă ei și mai ales lângă nepoți, ar trebui să nu le vorbesc nimic, niciodată, despre părerile și credințele noastre. Rolul meu de Bunică s-a terminat, eu nu pot să le mai spun poveștile, care erau pentru noi, pline de farmec. Nici falsă și inconștientă nu sunt, ca să subminez interesele și voința părinților, care vor să-i crească în spiritul vremii de acum. Sigur, că ei au dreptate. Trăind aceste timpuri, au nevoie de principiile și preceptele de acum, căci prin ele își vor forma viitorul și de ele se vor lovi, la fiecare pas. Atunci, nu-i mai bine să fiu deoparte, în cuibulețul meu, trăind cu gândurile și necazurile mele, atât cât mi-o mai da Dumnezeu zile? Nenorocirea e că n-am din ce trăi și tot la mâna lor trebuie să ajung și nici ei n-au prea mult. Deabia se ajung ei, cu copiii, cu casa și goaspodăria lor. Să mai vin și eu pe capul lor, colac peste pupăză, ba cu impozite, ba că se ruinează casa și-i mai trebuie oarecare reparații, că mă plouă pe urechi și-n cele din urmă, o să se dărâme pe mine....Nu știu încotro s-o mai iau! Cam în acest stadiu mă aflu acum.

O să încerc să fac iarăși o mică recapitulare a celor petrecute, pe cât se va putea. Mi-e frică să nu mă părăsească mâna asta și să nu mai pot scrie. De vreo lună de zile mă simt rău de tot. Am avut și un mic accident. La o intersecție, m-a prins o mașină. Văzându-mă strânsă cu ușa, din toate părțile, mi-am pierdut cumpătul și dacă nu era un cetățean să mă apuce de mână și să mă tragă din calea ei, acolo mă făcea piftie! Drept care șoferul, după ce mi-a ridicat

Partea 12 (1959-1964)

vreo două cruci sau biserici, pare-mi-se, a strigat enervat la mine: "Chioară ești sau surdă ești?" Eu i-am răspuns calmă, că sunt și una și alta. A început și el să râdă, spunându-mi, că așa se întâmplă nenorocirile!

Mi s-a părut, că n-am avut nici timp să-mi fie frică! După ce am mers mai departe vreo 10-20 m, parcă mi-a luat (n-am mai simțit) piciorul stâng și mâna dreaptă. A trecut o lună, de atunci și nu-mi pot reveni nici acum. Am avut, probabil, un șoc nervos. Doctorul mi-a spus, că sciatica mea e cauza, dar deși am făcut raze, nu mă pot îndrepta deloc.

De aceea am deschis iarăși caietul. Te pomenești, că dă vreo dambla peste mine și nu voi mai putea să scriu. Tare mă tem de această boală păcătoasă! Cancerul și paralizia mă înspăimântă, nu fiindcă n-au leac, căci de moarte nu mi-e frică, ba parcă mi-aș dori-o, unde sunt așa cum sunt! Mi-e frică de durata lor și de chinul bolnavului și al celor din jur. Să nu mă aducă Dumnezeu așa, că prea am fost o ființă activă în viața mea! Am disprețuit lamentările și văicărelile, așa de comune femeilor.

Poate de aceea mi-a făcut Dumnezeu parte de atâtea încurcături și complicații, fiindcă am avut fire bărbată, singură mi-am rezolvat greutățile, dar singură m-am și băgat în ele și mi le-am pus pe cap!

Să mă întorc cu câtva timp înapoi, să încerc să fac legătura cu trecutul. În acest interval, n-a intervenit nimic, care să-mi fi adus și mie măcar o rază de bucurie.

Un cunoscut din oraș, un institutor Peicu, m-a chemat la el acasă și mi-a spus, să nu mai umblu ascultând vorbe goale și fără temei, de la unii și alții, care voiau numai să se dea importanți. Știam că avea dreptate. El m-a pus pe un fir (filieră), care mă ducea la descurcarea acestei triste enigme, nedeslușită atâta amar de timp. Am început să fac demersuri, să cer un răspuns, prin Sfatul Popular, de care ținea închisoarea Văcărești, unde eram informată, că s-ar fi stins bietul meu soț, chiar la două luni, după ce l-au ridicat. Ce așteptare chinuitoare! M-am îmbolnăvit, lovindu-mă peste tot de răutate omenească. Un inginer mi-a spus, ce interes ar avea el să-mi spună, că trăiește, dacă nu l-ar fi lăsat în închisoare la Gherla-Aiud! Puteai să te mai îndoiești de spusele unui om de 48 ani și să nu nădăjduiești, că într-o zi te vei pomeni cu el acasă? Pe urmă am aflat de la acest institutor, că a murit chiar după 2 luni de la arestare.

Ce fel de trup și suflet să mai ai, când te-au călit așa timp de 7 ani? M-am îmbolnăvit de durere, că nu o să-l mai am, că memoria lui este terfelită, când eu știu ce fel de om a fost! Cinstea, adevărul și dreptatea erau întruchipate în ființa lui și a trăit, ca un adevarat apostol. Să aibă el un sfârșit așa de trist și după moarte să i se aducă acuzații, care nu-s drepte!

Aveam dreptul la pensie de urmaș, conform unor comunicate oficiale, dar nu mi s-a aprobat. Șapte ani am trăit fără pensie. Oare mă voi prăpădi, dacă nu o voi avea nici de acum încolo!?!

Am depănat, de multe ori, de când sunt singură, viața și activitatea, pe care le-a desfășurat el, din zile tinere și până acum. Cât era de blând, plin de nădejde și de ideal! A urmat facultatea de Teologie la Cernăuți cu atâtea greutăți, căci și atunci se lovea poate, de răutatea omenească. A făcut apoi facultatea de Istorie și Geografie. Ce planuri de viitor cinstit și curat își făcea! Vroia să ne facem o gospodărioară cu cele 5 ha de pământ, pe care le primise la demobilizarea din războiul din 1916-1919.

Stăteam și-i ascultam desfășurarea planurilor lui frumoase, eu, care simțeam, că sunt făcută pentru gospodărie. Să muncim amândoi și să ne facem o situație bună. Îmi amintesc, cum primarul din satul Vlădeni își cumpărase un cal șarg, de o rară frumusețe. Era bej, iar coama și coada erau negre. Era un cal de rasă, pe care-l cumpărase de la un proprietar, Buliga, care se ocupa de creșterea exemplarelor de rasă. Eu mă uitam cu jind și admirație, la acest călușel și totdeauna îmi exprimam dorința, să avem și noi astfel de animale în gospodărie. Odată stăteam culcată cu capul pe genunchii lui, iar el îmi spunea, care sunt planurile lui de viață și ce gospodărie dorea să avem. Să stăm în liniștea patriarhală de la țară, departe de oameni și să trăim o viață cu adevărat creștinească. "Am să-ți cumpăr doi călușei, de la ferma lui Buliga, frumoși și iuți ca vântul și o șaretă și pe voi (eu și copiii) vă pun în șaretă, să alergăm pe câmpuri, prin vii, prin livezi, să mergem pe la Iazu și Bordușelu..." Eu eram fascinată de frumusețea acestor planuri și l-am rugat: "Mai spune-mi odată basmul cu caii!" și basm a fost!

Nimic nu s-a înfăptuit din toate acele planuri. Ne era dragă gospodăria și ne potriveam așa bine amândoi, în această privință, de asta n-am putut realiza, probabil, prea multe în viață și au rămas iluzii pierdute, basme! După ce ne-am luat pământul în primire, aici, am început activitataea, el pe o parte, eu pe alta.

N-am realizat cine știe ce, că ne-am lovit de dușmănia omenească, care ne-a săpat mereu și ne-a adus unde suntem. N-am reușit să ne facem aici, decât o căscioară modestă de tot, unde ziceam noi, să stea oamenii de serviciu, dar bine că am avut-o și pe asta, ca să ne putem adăposti în ea. N-am capitulat și nici n-am fi capitulat vreodată, dacă n-ar fi venit timpurile astea, când să nu mai putem spune, nici măcar basmul cu caii.

Dacă nu ne-ar fi despărțit, cel puțin, să fi putut fi amândoi alături unul de altul, să ne sprijinim bătrânețele. Nu ne-a fost dată această soartă! Am fost supuși acestei vieți de dezbinare și rătăcire. Că așa umblu eu, rătăcită și prigonită de oameni... Dar și de Dumnezeu? Toți îmi spun, că Dumnezeu mă iubește, de aceea mă încearcă! Cuvântul Bibliei spune, că te încearcă și dacă Dumnezeu se convinge de tăria ta, te lasă să duci o viață normală, nu numai în necazuri și încercări. Asta e mai degrabă pedeapsă, nu încercare, că nu se mai sfârșește!

Cu gândurile astea, am plecat anul trecut, pe 4 septembrie, la Iazu, cu inimosul meu frate Nicu, care și el își duce viața mângâind și ajutând pe cei umiliți și obidiți ai soartei.

Nenorocita noastră soră Agripina, a hotărât deshumarea și scoaterea osemintelor nefericitului ei soț și a mătușii, care era îngropată tot cu el. Ne-am dus amândoi, ca să-i sprijinim puțin moralul ei. Am vrut și să mai vedem, pentru ultima oară, satul în care ne-am născut și am trăit cele mai frumoase zile ale vieții noastre. Acum, cu deshumarea și transportarea osemintelor de acolo, se rupea ultima legătură, ce o mai aveam cu Iazu.

Am mers pe un timp minunat. O căruță ne aștepta în gara Cioara. Am plecat pe un drum, pe care nu mai mersesem de 30 ani! Defileul natural pe care l-am parcurs, nu era prea mult schimbat de atunci. Îl cuprindeam cu ochii și ne transportam în trecut. I-am spus căruțașului să lase caii în voia lor, iar eu am început să cânt:

Leagăn sfânt al vieții mele,
Sat în care m-am născut.
Cătun iubit, cătun iubit,
De mult nu te-am văzut!
Și-n pieptul meu a răsărit
Un dor nemărginit!
Mi-e dor de turmă, de ciobani,
De câmpul plin de flori!
Și cei mai scumpi ai vieții ani,
Trăiți ca-n sărbători!

Frățiorul meu mă acompania, ca atunci, cândva, când în casa noastră era numai sărbătoare, iar lacrimile ni se prelingeau de-a lungul obrajilor și se înodau în barbă. Așa am călătorit tot drumul, până am ajuns în sătucul nostru, unde ne aștepta surioara noastră, cu cele pregătite pentru deshumare.

A doua zi dimineața, am fost la bisericuța care datează de aproape 200 ani, deci e monument istoric. Acolo, tatăl nostru și-a închinat viața slujind, făcându-și cea mai desăvârșită datorie de creștin și de preot. Noi copiii am primit acolo taina botezului, iar toate patru fetele și taina cununiei.

Pe la ora 11 am mers la țintirim (cimitir), unde s-a făcut deshumarea și scoaterea osemintelor celor răposați. Nici nu mă așteptam să fiu așa de tare și să privesc, fără să clipesc, acest trist și dureros tablou! Am văzut și mi s-a întărit convingerea în nimicnicia omenească. Ce ești, pentru ce să te zbați atâta în viață, ca să-ți cuprindă rămășițele într-o mână de oase și praf! Am plecat acasă, unde s-a făcut o mică pomenire, conform obiceiurilor creștinești. Bătrânii satului ne-au însoțit la cimitir, dar tinerii ședeau pâlcuri, pâlcuri, pe la toate colțurile străzilor, căci ei nu ne mai cunoșteau.

Eu mi-am căutat colegele de școală, ba la Kira am și intrat în casă. Pe ea o iubeam și cu ea mă jucam cel mai mult. I-am amintit de jocurile noastre frumoase și cum mă apuca noaptea la ea, jucându-ne. Mai mâncam și câte o chelfăneală de la mămica, care-mi zicea: "Haimana, nu te mai strânge Dumnezeu acasă!" Într-o seară, văzând că soarele apusese cam de multișor și deci trecuse timpul de învoire, m-am furișat binișor prin curte și grădină, am intrat tiptil prin casă și... zbughi-o în fundul subpatului! Seara, când s-au adunat toți în casă, caută pe Aneta și ea nicăieri! Și prin cotețe m-au căutat, numai pe sub pat nu s-a gândit nimeni să se uite, că mă știau și fricoasă. Eu ședeam tacticoasă, urmărind forfoteala și oarecum mulțumită, că auzisem pe tușica făcându-i observație mamei, că m-a speriat cu bătaia și cine știe, pe unde oi fi acum!

Biata Kira, se minuna: "Cum de mai ții minte, matale așa bine, Cucoană preoteasă?" I-am zis să-mi spună Anetușa, cum îmi ziceau copiii atunci, nu cucoană! După ce am mâncat amândouă un pepene dulce și bun, am plecat de la ea, încercând să recunosc oamenii și reconstituind, pe cât am putut, întâmplări de acum 50 ani. Au îmbătrânit și ei săracii, ca și noi. Biata Kira poartă ochelari și nici nu vede cu un ochi!

Pe seară am plecat la Nicolești, satul natal al cumnatului meu, Sandulache, unde s-a făcut reînhumarea, ca să știe Agripina, că pe la zile mari, se duce și la ei cineva, cu un hârb de tămâie și să le ardă și lor la cap o luminiță!

Dar bietului Costică, cine și unde să-i aprindă o luminiță? Doamne, Doamne, pe unde or fi osuțele și cenușa lui? Cum nu pot eu să-i fac nimic pământesc și creștinesc? Pe unde n-am fost, să aflu și eu ceva despre el? Eu știu, că "Al Domnului e pământul", oriunde ar fi și mai știu, că cei care mor pe front, nu știe nimeni, unde le-a fost mormântul și nici tămâia și luminița nu le ard la cap. Aceia au fost eroi, însă, și-și pleacă oricine genunchii și fruntea în fața mormântului "Eroului necunoscut".

Dar el, săracul? Eu, tot în haos și în van voi trăi, câte zile voi mai avea! Cu multă greutate ne pusesem pe o urmuliță și nădăjduiam, că vom fi și el și eu, la rând cu lumea! Preotul din Jilava, care fusese elevul lui Chiril la seminar, ne spusese cu certitudine, că mormântul lui e în cimitirul din Jilava, unde sunt înmormântați mulți deținuți. Am căutat să facem rost de actele, ce credeam că ar fi fost necesare, ca să-l putem scoate de acolo și să-l aducem lângă cei răposați, din familie, ca să fim și noi liniștiți.

5 aprilie 1960. La ora 5 dimineața, am fost în cimitirul din Jilava, eu, copiii, fratele și sora lui. S-a procedat la săparea mormântului, indicat de preot, că ar fi al lui. Toți eram cu ochii ațintiți asupra gropii, nerăbdători și dornici să-i vedem, cel puțin, osuțele, să i le spălăm și să i le plângem, dacă n-a avut nici el, nici noi, norocul să-i închidă cineva din ai noștri ochișorii. Care nu ne-a fost uimirea și durerea, când am aflat mormântul gol, doar cu 2 oase de la picior, încolo nimic! Nu mai știu ce s-a petrecut cu mine! Preotul, ca să ne mângâie, a mai desfăcut și cele două morminte de alături și spunea, că o să mai desfacă și alte morminte, până seara, să găsească oasele părintelui Costică. L-am oprit, spunând că-i o profanare ceea ce face. Să bage toate oasele înapoi, așa cum au fost și să dea pământ peste ele.

În bisericuța din Jilava, i-am făcut lui Costică, slujba de înmormântare, fără fast, fără cuvântări și coroane, așa cum a voit! Așa cum a trăit, străin și retras de tot ce-i pământesc și lumesc, așa i s-a făcut ultima pomenire. Pomeniri i se mai fac, căci bietele noastre fetițe și Chiril, fratele lui, s-au străduit și se străduiesc mereu să-i facem cele creștinești, la timpul lor, dar eu sunt zăpăcită. Nu-mi pot reveni deloc. Orice raționament al meu și al altora, spune și arată realitatea. Inima și cugetul meu refuză de a se împăca cu această crudă și tristă realitate. Au trecut de atunci 4-5 luni de zile și eu nu mă liniștesc deloc. Am chiar impresia, că nu o voi mai duce mult nici eu. Nu mi-ar părea rău, deloc. Poate, acolo, lângă el, voi putea dezlega această enigmă, care mi-a ținut sufletul și toată ființa încleștată atâta amar de ani! Să vedem...

16 august 1960. M-a apucat așa un dor, să dau drumul condeiului, să alerge pe hârtie. Nu poate intra în capul și inima mea, răzvrătirea și durerea de care sunt cuprinsă! Caietul, prietenul meu, de peste 40 ani, e bun, nu mă oprește, nu-și bate joc de mine, din contră, îmi inspiră liniște, când împart cu el gândurile și sentimentele mele!

La 16 august era data logodnei noastre, de la care a trecut mai mult de jumătate secol. Nu îi mai număr; număr doar anii, de când mi l-au smuls pe el, de lângă mine. Sunt 8 ani, de când a plecat. Nu l-am mai văzut și nici n-o să-l mai văd vreodată. Aș fi putut eu bănui atunci, că totul se va sfârși? A ieșit din casă, eu i-am sărutat mâna și i-am zis: "Fii tare, Dumnezeu să-ți poarte de grijă!" iar el mi-a răspuns: "Rămâi sănătoasă și să nu pleci de aici, din casa ta, dacă nu te-or da afară! La copii să nu te duci, auzi?" Parcă era și un fel de amenințare. L-am ascultat și cred că-l voi asculta atâta timp, cât voi mai putea munci, să umblu pe urma pașilor lui, să trudesc pământul, așa cum îl trudea și el! Șezând aici, parcă-l simt că mă vede. Într-o zi eram pe la mijlocul cărării, care duce către stradă și l-am auzit clar, cum m-a strigat: "Aneta!" Era vocea lui, am înțeles-o bine! Nu zicea niciodată Aneto, ca toți ceilalți. Am stat locului și nu i-am răspuns, m-am uitat numai, în toate părțile, să văd de unde venea glasul. N-am putut să definesc, probabil de sus, aievea! M-am gândit că e cu mine, mă însoțește și mă supraveghează! Atunci, pot eu pleca de aici? Aici era sufletul și toată ființa lui și aici voi sta și eu, cât voi mai putea să dau din mâini și să muncesc. Curticica lui, însă, a ajuns o ruină. El, care nu putea să vadă o poartă neînchisă..."Dar mai sunt acești pereți, de care mă țin cu dinții, ca să țin căsuța în picioare. Când nu voi mai putea sau când n-oi mai fi, o las și pe ea binelui obștesc, cum am procedat și cu pământul.

De ce n-au venit cu colectivizarea asta, numai cu un an înainte? Nu-mi mai băteam capul cu toți străinii, care n-au nici în clin, nici în mânecă, cu toată munculița noastră. Ei nu au contribuit nici cu degetul mic la facerea acestei gospodării, dar vor să ia totul, numai pentru ei. Ce mulțumită aș fi fost, să fi dat tot, colectivei, iar eu să fi rămas cu curticica mea de păsări și cu căsuța mea, unde să-mi pot desfășura activitatea după puteri, iar pământul să-l fi folosit cei ce știu și pot să-l muncească. Pe semne, asta-i soarta mea: vreau să fac un bine, nu reușesc să-l fac în întregime și nici nu sunt liniștită și mulțumită, că am făcut un lucru, așa cum trebuie!

14 octombrie 1960. Mai sunt 2 ore și trebuie să plec la gară, să merg la București. Cu 50 ani înainte, am condus pe Costică, tot în această zi, să se preoțească. După 30 ani, tot în aceeași zi, am condus-o pe Lilica la gară. Pleca la facultate, să-și croiască și ea un viitor. Acum plec eu! Ce curios, ca tot azi, să-mi fie sorocit drumul.

Dar pentru ce? Actul, pe care-l avem de la penitenciarul Văcărești, arată că poimâine, se împlinesc 8 ani, de când Costică a plecat din lumea aceasta. Eu mă duc să-i fac parastasul cuvenit oricărui creștin, deși pe el, deabia acum îl trecem în rândul creștinilor plecați dintre noi.

Mi-am făcut de dimineață candela și am citit rugăciuni către cuvioasa maică Paraschiva, care m-a ajutat să fac câte un pas însemnat în viața mea. Nu stau să judec, dacă mi-a ajutat să realizez prea mult sau ce aș fi dorit, dar m-a supravegheat probabil și m-a ajutat să-mi împlinesc și să merg pe calea destinului, ce mi-a fost hărăzit. Îmi plec genunchii și capul și zic: "Maică bună și milostivă, ajută-mă și de aici, încolo! " Cum mi-e sufletul de zdrobit și răscolit acum, nu știu, dacă am să mai ajung încă un 14 octombrie! Mai am 2 ore până la tren și vreau să mai vorbesc cu caietul meu, prietenul meu, bun și drag. Am vărsat lacrimi calde peste el, în timp ce scriam. Îl las acum, până la întoarcerea mea. Dacă am să mai am tărie și curaj, am să mai scriu. Până atunci, rămâi cu bine!

15 februarie 1961. Mai am un an și voi fi septuagenară. De acolo, înainte, pot să mă numesc, cu adevărat, o femeie bătrână. Până atunci, nu-mi dau pielea așa ușor! Sunt momente, când nu mă simt deloc bătrână, din contră, în ciuda necazurilor, care m-au bântuit, mai am chef de făcut treabă. Mai încet, așa, dar fac. În iarna asta am rămas baltă cu gospodăria și acum vreau să înod firul, de unde s-a rupt.

De când a venit nepricopsitul ăsta de grădinar, în curte la mine, m-a înghesuit, aici, în jurul casei cu țureii (păsările, le strigam astfel, când le hrăneam) mei dragi. S-a încins o molimă peste tot și a secerat păsările pe capete, bietele de ele! M-am luptat să le fac injecții, cum am procedat în ultimii zece ani, dar n-am reușit, fiindcă agenții veterinari au pretextat că n-au ser. Moartea mi le-a secerat pe toate 25, câte aveam. Ei, nu pot să renunț. Îmi arde inima, când aud găini cântând pe la vecini, iar la mine, parcă-i curtea pustie! Și nu mă voi lăsa! Le prăsesc din nou, deși o să fie cam greu. Îmi trebuiesc însă, bani mulți, că din cauza molimei, sunt foarte scumpe și nu se găsesc pe piață. Văd eu ce fac, doar am izbutit întotdeauna, când am vrut, în ciuda greutăților avute.

N-am deschis caietul fiindcă e ziua mea, ci din cauza unui fenomen ceresc deosebit, o eclipsă totală de soare, observată aici, în Constanța. Copiii au hotărât să vin la ei să mă sărbătorească de ziua mea, deși se cădea să vină ei la mine. Nu-i vorbă, că nu mai am posibilități materiale și nici morale chiar, nu mai am chef de nimic și mai ales de primit și făcut vizite.

Adevărul însă, e că n-au vrut să fiu singură acasă, în timpul eclipsei, ca să nu îmi fie frică! Drept cine mă iau ei pe mine? Drept lelița Safta, care-și închipuia că mănâncă vârcolacii soarele sau luna? Eu, care iubesc Astronomia, să-mi fie frică mie de fenomenele acestea, care sunt calculate cu precizie și nu pot să dea greș? Să mă sperii de impertinența lunii, care a vrut să treacă pe dinaintea soarelui, vrând să-l eclipseze? Nu i-a mers, că a durat prea puțin. Am fost foarte curioasă și am urmărit mersul eclipsei, de pe balconul Tatianei, cu ochelarii ei de soare, pe nas.

Dacă părinții m-ar fi dat mai departe la școală, acestui studiu m-aș fi dedicat, cred. Așa cum sunt eu, fără școală prea multă, nu mi-a lipsit niciodată calendarul din casă, nu ca să știu zilele lunii, ci ca să am zilnic, timpul când răsare și apune soarele, fazele lunii, când și la ce dată e lună nouă. Am vrut să observ procesul de mărire a zilelor și nopților, să pot compara, cu cât se mărește ziua într-un anotimp și descrește în altul. E un proces natural și se repetă an de an. Mie îmi place să-l observ. Dacă aș avea radio în casă, n-ar fi zi lăsată de Dumnezeu, să nu ascult buletinul meteorologic, chiar dacă nu se adeverește totdeauna.

Am deschis caietul azi, ca să însemnez, că am văzut și o eclipsă de soare, în zilele mele și chiar de ziua nașterii mele. Sunt născută la zi însemnată! S-au mai născut și alți oameni celebri în această zi, "doar ei și eu!"

Intâi ianuarie 1962. Sunt singură în casă. Astă noapte, am fost la copii, la oraș și am dormit cu cel mai mic nepoțel al bunicii, Răducu, cel sfătos și drăgălaș. Părinții au fost să facă Revelionul la noul Institut Pedagogic, care s-a înființat aici, la Constanța și unde Ion e profesor. De dimineață am venit acasă și am voit să mă duc la biserică. Era un noroi, de mi-a fost imposibil să răzbesc. Am stat și eu acasă. Mi-am făcut candela, mi-am făcut rugăciunea în liniște și am mulțumit lui Dumnezeu, că m-a învrednicit să mai apuc un nou an. Deși nu am bucurii, chiar deloc, datoria de om și creștin te

Partea 12 (1959-1964)

face să-ți ridici ochii și sufletul sus, la cele înalte, măcar la zile din acestea mari, dacă altminteri nu, să-ți revizuiești trecutul, să vezi prezentul, să cauți cu ochii gândului, viitorul și să te întrebi, ce va mai fi oare în acest an nou?

Am mâncat la prânz cu tânărul "tovarășul" Gică, chiriașul, cu care împart multe din necazurile vieții mele. După masă, el s-a îmbrăcat și a plecat în oraș. Tinerețea găsește oricând și oriunde câte ceva frumos și plăcut să-și petreacă timpul!

Eu am rămas singură în casă și am dat drumul gândurilor, să alerge în trecutul îndepărtat; zâmbeam, când mi se înfățișau înaintea ochilor, tablouri frumoase din viața de copil și maturitate, chiar. Fruntea mi se întuneca și oftam, când vedeam tablourile triste și dureroase, din trecutul apropiat. Am stat mai mult de două ore, cu lumina stinsă, cu mâinile sub cap, scrutând trecutul. Nu mă mai gândesc la viitor, că nu mai am ce aștepta!

Ce să fac, în această zi de an nou? M-am gândit, că am un prieten, față de care sunt cam vitregă și l-am lăsat în părăsire, săracul! Ia, să-l mai deschid și să-l cercetez și pe el! El îmi va completa amintirile, care au rămas ascunse în cutele tainice ale sufletului meu... L-am răsfoit și mi-am amintit multe, care erau trecute, în negura uitării. Ce bine am făcut, că am scris, chiar dacă nu frecvent. Am înșiruit totuși, viața mea.

E o viață trăită și e bine, că o revăd. Mi-o amintesc eu și după mine, urmașii mei, care vor avea plăcerea și curiozitatea să-l citească, să știe cum am trăit și ce fel de timpuri au fost, acum 40-50 ani și de atunci, încoace.

Se cade însă, să-mi fac și autocritica. În cuprinsul lui, am strecurat și greșeli. Aceasta se datorește faptului, că n-am pus pe hârtie punctele principale, pe care să le dezvolt pe urmă, în caiet. Eu am alergat direct la el și am așternut pe hârtie, ceea ce am simțit și cum am simțit. Chiar acum, către sfârșitul caietului, tot ce am notat, e în legătură cu Costică. Deși n-am vrut să mă jeluiesc și tânguiesc, tocmai asta am făcut!

E adevărat, că de ani de zile, m-a preocupat doar persoana lui și tragicul lui sfârșit. Orice lucru, orice întâmplare, mi-l pune pe el în fața ochilor, pe el, care ar mai fi avut de lucru în ogorul Domnului, în viața socială și familială. Așa a simțit sufletul meu, când am așternut în filele acestui caiet întâmplări și fapte din viața mea.

Să mai scriu acum câte ceva și despre mine.

Anul acesta, care a trecut, mi-a adus evenimente însemnate.

Dănuț, nepoțelul bunicii, care a fost un suport moral pentru mine, și-a luat examenul de maturitate (bacalaureat, cum i se spunea pe vremea noastră) la terminarea liceului. Am mai avut acest plăcut eveniment, încă acum 2 ani, în 1959, când prima mea nepoată Lizeta a luat maturitatea. Ea, mititica, unde n-a fost cu mine și a mai fost umbrită și de situația din familia ei, n-am putut scrie aici despre ea.

El însă, a crescut lângă mine, seamănă foarte mult cu bunicul său și am trăit toate emoțiile lui. E primul băiat în familie și e matur acum! Ce mândră sunt de el și ce drag îmi este, că a dat Dumnezeu și a ieșit un copil așa bun. Acum e student la Iași, la facultate și a avut și acolo rezultate foarte bune. Dacă mi l-ar păzi Dumnezeu, să fie sănătos, să meargă așa cum a început.

Un alt eveniment în viața mea: am fost bolnavă de gălbenare (hepatită), drept care am fost nevoită să stau în spital, 35 zile. Am ajuns aproape la 70 ani, dar n-am știut până acum, ce-i patul spitalului. Am trecut-o și pe asta și acum am ajuns în 1962. Țin acum un regim sever, care mi-a slăbit mult puterea. Nu mi-ar fi părut rău deloc, să fi pierdut niște kilograme, în schimb. Obosesc foarte repede și-mi revin greu. O fi de la regim sau de la cei 70 ani, ce bat la poarta vieții mele?! Să vedem.

Acum închid caietul și să vedem, când o să mă mai învrednicesc, să-l deschid din nou.

11 martie 1962. E lăsata secului pentru postul mare. Am întrerupt, că a venit cineva, care n-am voit să știe despre existența acestui caiet. L-am ascuns repede și n-am mai scris. Ce oi fi vrut să scriu? Nu-mi mai aduc aminte, dar am avut eu un motiv, că altfel nu l-aș fi deschis. Poate am avut o stare sufletească deosebită sau un eveniment de însemnat.

Am primit o scrisoare de la dragul meu nepoțel, Dănuț, care m-a înduioșat mult. Eu știu că el mă iubește, cum iubeau și nepoții pe bunicii lui Delavrancea. Nu mi-am închipuit, să simtă nevoia și dorința, de a avea scrisori de la mine. Chiar i-am spus odată, că nu-i voi scrie prea des și n-am pretenția ca el să-mi răspundă, ca să nu-i răpesc din prețiosul lui timp de învățătură. Eu m-aș fi mulțumit cu veștile căpătate de la părinții lui, când mă duc acolo. Din contra, el m-a rugat să-i umplu câte 4 pagini, cu lucruri de nimic (baliverne, cum le spun eu), că el va fi încântat și se va simți cu 200 km mai aproape de Palas. E un sentimental, din neamul Petreștilor, ca și noi. El evocă frumusețile naturii și măiestria cu care Tata-Moșu a clădit grădina de la Palas, care nu mai este acum a noastră. Bunica tot mai păstrează cuibulețul, unde ei au crescut și unde va fi mereu umbra lui Tata-Moșu, fapt care-l va face nemuritor. Mă întreb, ce fel de persoană aș fi eu, să dezrădăcinez această legătură sfântă, mai ales că ultimul lui cuvânt a fost să nu ies de aici, dacă nu mă dă nimeni afară? Se poate să nu-l respect, când văd că și copiii vin cu atâta drag, la "Casa bunicilor?" Pentru ce să fac acest lucru? Ca să trăiesc liniștită și fără griji? Pentru nimic în lume, mai ales, că nu mă pot obișnui cu o viață sedentară, stând cocoțată la bloc. Am fost prea activă în viața mea, ca să capitulez, în fața sorții mele, care așa m-a rânduit! Cât voi avea mintea clară, nu renunț și nu depun armele.

Cu ajutorul bunului meu chiriaș și tovarăș, Gică Burtoi, mi-am împlinit un vis, care credeam că nu se mai poate realiza, mi-am pus lumină electrică. Gică stă la mine de 3 ani și este muncitor la atelierul CFR Palas. Văzând că dorința asta îmi stă ca un ghimpe în inimă, s-a oferit să-mi instaleze electricitatea, pe numele lui (800 lei), plătind în rate lunare de 100 lei, pe care mi-i scădea din chirie. Am scăpat de lampa cu petrol!

Psalmistul David spune într-unul din psalmii săi, că omul, până la 70 ani, deci cât mai poate munci, e dator să-și închine viața datoriilor pământești; după aceea, viața-i o greutate și o povară. Văd că are dreptate. Eu am tins totdeauna către civilizație. Cu slabele mele puteri fizice și mai ales materiale, m-am zbătut să fac din bojdeuca mea, de la grădină, ceva ce se apropie de civilizație. Chiar dacă am trecut de 70 ani, voi trăi acum, mai ușor. Dar nici n-am fost dată uitării și lăsată în părăsire. Copiii, nepoții și fratele meu Nicu, cu binevoitoarea lor contribuție, m-au ajutat și de asta am fost și eu încurajată și am vrut să le dovedesc, "că nu am îngropat talantul", ca sluga cea nevrednică.

22 martie 1962. Scotocind prin birou, cu ocazia deranjului făcut cu instalarea luminii, am găsit o însemnare, de care am uitat și mi se pare demnă de pus aici, deși a trecut un an de atunci. Trebuie să fie la rând, cu multe alte curiozități, care le-am întâlnit în viața mea.

În fiecare an, de Paște, de când a plecat Costică, mă duc să fac sărbătorile la copii, la București. Să le fac și lor plăcerea și bucuria de a petrece împreună sfânta sărbătoare a Învierii. La drept vorbind, nici nu am mai avut tăria, de a merge la biserica din Palas de sărbătorile Paștelui. Nu mi-am găsit liniștea, decât fugind de aici, la aceste sărbători. Unde mă duceam, el nu era. Nu auzeam glăsciorul lui cântând "Hristos a înviat!" și nu-l vedeam pe el dând lumină credincioșilor! Nici pe acolo pe unde am fost, nu l-am găsit, dar decorul era complet schimbat și am fost și eu, ca oricare creștin, la Înviere. Pe urmă, copiii mei sunt acolo (Lilica și Elvira, Tatiana a rămas în Constanța), familia mea, frații, cu obiceiurile vechi ale casei noastre și așa am putut suporta mai ușor. Acum a devenit o tradiție și ele mă anunță din timp, că nu vor să admită Paște, fără măicuța lor. Petreceam sărbătorile cu ele, până la Duminica Tomei, iar după trecerea ei, obișnuiam să mă duc la Marioara, la Valea Lungă. Și bine am făcut, că la ea nu mă voi mai putea duce, din cauza drumului lung și obositor și a sănătății mele șubrede sau... a vârstei!?

Anul trecut, când am fost la ei, cum am eu obiceiul să răscolesc prin biblioteca lui Policarp, am dat de o cărticică veche, "Viața lui Ion Creangă". L-am citit pe Creangă cu multă plăcere, în copilaria mea. A fost prima carte, care mi-a căzut în mână, după ce am terminat cele 5 clase primare. Care copil n-a citit "Copilăria" lui Creangă și n-a rămas în extaz? Am citit acum cartea găsită la Policarp, despre viața scriitorului, nu copilăria lui. Am citit-o cu nesaț! Mai auzisem eu despre isprăvile pe care le făcea el în viața socială, dar n-am știut, că a fost bun prieten cu Mihai Eminescu. Știam doar, că au fost contemporani. Cei doi prieteni își petreceau timpul discutând împreună și împărtășindu-și ideile unul altuia. "Căci, să știți, mare lucru e prietenia adevărată", grăia Cicero odinioară! Citind cartea, am aflat multe fapte din viața lor și am realizat, cât de diferiți erau! Unul era poet pierdut în gânduri și visare, iar celălalt antipodul lui, copilăros și pus pe șotii. În realitate, n-a fost chiar așa. Când a intrat în viața socială, ca diacon și institutor, Creangă a suferit destul de la oamenii din vremea aceea, care-i puneau atâtea piedici și-i produceau atâtea amărăciuni. Asta-i omenirea! El însă, încă din copilarie, nu ținea seama de legile și părerile nimănui și și-a trăit viața, așa cum a înțeles-o el. Aici a fost măreția lui, aceasta l-a făcut nemuritor!

Când mi-am făcut însemnarea, pe care am găsit-o deabia peste un an, nu m-am gândit să scriu despre viața lui Creangă sau Eminescu, deși am citit cartea cu atâta plăcere sau să-i aduc vreo critică. Am vrut doar să împărtășesc ce am aflat, că poate nici alții n-au auzit despre această dureroasă întâmplare, cum n-am auzit nici eu.

Știam că Eminescu a murit nebun, dar nu mi-am închipuit, că într-un mod așa stupid! Iată ce scrie într-o notă, prietenul lui, Artur Gorovei: "Ce ironie a soartei, penibilă decepție! Acest mare geniu al românismului moare lovit în cap de o piatră, aruncată de renumitul tenor Petrache Poenaru, care se găsea internat în același ospiciu și cu care se certase în curte, pentru... o coajă de pâine!" Nu fac niciun comentariu, dar nu mă pot opri, să nu judec și înfierez, soarta asta, care-și bate joc de unii oameni!

31 decembrie 1963 - întâi ianuarie 1964, noaptea. Bună seara, drag și bun prieten și la mulți ani! Te deschid din nou, după ce te-am lăsat uitat și părăsit, pe rafturile bibliotecii, aproape doi ani.

Astă seară sunt singură, singurică, numai cu focul din sobă, în toată casa asta și mai caut tovărășia cuiva, dar nu a oamenilor, care petrec, unde și cum cred. Eu te deschid pe tine, cu care pot lega șirul amintirilor trecute, puțin din frumoasa și vesela mea copilărie și din viața mea, de când am plecat din casa părintească, mai mult de jumătate de secol!

Amândoi vom petrece această seară, tu cu prezența ta, iar eu cu amintirile mele, bucuroasă, că nu m-a părăsit memoria. Poate ai să-mi spui, că te găsesc numai când am nevoie de tine! Zile triste și grele peste capu-mi au trecut. Mi-am zis, de ce să cer de la viață, ceea ce nu-mi poate da? Ba, îți mărturisesc, că la un moment dat, luasem hotărârea să fac o încheiere și să-ți spun, că nu te voi mai păstra pentru altceva, decât să mă uit cu drag și duioșie la tine, confidentul meu!

Mi-am revenit! Cum să fac încheierea? Aceasta nu este o poveste, sunt întâmplări și sentimente, care m-au stăpânit în viață. Cum să scriu încheierea, când viața mea nu s-a încheiat!? Dar dacă, cine știe ce mai intervine și găsesc necesar, să mai însemnez aici, nu mi-ar fi rușine să mă adresez ție, iar? Mai bine să rămână cum a fost. Eu nu mă voi simți singură și tu vei avea dreptul să te ridici și să spui, că mi-ai fost toată viața, bun și prețios tovarăș!

N-am mai însemnat nimic demult, că n-am avut evenimente importante, doar întâmplări inerente vârstei. S-a localizat o durere acută în mâna dreaptă, care-mi paralizează mâna complet uneori și nu mai pot scrie! Nu mai pot ridica mâna, nici să mă pieptăn, lucru care a determinat-o pe Lilica, să-mi taie părul și bine a făcut!

Am căpătat o boală de ochi, glaucom (apă neagră, îi spune în popor), cu predispoziție la orbire. De 2 ani, de când a apărut, fac un tratament zilnic, cu picături în fiecare ochi, dar nu m-a ajutat foarte mult, doar că n-am orbit încă. E un contrast izbitor în ființa mea. Eu cred că necazurile sunt de vină. Dacă ar fi vârsta, aș simți întreg organismul, cum îl macină anii, dar eu simt mai degrabă, cum mă macină necazurile. Nu știu ce-mi va mai aduce acest nou an!

21 mai 1964: Sfinții Constantin și Elena. E o zi însemnată în viața mea, ziua neuitatului meu soț, ziua mamei mele, ziua fiicei mele Lilica și de fiecare sunt legate amintiri, care de care mai frumoase și variate. Pe toate le trec în revistă, stau cu ochii în gol și contemplez viața mea.

Sunt singură. E ora 18. Seara își cere dreptul de a lua locul zilei, pe care am încheiat-o tot singură. Cu ochii pe fereastră aștept să apară pe poartă copilașii mei cu Răducu cel zburdalnic, sărind într-un picioruș, iar când Bunica îi iese în întâmpinare, se aruncă în brațele ei... dar nu, nu vine nimeni.

M-am sculat dis-de-dimineață. Mormântul lui nu-i aici și nici nu știu, unde i-or fi osuțele și cenușa lui! Ca să-mi împac, cât de cât, conștiința, am făcut căndeluța, mi-am făcut rugăciunea și am plecat la biserică. Am venit acasă și am împărțit câte ceva de pomană, la niște lucrători, care erau în grădină, la vecin.

Frați Bunicii, de la stânga la dreapta: Vică, Mitică, Nicu, Davidică. (1933)
Surorile - Agripina, Marioara, Bunica, Voichița.

Pe la ora 17, am făcut o plăcintă țărănească, așteptând pe copii și pe Jeni, sora lui Costică.

E ora 21. Noaptea a luat de-a binelea locul zilei, care a fost 21 mai. Nu mai vin! Poate au și uitat, cuprinși de multele lor ocupații. Am mai împărțit și puțină plăcintă caldă și aștept să vină Gică de la școală, pe la ora 22. Voi împărți cu el ce am aici, vom schimba două-trei vorbe, mai ascultăm la radio buletinul meteorologic, să vedem, nu se mai încălzește odată, că numai a sfârșit de mai nu seamănă și pe urmă, la culcare! Aștept a doua zi, cu aceeași monotonie și singurătate.

Deabia am promis, să nu renunț de a mai scrie, atâta timp cât viețuiesc și căpătasem curaj, să mă țin de făgăduială, că sufletul meu e tot tânăr și așa este. Chiar dacă necazurile mă apasă, gata să mă doboare, nu mă las învinsă, mă ridic, cer ajutorul lui Dumnezeu, care nu mă lasă și pornesc cu viața în piept, așa cum mi-e hărăzită.

Mă sprijină moral și tânărul meu chiriaș, cu care am legat o prietenie adevărată. Dănuț mi l-a recomandat să-l iau, să stea în casă la mine și am avut mult ajutor de la el. Copil fără mamă, crescut de un tată, cum rar se întâlnește, Gică e un om pregătit pentru viață și plin de curaj. Parcă mă și mir, cum de a greșit să vină lângă mine, un om de nădejde ca el, când eu am avut parte să mă înconjur numai de lichele, care să-mi amărască zilele!

In această seară, Gică nu-i acasă. Stau singură cuc și nici somnul nu se prinde de mine. Deschid, pentru ultima oară, acest caiet, nu voi mai scrie nimic de acum încolo, fiindcă n-am să mai pot. Cu ocazia drumului făcut la București, la Paște, am fost cu fratele meu la un doctor oculist, cu care se tratează și el, de 9 ani. Cu toată tinerețea sufletească, pe care o am și o simt, vederea o pierd. Asta-i dureros pentru mine. Cel puțin, dacă sufletul meu tânăr ar fi într-un corp slăbit doar, în raport cu vârsta, fără orbire, aș suferi mai puțin! Vorba bietului Costică, de aia mi-a dat Dumnezeu atâtea necazuri și încercări, că știa că nu mă pierde de mușteriu. El știe, că nu-mi schimb credința și cărarea statornic trasată, pe care umblu demult. Doctorul mi-a spus, că boala e îngrijorător de avansată, că ar trebui să mă internez în spital și să mă operez. Mi-a schimbat întrucâtva tratamentul, prescriindu-mi pe lângă pilocarpină, un medicament străin, pe care mi l-a dat bunul și grijuliul meu frățior Nicu.

Am venit de la București pe 12 mai și urmez, cu rigurozitate, tratamentul prescris de el. Mă odihnesc cât pot de mult, sunt mai liniștită și mi se pare că boala stă pe loc. M-am hotărât să nu mă duc aici, la spital, decât peste o lună, să văd cum evoluează boala.

Dureros e pentru mine, că nu voi mai putea scrie, dar mai ales, citi. Cititul a fost pentru mine foarte prețios și, cu durere, mă voi lipsi și de el. Cum să mă îndobitocesc așa, tocmai fiindcă sufletul n-a îmbătrânit?! Dar o să trebuiască! Câte n-am făcut eu în viață, fiindcă a trebuit?

Închei acum istoria vieții mele sau a unei părți din ea, cuprinsă în paginile acestui caiet. Am un profund regret, că nu voi mai putea scrie și poate nici citi. Voi mângâia doar sau pipăi acest caiet, pe care am dorit așa mult să-l am.

Aneta C. Popescu, *Palas–Constanța*
Seara zilei de 21 mai 1964

Epilog

Bunica mea a mai trăit până la 30 noiembrie 1971. A murit aproape oarbă, fără să fie capabilă să se dea singură jos din pat, stare pe care o ura din suflet și-l ruga pe Dumnezeu să n-o lase să ajungă în această situație, cu câțiva ani înainte. A murit într-un azil de bătrâni, în Constanța, unde o vizitau copiii ei, care, când și cum putea.

Eu sunt copilul Agripinei, fiica bunicilor cea mare. Mama a murit la nașterea mea, în vârstă de 28 ani, fiind cardiacă. Deși era într-o clinică particulară, n-a putut fi salvată. Era război, tatăl meu era pe front, iar ea era singură, căci familia a fost anunțată să vină mai târziu. A apucat să știe că are o fetiță și a murit cu zâmbetul pe buze, că ea o fetiță își dorise.

Am trăit departe de Bunica, în București, cu tatăl meu și soția lui. Viața mea n-a fost ușoară, dar eu sunt o luptătoare, ca și Bunica mea.

Nu-mi amintesc s-o fi văzut de multe ori, înainte de a împlini 18 ani (1959). Am venit în fiecare toamnă, în jur de nouă septembrie, ziua ei de nume, Sf. Ana, ca să stau cu ea o săptămână, să-mi împărtășească din cunoștințele ei de viață, să-mi dea rețete de prăjituri (în special, plăcinta țărănească) și să mă învețe cântece bătrânești, pe care le cânt și acum. Eu nu mă consider bătrână, cum se considera ea la aceeași vârstă. Am devenit bune prietene.

Eu, fiind fată de oraș, crescută la bloc, m-am bucurat să mă pot cățăra în caiși, să mă așez confortabil pe o creangă și să citesc o carte. Cât despre surorile mamei mele, au fost fericite să știe că sunt sănătoasă, dar am rămas o străină pentru ele. Toate m-au ajutat la un moment dat, dar singura, care a vrut să știe ce e în sufletul meu a fost Lilica, care a încurajat-o și pe Bunica să scrie caietul acesta, care a fost în păstrarea ei.

Mama mea de suflet a fost Lenți, una din fiicele Voichiței, sora Bunicii. Ea făcuse facultatea de Limba Română și a ajutat pe toți nepoții din familie să ia examenul de admitere la liceu. Ea a fost cea care a venit, de mână cu mine, la toate examenele și serbările școlare. Tot ea m-a încurajat să dau examen la facultate și m-a susținut moral, însă și când se supăra mătușa, mă trecea prin foc și apă... dar mi-a prins bine.

La tinerețe, am avut noroc să mă întâlnesc, la facultate, cu cel care a fost soțul meu timp de 45 ani. M-a susținut foarte mult moral, ceeace m-a ajutat să răzbesc în viață. Avem doi copii minunați și șapte nepoți. Nu spun că n-am avut niciodată discuții, ar fi imposibil, dar am lucrat împreună și am trecut multe obstacole dificile.

În august 1985 am plecat din România cu soțul meu, Ovidiu Savescu și cei doi copii, Ruxandra și Vlad. După o ședere de opt luni în Austria, am plecat în Canada și am ajuns în Hamilton, Ontario în aprilie 1986.

Din nefericire pentru noi toți, Ovidiu, soțul meu, ne-a părăsit în urmă cu 2 ani, după 24 de ani de Canada. A fost un soț, tată și bunic excepțional. Dumnezeu să-l odihnească pe el și pe toți cei dragi ai noștri, plecați dintre noi.

Ruxandra, fiica mea și Vlad, fiul meu, m-au îndemnat și m-au ajutat să termin această lucrare, pe care am început-o demult. La fel și Armando, fiul Ruxandrei. El a fost ajutorul meu tehnic. Le mulțumesc.

Oana și Cristi, verișoarele mele, a căror bunică a fost Voichița, sora Bunicii cea mare, au ținut o legătură strânsă cu mine, mereu. Ele locuiesc în Romania. Le-am trimis textul, prin computer, ca să-l citească. Am povestit multe despre familia noastră și mi-au dat idei minunate. Le mulțumesc.

Toate astea n-ar fi fost posibile, însă, dacă vărul meu Dan și soția lui, Gigi, dragii de ei, n-ar fi adus caietul în Canada, cu încuviințarea Lilicăi. Le mulțumesc.

Mulțumesc din suflet prietenului nostru de o viață, scriitorului Horia Ion Groza, care m-a încurajat, sfătuit și povestit ce a simțit el la citirea jurnalului. Mulțumesc Ruxandrei Vidu pentru îndrumări și editare. Aș mai fi întârziat cu publicarea caietului, dacă n-aș fi întâlnit-o pe ea.

August 2012
Lizeta Săvescu, Hamilton, Canada

Addenda

Aici am scris pentru toti cei interesați, două rețete de bunătăți ale Bunicei.

Plăcintă țărănească

Foaia: în făina cernută și curată, se face o gropiță, în care se pune sarea, 2 linguri de ulei și apă căldicică. Se frământă o cocă nu prea mare. Se lasă un pic la odihnă.

Umplutura: ½ kg brânză dulce, amestecată cu puțină telemea și 3-4 ouă. Se adaugă puțin lapte, ca umplutura să curgă din lingură.

Foaia, întinsă cu măiestrie, ca să fie foarte subțire, se stropește cu umplutura, din loc în loc. Se acoperă cu altă foaie și se strânge ca o armonică, apoi se taie cât e tava de lungă. Se unge tava și se așează mai multe bucăți de plăcintă, făcute armonică, una lângă alta, până se umple tava. Să nu fie prea îngrămădite, că nu se răzbește (nu se coace bine).

Se pune untură sau unt pe deasupra, în bucăți mici, ca să se întindă pe deasupra în timpul coptului. Se adauga bătaia, compusă dintr-un ou și puțină apă caldă sau lapte.

Se pune la cuptor și se coace, cam o oră, la foc potrivit.

S-o mâncați sănătoși. Poftă bună!

Cremșnit

Foile: 100g unt proaspăt, un ou întreg, 4 linguri de zahăr pudră, 4 linguri de lapte, 1 linguriță de amoniac, făină cât cuprinde.

Se împarte aluatul în patru, se întinde și se coace pe fundul tăvii. Nu se rumenește prea tare, foile rămân mai mult albe.

Crema: 250g unt, 250g zahăr pudră se freacă până se face ca o cremă.

Într-o farfurie, se dizolvă 2 linguri de făină cu un pahar de lapte.

Alt pahar de lapte se fierbe cu vanilie, iar laptele cu făina se adaugă puțin câte puțin. Se lasă să fiarbă la foc moale, amestecând mereu, până se îngroașe. Se lasă să se răcească, după care se amestecă bine cu untul făcut cremă.

Se pune între foi și se pudrează cu zahăr pudră. Se taie a doua zi.

Așa s'au strecurat aproape 7 ani, cum spusei eu grijurile și necazurile care sunt făcute pentru oameni – de și mie mi se pare că numai le e dat să-și trăiască viața mai cu ușurință! Pe lângă grijurile și necazurile noastre personale, se mai adăogau și altele. Încă de prin toamna anului 1912 nori de furtună se ridicau la orizontul Balcanilor și noi care nu eram așa departe, bănuiam că mai curând sau mai târziu se va răsfrânge și asupra țărișoarei noastre înconjurată de toate părțile cu dușmani mulți și puternici. Teama s'a adeverit în vara anului 1913 ziua 24/ armatele noastre au fost mobilizate și trecute peste Dunăre de au ocupat Cadrilaterul de la Bulgari. Aceasta probabil că o fost așa ca o introducere-și ca să ni-i mai punem pe bulgari, mai bine în spate. În vara anului 1914 cutremurul s'a deslănțuit și după ce au intrat întâi Austria cu Serbia în război au fost târâte pe rând toate statele, unele se

O pagină din manuscrisul Bunicii

Cuprins

Prefață	3
Dragă Cititorule	9
Partea 1 (până în 1909)	11
Partea 2 (1909-1917)	15
Partea 3 (1918)	60
Partea 4 (1932-1945)	77
Partea 5 (1948-1949)	98
Partea 6 (1950)	130
Partea 7 (1951)	147
Partea 8 (1952)	156
Partea 9 (1953)	161
Partea 10 (1954-1955)	172
Partea 11 (1956-1957)	180
Partea 12 (1959-1964)	188
Epilog	207
Addenda	209

Reflection Publishing
P.O. Box 2182
Citrus Heights, California 95611-2182
email: info@reflectionbooks.com
www.reflectionbooks.com

www.ingramcontent.com/pod-product-compliance
Lightning Source LLC
LaVergne TN
LVHW051830080426
835512LV00018B/2799